橋本明子

日本の長い戦後

敗戦の記憶・トラウマはどう語り継がれているか

山岡由美訳

みすず書房

THE LONG DEFEAT

Cultural Trauma, Memory,
and Identity in Japan

by

Akiko Hashimoto

First published by Oxford University Press, New York, 2015

日本の長い戦後　敗戦の記憶・トラウマはどう語り継がれているか

目次

日本の読者のみなさまへ

世界のどこにいても、日本人がいまや避けて通れない歴史認識問題。七〇年前のこととはいえ、まさしく世界を巻き込んだ「あの戦争」は、推定一億人以上の兵士を世界的に動員する大規模な争いでした。その兵士たちの家族、さらに紛争地や銃後の非戦闘員も数えると、この大戦がどれだけ多くの人たちの人生を翻弄し、激変させたか、私たちにも想像がつきます。そして、この経験がいま「記憶」として、子供や孫、また曾孫に受け継がれ、戦後世代はおのずと自分たちとこの大戦とのつながりを、家族の記憶などを通しておぼろげながらも知っています。彼らは日常的に見聞きすることから、親、祖父母、曾祖父母、親戚、近隣の人々などにとって、これが生死の狭間をくぐる壮絶な経験だったことを察しています。次世代がこのような感化をうけている事実は、出兵させたどこの国でも、あまり違いはないでしょう。

すでに長い年月が経ちましたが、私は子供のころ家族とともに、日本、イギリス、ドイツなどの国々に住んでいた関係で、敗戦国と戦勝国の文化のあいだを行き来する機会が少なからずありました。そのなかで否応なく気づいたのは、第二次大戦が人々の振るまい方に長く影響を及ぼしていることでした。しかも子供ながら驚いたのは、負けた国と勝った国のあいだには序列があり、それが世代を超えても消えないことでした。そこには、単に国によって歴史観や戦争観が違うというような平等感覚はなく、優劣が割り振られていたように思います。敗戦というのは、こういうことなのか。それ以来、私のなかにも負の遺産について多くの疑問が残るようになりました。

冷戦構造という箍がはずれて世界がグローバル化するなか、いまの日本でも、敗戦とそこから七〇年続いた長い戦後がいったい何だったのか、という問いかけがあらためてなされています。それは一見、日本特有の問いにみえて、じつは他の敗戦国にも共通したところが案外多いのではないでしょうか。負けた国がそのトラウマを乗り越え、回復するためには、長くて複雑な克服作業がどこでも必要だからです。たとえば、ヴェトナム戦争後のアメリカ、アルジェリア戦争後のフランス、そして第一次・第二次大戦後のドイツ。敗北の記憶は国民のあいだで分断され、拮抗し、十分な総括がなされないまま、次世代のアイデンティティを揺るがしています。敗戦を否定したい衝動、敗戦を二度と繰り返すまいという決意、失ったものを取り返したい、あるいは新生したいという願望、死者を悼みたい思いや、身内をかばいたい心情も、これらの国々の戦後に共通した原動力になっていると思います。

そして日本の場合も、敗戦や帝国の崩壊、そしておびただしい殺略というトラウマから再出発し、長い戦後を歩んできました。積み残したことはたくさんあります。たとえば、靖国神社参拝の現状がはらむ罪責と追悼の問題、謝罪や賠償・補償という戦後処理の問題、帝国崩壊後の領土問題、憲法九条改正や集団的自衛権をめぐる再軍備の問題。それらはもともと、あの戦争と敗戦によって引き起こされたものです。そしてこれらの問題に直面するいま、「戦後」自体が大きな分岐点をむかえています。

本書は、負けた国が織りなす敗戦の文化について思索しながら、日本の戦後を比較文化の視点から解き明かそうとするものです。焦点は、国民それぞれが敗戦に与える意味や解釈の違いが、なぜそのまま戦争の記憶を分断し、混沌とした敗戦の文化をつくっているのか、ということです。

この文化の根っこには、三つの敗戦の記憶があります。「美しい国の記憶」「悲劇の国の記憶」「やましい国の記憶」です。それらは、英雄、被害者、加害者という人々にそれぞれ光を当て、多様な戦争の語りとして共生しています。同じ過去でも、ある人たちにとっては誇るべき功業であり、別の人たちにとっては忌まわしい惨禍であり、さらに別の人たちにとっては恥ずべき蛮行を意味するからです。「戦後」の意味づけに合意がないと言われるのは、まさしく敗戦に対する異なった意味づけが混在し、相容れず、それでいて、それぞれの敗戦の記憶に深く刻み込まれているからではないでしょうか。本書は、この不整合で拮抗する国民の語り口を並行して読み解きながら、それらが「戦後」に浸透しているさまを描いています。海外のメディアではよく、日本の歴史認識問題を一面的に「健忘症」と決めてかかりますが、実はそうではなく、上記のように多面的な現実のありように光をあてれば、本質を見極めやすいのではないでしょうか。敗戦のトラウマという視点から戦後をとらえることは、その一つの試みです。

ここでいう「トラウマ」は、精神医学上の現象だけでなく、文化的な意味合いを含んでいます。この二つは違うもので、私たちが個人的にトラウマを経験しても、文化的なトラウマが必然的に発生するわけではありません。たとえば中国でタブー視されている文化大革命は、多くの人たちにとって個人的なトラウマであっても、文化的にはかならずしもトラウマ現象になっていません。逆に、ユダヤ人の大量虐殺というホロコーストは、個人的なトラウマである以上に、人間はこういう行為までできるものなのだという、人類にとっての文化的、社会的なトラウマになっています。こうして私たちは、今現在を意味づけるために、なにかしら過去のトラウマを選び取りながら生きているといえるでしょう。日本の場合、私たちは敗戦という過去のトラウマを文化的、道義的な拠りどころとして、長い歳月をかけて選び、選びなおしながら、「長い戦後」の文化をつくってきたのではないでしょうか。

＊

本書は二〇一五年五月に英文で刊行した *The Long Defeat: Cultural Trauma, Memory and Identity in Japan*（Oxford University Press）の全訳です。山岡由美氏による正確で丁寧な翻訳、入念な検証作業に深く感謝いたします。全体をとおして、日本の読者に不要な記述はあとからなるべく省きました。さらに、著者が日本語版向けに書き換えた個所が多々あることをご了解ください。本書を編集してくださったみすず書房の栗山雅子氏には、すべての段階でお世話をかけました。そのお力添えに、心からお礼を申し上げます。また邦訳に際して、ハーヴァード大学のアンドルー・ゴードン氏、東京大学の加藤陽子氏と藤原帰一氏にも貴重な助言をいただきました。この場をかりて、謝意を表します。

二〇一七年六月

橋本 明子

謝辞

本書のかたちが整うまでに、多くの方々から情報や励まし、助言、批判をいただいた。貴重な時間を割いて、おしみなく知識を分け与えてくださったことに感謝している。フィールドワークの際に指南役を担い、力を貸してくださった方々、とくにインフォーマントや回答者、さらに紹介の労をとってくださった方々に謝意を伝えたい。

本書の土台となる類似例比較（shadow comparisons）の方法を編み出したのは、戦争の記憶が私の学問的関心の中心になった、研究の初期段階であった。はじめのころにアルブレヒト・フンク氏と大学院ゼミを共催し、そこで討論を重ねながらドイツと日本の事例に関して多くを学んだ。イーリス・ラントグラーフ氏はドイツの若者世代の一人として、この世代の考えていることをよく話してくれた。ハンブルクでフィールドワークを進めることができたのは、ヘルベルト・ヴォルム、マティアス・ハイル、康子・橋本＝リヒター、トミー・リヒター各氏のおかげである。同地では大勢の方にインタビューをおこなうことができ、さまざまな教示をうけた。

さらに日本で、私が戦争記憶の複雑さを深く学ぶことができたのは、大勢の方々のご親切とお力添えに恵まれたからである。上智大学の渡辺深氏は横浜でのフィールドワークに際して大切な橋渡し役をしてくださった。神奈川県の高校調査ではとくに古塩政由、小林克則両氏にたいへんお世話になった。同県では多くの方が、忙しいなか時間を割いて情報提供やインタビューに応じてくださった。三輪晴子氏には、横浜での調査を支援していただいたことと、長年の友情に感謝している。そのほか各地の方々にも暖かく迎えていただいた。広島の嘉指信雄、東京の山辺昌彦と渡辺美奈のお三方。それからフォーカスグループ・インタビューに応じ、ピザもきれいに平らげた元気な若い皆さん。話し合いに参加してくれたことにありがとうと言いたい。とくに岩田恵理子氏は熱意をもって根気づよく、フォーカスグループのファシリテーター役を務めてくださった。研究の早い段階でNHK放送文化研究所の河野謙輔および原由美子のお二方と話し合えたことも、ありがたかった。

調査分析の過程では、イェール大学社会学部文化社会学センターでの交流から多大な恩恵をうけた。文化的トラウマ・プロジェクトに参加させてくださったジェフリー・アレグザンダー氏からは親切な助言や指南にあずかり、またロン・アイアマン氏が豊富な知識を分けてくださったことにも感謝したい。このお二人がエリザベス・ブリースとともに編まれた『トラウマを語る――集団的苦難の影響について』〔未邦訳〕に、私は「敗戦国の文化的トラウマ――一九四五年の日本」を寄稿させていただいたが、その内容を膨らませたものが、本書の第1章と第3章である。またセンターのワークショップでは、フィル・スミス、ベルンハルト・ギーゼンの両氏をはじめ、ほかの参加者のコメントからも多くを得ることができた。

研究を滞りなく実施できたのは、支援をしていただいた方々のおかげである。まず米国社会科学研究評議会（SSRC）、米国人文系学会協議会（ACLS）、国際交流基金日米センター（CGS）の安倍フェローシップ・プログラムの研究助成のおかげでフィールドワークをおこなうことができた。フランク・ボールドウィン氏と緒先拓哉氏に感謝したい。またピッツバーグ大学、とくに国際研究センターのアジア学センターと日本評議会にお世話になった。

ピッツバーグ大学ヒルマン図書館のヒロユキ・ナガハシ・グッド氏とカズヨ・グッド氏は、研究の開始以降ずっとアシストしてくださった。データ集め、分析、整理、管理の仕事を手伝ってくださったパトリック・アルトドーファー、クリスティアーネ・ムンダー、ゲオルク・メンツ、岡本昌裕、諸石靖美、小森康正、秋山祐子、岩田恵理子、石川洋一郎、宮本佳美の諸氏にも謝意を表したい。

イェール大学、ハーヴァード大学、コーネル大学、サンフランシスコ大学、ジョージア大学、テキサス大学オースティン校、ヴァージニア大学、ジョージ・ワシントン大学、カリフォルニア大学ロサンゼルス校、広島平和研究所、ロンドン・スクール・オブ・エコノミクス、ピッツバーグ大学などでおこなった講義やセミナーでの交流からも多くを学ばせていただいた。お招きくださったオーガナイザー各位に、厚くお礼を申し上げる。

オックスフォード大学出版局で編集を担当したジェームズ・クック氏には、この研究に目をとめ、ここまで導いてくださったことに感謝したい。さらに同出版局では、スタッフの方々にも並々ならぬお世話になった。

最後に、夫のデーヴィッド・バーナードに感謝の気持ちを伝えたい。刊行までの長旅を続けることができたのは、彼が親身に支えてくれたおかげである。この本を、彼に捧げる。

第1章　敗戦の傷跡と文化的記憶

　子供のころ、東京の鉄道沿線にある小学校に通学していた私は、いつも行き帰りに小さな商店の立ち並ぶ新宿駅近くの通りを歩いた。一九六〇年代のはじめに地下鉄丸の内線が延伸して小田急線と乗り換えが可能になったことから、新宿のその通りは何千、何万という通勤者で毎日ごったがえしていた。いつからか、気がつくとそこには手足を失った不思議な男の人たちが毎日点々と並ぶようになった。ぼろぼろの軍服。腕のない側をこちらに向けている人や義足をのぞかせる人、義眼の人もいた。会社員や学生が先を急ぐかたわらで、地べたにじっと座ったまま、あるいは頭をたれたまま、微動だにしない。ハーモニカやアコーディオンで、どこかぎこちない、悲しげな曲を演奏する人もいた。子供だったので、この人たちは戦争に行った兵隊さんで、戦争でうけた障害を道行く人に見せながらじつは物乞いをしているのだ、ということがわかるまでに何週間もかかった。思い出せば、そのころこうした戦争の傷跡は私のような子供もあちらこちらで感じとることができたと思う。新宿駅の傷痍軍人のように、突然視界へ飛び込んでくることもあったし、誰かが空襲を経験したとか、家財を焼かれたとか、親戚の誰かが亡くなったというようなことを家族から聞いたり、たまたま耳にすることもあった。戦後生まれの子供だった私たちには、アジア太平洋戦争がどうして起きたのか、その戦争がいったいなんだったのかはわからなかったが、それが大人たちに何か途方もない苦しみを味わわせたことだけはよくわかっていたと思う。私たちが生まれる前に、とてつもなくひどいことがあったらしい。幼いころからこうした観念がつくられ、それが国民のトラウマとつながって、戦争に関する私たちの理解を形づくってきたのだろう。

国民のトラウマが長い年月を経たのちも文化や社会に色濃く残っているのは、なぜなのだろう。忌まわしい過去など思い出すのも嫌なことが多いのに、そういう記憶（トラウマ）が消え去らないばかりでなく、何十年も経ったのちに、さらに強まりさえするのはどうしてなのだろう。本書で私は、今も日本に残る敗戦の文化というものを考えながら、こうした問いに取り組みたい。第二次世界大戦という、史上最大の崩壊をもたらした負の遺産。それは、今も敗戦国に長く陰鬱な影を投げかけ、深い歪んだ傷となって記憶に刻まれている。(1) その負の遺産を、私たち日本人は好むと好まざるとにかかわらず、後ろめたく、疎ましく思いながらも、共有している。目を背けたくても背けることができないこの「忌まわしい過去」は、戦後世代が大半を占める現代日本にいる私たちにとって、いったい何を意味しているのか。この過去の汚点を乗り越えるべく、戦後につくられてきた平和、民主国家、和解などの概念、道義、社会規範、政策や法律の数々を、私たちはどのように意味づけて了解し、日本人のアイデンティティとして育んできたのだろうか。敗者は壊滅的状況からどう国民生活を立てなおし、あの戦争の惨害を説明し、死者を悼み、非難をかわし、負の烙印を消しながら、罪の重荷を下ろすべく、あの戦争の物語を新たにつくりなおしてきたのだろうか。私たちがこうした問いに取り組むことは、現在東アジアを揺さぶりつづけている「歴史問題」や「歴史認識問題」の核心に迫る試みでもある。

敗戦という過去は日本の戦後文化に根深く浸透している[2]。一九四五年の降伏を経て、主権を失った日本は七年のあいだ戦勝国に占領された。その間、戦勝国は行政や司法、経済、教育、家族など社会のほぼ全領域で抜本的改革をおこなった。東京裁判（一九四六－四八年）は日本の加害責任を明確に定め、平和に対する罪や戦争法規違反の罪で日本軍首脳を訴追した。しかし、東京のみならず日本の他の場所やアジア各地で開かれた戦争犯罪法廷でも、多くの軍部や政府、実業界の関係者、さらには天皇までもが追及を逃れた。このときにさかのぼる日本の戦争責任問題――誰が戦争の責任を負うべきか、誰が罰せられるべきかをめぐる道義的評価――のもたらす社会的な亀裂は、今も埋まらないままである。この議論にはふつう、避けて通れない二つの問いがつきまとう。日本はなぜ、負ける戦争をしたのか。負ける戦争のために、なぜ、死ななければ／殺さなければならなかったのか。この問いはさまざまな議論を呼ぶ。けれど、どの答えもとどのつまりは、この過去の負い目をどう了解し、日本という国とのつながりをどのように受け入れるのかという、私たち自身の問題に行き着く。その作業をおこなわずには、意味のある答えも出てこない。

過去の戦争や残虐行為をめぐる記憶文化の問題は世界各国にみられるが、日本の戦争記憶はなかでもとくに際立つ例である。この問題は一九九〇年代に激化し、激しい論争として国際メディアでも広く報道されている。たとえば、中国や韓国、ロシアとのあいだに抱える領土問題[3]。終戦記念と追悼につきまとう罪責の問題（靖国問題[4]）。戦時に強制徴用された人や性労働を強いられた人（従軍慰安婦）、または元戦争捕虜への謝罪や補償。その根底には、暗い過去をめぐって相互に対立するさまざまな記憶があり、それもまた国内での論争——「歴史認識問題」——を激化させている。戦後七〇年を経たのちも、国民が一致点を見いだせる状況からはほど遠い。九〇年代には数々の政策をめぐる論争が起き、この歴史認識問題の亀裂を深くしている。国旗や国歌の強制。(5)愛国心教育。教材で描かれる日本の残虐行為(たとえば南京虐殺)。(6)空襲や原爆の被災者による補償や医療補助の要求。(7)戦後日本のアイデンティティの根幹を揺さぶりつづけてきたこれらの問題は、今や平和憲法の改正と再軍備という重大な懸案を再燃させるにいたった。

負の歴史を受け入れることがいかにむずかしいか、それは無残な軍事的敗北と社会変革を経てきた国々では周知のことである。たとえば第一次世界大戦後のドイツやトルコ、アルジェリア戦争後のフランス、南北戦争やヴェトナム戦争後のアメリカ。(8)敗戦、死と暴力、喪失に対する責任という問題に直面した国のなかには、たとえば南北戦争後のアメリカ南部のように、敗戦以前の大義を全肯定しつづけるところもあれば、(9)第一次世界大戦後のドイツのように戦没者を殉教者に仕立て上げたり、(10)オスマン帝国崩壊後のトルコのように、国を抜本的に改革してしまうところもある。(11)ドイツの歴史家ヴォルフガング・シヴェルブシュの著した『敗北の文化』〔邦訳、法政大学出版局〕が示しているように、敗戦や占領などの大事に見舞われた国民は、取り組み方に違いはあれ、汚点と不名誉を克服しようと苦心を重ねる。(12)本書では、そうした研究を土台にしつつ、第二次世界大戦後の日本の事例を掘り下げる。

戦争の敗者は、その屈辱の過去を次の世代へどのように伝えているのか。私は公式の政策や談話の分析という定石どおりの方法のみならず、継承のさまざまな形を日常生活のなかに観察することで、その道徳的基盤のありようをとらえ、理解を深めたいと思う。家族、メディア、学校で語られている戦争を検証し、トラウマや喪失、罪、恥という重い遺産を後続世代が継承するまでの道筋を明らかにしたい。ここでは主として一九八五年から二〇一五年まで、つまり戦争の記憶が国境を越える《トランスナショナル》ようになった時期に焦点を絞る。欧米メディアは日本の戦争記憶について報道する際、「健忘症」の一言で片づけることが多い。しかし日本の戦争記憶は記号化され、日常文化に深く埋め込まれていて、表面的な状況を垣間見ただけではとらえきれず、考察を進めなければわからないことが多い。深く考察することで、日本には一つにまとめ上げられた大きな物語《メタナラティヴ》があるというより、多種多様の記憶がさまざまな理由から並立しひしめき合っていることが見えてくる。言い換えるなら、日本人にとって戦争と敗戦の記憶は「集団的」というよりも、いくつかの異なる道義心や道徳観に立脚した記憶が、それぞれ正統性や主導権を得ようとせめぎ合っている状況である。その背景には多様な政治的利害をもつ社会諸集団の諸相があり、いろいろな経緯から、それぞれの負の語りを織りなしている。包括的にいえば、それは文化的トラウマの記憶であり、私たち戦後世代のアイデンティティの一部をなす日本の失敗と屈辱の物語なのである。

文化的トラウマ、記憶、国民アイデンティティ

フランスの社会学者モーリス・アルヴァクスの示唆したところによると、集団的記憶、つまり総体としての人々の記憶は、思い出すという行為がおこなわれる「今現在」の状況に左右される。(13) 記憶は

不易不変ではなく、思い出す側によって主観的に選択され、構築されていく。過去の構築はその時勢に整合するように意識的・無意識的に選択され、その「現在」を間接的に映し出す。記憶の正統性や支配権をめぐる争いの背景には、そのときに存在する社会的・政治的・文化的な利害や価値観の対立や相互作用がひそんでいる。戦争や大量殺戮、残虐行為、侵略といった無差別な暴力や死をめぐる記憶が「今現在」存在する社会の価値観や道義心に左右されるのは、そのためである。そして戦争の記憶は「今」とつながり、私たちの共同体の道義的基盤として少しずつ蓄積されていく。アメリカの社会学者ジェフリー・アレグザンダーはこうした過程を「文化的トラウマ」という言葉で説明している。「集団の意識にしこりを残し、記憶に深い傷をつけ、アイデンティティに回復不能なまでの根本的変化をもたらすほどの恐ろしいことを自分たちは経験したのだ、と集団の成員が感じた場合」にこうした現象が起きるという[14]。集団の意識のなかで、その「恐ろしいこと」は重要な指示対象（referent）として立ちあらわれる[15]。それは出来事そのものが本来的に忘却不能だからなのではなく、一つの言説がつくられていく過程で選択され、選択しなおされ、そして人々の生活のなかに根づいていくからだ。こうした流れのなかで、その出来事に関する記憶は文化的重要性を帯び、自分たちが経てきた悲惨で複雑な体験として記憶されるようになり、それにともなうあらゆる負の感情とともに集団のアイデンティティに取り込まれていく[16]。

そうした連綿たる負の感情は道徳心を形成する強い原動力となり、文化的トラウマが社会で再生産される過程で大きな役割を果たす[17]。負の歴史的事実を記憶にとどめている文化には、その記憶に付随するさまざまな特質を克服したいという強い衝動がよくあらわれる。長いあいだ記憶に刻み込まれ、世代から世代へと受け継がれてきた情念や願望。たとえば、癒されたい、汚名を返上したい、死者を悼みたい、国際社会で名誉を取り戻して一目おかれるようになりたい、自らの尊厳を取り返し身内の名誉も守りたい、不都合な出来事はなるべく過小評価して、できればなかったことにしたい、といった願望である。敗者は敗者なりに、自らの失敗と屈辱になんらかの意味を見いだしたいと思っている。こうした願望や希望を満たすことは、記憶の道徳指針をつくりなおし、壊れた社会基盤を修復する作業でもある。それは時間のかかる取り組みであり、戦後七〇年たった今も続いている。文化的トラウマ、敗戦の文化、そして日本の「歴史認識問題」。これらが今も根強く残っている理由を探る手がかりは、この修復作業にある。そして本書で見るように、成果はそれぞれに異なる。

こんにちの私たちは「記憶の文化」のなかにいる。二一世紀の現在を生きる私たちにとって、国民の過去を記憶することは、大きな重要性を帯びるようになった。[18] ことに一九八〇年代からは、世界各国でオーラル・ヒストリーをもちいて記録を残す、歴史的映像記録を発掘する、博物館や記念館を建てるなどの事業が目立つようになり、そうしたなかで「過去の過ちを正す」ことをめざす政治運動も活発になってきた。こうした動きはいずれも、過去をとらえなおして記憶しなおすという経験が国民のアイデンティティ形成のうえで重視されるという、時代の趨勢を示している。[19] 本書であつかう一九九〇年代から二〇一〇年代はこの意味でも、日本にとってはきわめて大切な時代だった。冷戦構造が崩れて生産技術がグローバル化し、国内ではバブル経済が破綻した。そのような状況下、日本は未来へ向けての針路を政治的にも経済的にも模索していた。日本にとって未来の手本となるような時代を、過去に見つけることはできるのか。ポスト産業期に入った日本はこのとき、あるべき未来の姿を描くべく過去を見つめなおしていた。こうした変動期の社会不安は、負の歴史をめぐる過去の政治対立や論争をも再燃させることになる。今や人口の八割を占める戦後世代も論争に加わって考え方も多様になり、敗戦に終わった戦争に対する歴史認識に、さまざまな動機が持ち込まれることになった。このころにはまた戦争をめぐるアジア近隣諸国との歴史認識問題も複雑さを増し、日本政府に対する戦後補償裁判や謝罪要求、[20] 歴史教科書問題などの問題も再燃した。同時に、東アジア各国では人々の反日感情が高まり、中国や韓国、ロシアとの領土問題も悪化し、北朝鮮の挑発行為はますますエスカレートしていった。その不確実で流動的な時代のなかで、日本も重要な岐路に立たされることになった。

たった一つの絶対的史実というものはないのではないか。ポスト近代を生きる私たちにとって、国の歴史について大きな物語を語ることはもはやむずかしくなっている。都合のいい、使える過去を探すという行為は、歴史を主観的かつ政治的に解釈する行為と同列といえる。[21] そして誰もが受け入れられるような、単一で「確実」な歴史を描くことはだんだん不可能になっている。[22] とくに東アジアの国々にとって、歴史が主観的なものだということを認識するのはなかなかむずかしいことである。国史がこれまで「正史」として国家に指定されてきた経緯があるからだ。[23] 冷戦後の世界で知の領域そのものが再編成されるなか、歴史は相対化され、流動化している。[24] こうした時代の岐路に行き着いたことを考えると、日本の歴史認識問題をめぐる論争がにわかに激しくなったことは、潮流の変化を日本のアイデンティティに対する脅威と感じる人のあいだで、ナショナリズムが高まったからだともいえる。

壊滅的な敗戦から長い年月を経た日本は文化・社会基盤をつくりなおそうとする過程で、道義的な拠り所を模索してきたわけだが、最近戦争の記憶をめぐって起きている対立は、その作業を芯から揺さぶり、その深い矛盾を突いている。なかでもとくに顕著なのは、平和国家であるにもかかわらず、戦争の道義的な罪責を進んで負わないという矛盾だ。それはたとえば、戦時下に性労働を強いられた人々（元従軍慰安婦）に対する謝罪・補償の問題であり、大量虐殺（わけても南京虐殺）に対する責任の問題であり、戦争犯罪からの名誉回復をめぐる問題（東京裁判・靖国問題）にあらわれている。この戦争と敗戦の意味づけの不確定さは、長いあいだ日本人の道義的アイデンティティを揺り動かしてきた。

ドイツの社会学者ベルンハルト・ギーゼンは、市民社会で構築されるトラウマの多様な語りについて論じたが、本書ではギーゼンの取り上げた類型を踏まえながら、日本の敗戦をめぐる記憶の分析を進めていく[25]。具体的には、日本の公共の言説空間で相対立するトラウマの語りを取り出し、検証する。この語りを表象するのは英雄、被害者、加害者の三種類の語りであり、それぞれに異なる道義心や道徳観に根差している。これらは、個々の記憶の特質を見据えながら整理してまとめたもので、包括的な理解に役立てるために考案した類型である。これらの語りは、戦勝国に対してくすぶる不当感、国家に対する忠誠心や不信感、死者に対する共感や罪責、犠牲者との連帯、などの根深い考え方や心情においてそれぞれに異なる。以下、くわしく見ていくことにしよう。

戦争の記憶をめぐる三つの道徳観とその語り

戦争を道義的にどうとらえ、正当化するかは、時代や場所、歴史的文脈、政治・文化的伝統に左右される。[26] アウグスティヌス神学から生まれた正戦論では、大規模な政治暴力の使用が道義的に妥当なこともありうるとの立場から戦争を理論化し、正当なものとしている。[27] 第二次世界大戦は連合国の立場からすると「正しい戦争」で、連合国は枢軸国を悪しき侵略者とみなして成敗した。とはいえ西洋神学起源のこうした見方に文化的普遍性があるわけではなく、人類史全体に当てはめることはできない。これよりも一般的なのは実利を重視する見方で、政治力や国益を拡大する勝利の戦争を「正しい戦争」とする、殺伐とした現実的認識である。日本には戦争の長い歴史があり、そこにはさまざまな基準を見いだすことができる。たとえば近代以前には朝廷の許可を得た者が戦いの名分を手に入れ、封建制の下では戦《いくさ》に勝った者が正しいとされた。[28] 近代に入ってからは、西洋発祥の国際戦争法規が断片的に取り入れられた。だから日本が良い戦争と悪い戦争という概念を組み立てるにあたって、絶対的基準をどこにも求めず、現実主義や相対主義を織りまぜているのはある意味で当然だ。さらに、日本の文化は多神教的伝統から生まれ、実社会では倫理相対主義が息づいている。ユダヤ・キリスト教文明とはほとんど無縁に発展したそんな文化に、正戦論がぴたりと「当てはまる」わけはないが、[29] それでも日本は第一次世界大戦や第二次世界大戦における自国の行動を正戦論によって正当化した。日本の「正戦論」では、アジア太平洋戦争は欧米白人の植民地支配から「大東亜共栄圏」を守る、天皇のための「聖戦」を意味した。一九四五年に日本が降伏すると、道徳規範がさかさまになり、「正しい戦争」はたちまちのうちに「間違った戦争」に変わった。そこで多くの人は、現実的な倫理相対主義（「勝てば官軍、負ければ賊軍」という思考）にふたたび戻っていった。

戦後の日本社会で道徳規範がねじれ、日本人の戦争観がすっかりシニカルになっていったことにより、トラウマの相対立する語りを生み出す土壌ができていった。それから数十年を経て、三種類のトラウマの語りが育まれてきたわけだが、それらはさまざまな形で、しかし深く国民感情に刻み込まれていく。日本のとった軍事行動や政治行動は正しかったのか間違っていたのか、敗戦という負の遺産は屈辱なのか幸運なのか。こうしたいろいろな問いについて、それらの語りは評価を異にする。未来の日本がどこへ向かうべきかについても合意はない。

　第一の類型は、戦争と敗戦を、勇敢に戦って戦死した英雄の話としてとらえるものである。こんにちの平和と繁栄は先人の尊い犠牲なしにはありえなかった、このような戦没者がいて初めて平和が成り立っていると結果論を唱え、戦争や国民の払った犠牲を正当化する。第一の類型に属する語りは、こうした「幸運な敗戦」観を道徳的基盤としている。終戦記念日の追悼行事や新聞の社説などで犠牲者に感謝を捧げるこのような言説がよく目にとまるが、この語りは特攻隊などの若者の死も無駄ではなかったという言説を補強する効果がある。これは日本国民であることへの誇りを養うこと、また国の開戦責任、敗戦責任から注意をそらすことにもつながる、美しい国の語りということができる。

　第二の類型は、戦争を敗戦の犠牲になった被害者の話としてとらえ、その被害者の心情に寄り添い、自身を重ね合わせるというもの。前面に押し出されているのは「破局」――まぎれもない大悲劇――のイメージで、そこではすさまじい軍事暴力による大規模な殺戮と破壊に対する嫌悪が道徳的基盤になっている。人々の苦難を強調し軍国主義に反対するという言説はしばしば家族、学校、メディアのなかに見いだされ、被爆都市の広島や長崎、そして空襲の被害を中心にしたものも多い。しかし、この語りは日本に傷つけられたアジアの人々、すなわち遠くの他者の苦難から注意をそらすことにつながり、悲劇の国の語りになっている。
第三の類型は、戦争を中国や朝鮮、東南アジア各地における加害者の話としてとらえ、日本がおこなった帝国主義的支配や侵略、搾取を強調する点において、前二者と対照をなす。日本が暴力を行使したり人々を虐げたという過ちを反省し、後悔するという道徳的基盤に立ち、「地獄へ転落」したやましい国の語りになっている。この加害の語りは、三つの語りのなかでもっとも悩ましく、物議をかもしやすいが、歴史書、報道ドキュメンタリー、従軍経験者の証言のなかに見受けることが多く、そのなかにはベストセラーになった本などもある。東アジア諸国との和解と協調をめざす市民運動や友好団体の多くは、この加害者論に立脚している。

道徳観や利害を大きく異にする人々が、それぞれの記憶をかまびすしく語っている。そのことから、国の歴史をどう描くかについて国民が混乱しているというよりは、たがいに拮抗している状態にあることがうかがえる。この戦争の呼び方一つにも、問題ははっきりあらわれている。米占領軍の定めた「太平洋戦争」は一般的な名称として、今も「美しい国」論のなかでよく使われる。これと対抗関係にあるのが日本の進歩派知識人や教育関係者が使う「一五年戦争」という名称で、「やましい国」論で使われることが多く、やはりこちらも社会に定着している。この名称では、太平洋での開戦の一〇年前から日本が進めていた帝国主義的侵略が強調されている。このほか、こうした名称に付いてまわる政治的な意味合いを避けようと「アジア太平洋戦争」や「昭和の戦争」、「第二次世界大戦」という呼び名も使われるようになった。また、「先の大戦」とか「あの戦争」、果ては「あの不幸な一時期」と言う人もいる。「あの戦争」をどう呼ぶかという問題は、追悼行事での挨拶や歴史教科書、博物館の展示など、あらゆる場面で頭をもたげる。日本各地にある「平和」博物館も、戦争の全体像を示すことができないまま、この歴史問題に対処せねばならない状況にある。そこで加害者、被害者、英雄のいずれかの語りに焦点を絞り、文化的トラウマの部分像だけを描く。欧米では日本が戦争の歴史を忘却しているという批判がよくなされるが、これは遺憾ながら、負の歴史遺産をめぐる膠着を忘却と混同した、まと外れな批判である。

戦死した英雄を語る——「美しい国」の記憶

敗軍の英雄として、アメリカのロバート・E・リー（南北戦争時の南部連合軍司令官）、ドイツのエルヴィン・ロンメル（第一次世界大戦で戦功をあげ、第二次世界大戦では野戦指揮官となる）、映画『グリーン・ベレー』（一九六八年公開）のジョン・ウェインなどをあげる人は多い。よく知られる彼らのような英雄の物語は枚挙にいとまがなく、戦いの状況いかんにかかわらず、勇敢な戦士としてたたえられる。歴史家のジョージ・モッセは、第一次世界大戦後のドイツで戦没兵が殉難者としてほめたたえられ、まつりあげられるようになる経緯をたどった。敗戦の痛みを和らげ、生き残った人たちの罪悪感を軽くするために、戦没兵を殉難者に仕立てあげる過程を明らかにしている。(30) 兵士の死が殉死であるなら、それは生き残った者にとって無駄ではなかったことになる。日本の場合、ねじれた理屈ではあるが、英雄の死は国に豊かで明るい未来をもたらすことになったのだから、その死には意味があった——「美しい国」だったのだ——とされるわけだ。

この種の語りのいわば日本版としてよく知られているのは、戦艦大和の物語である。第二次世界大戦で大義に殉じた英雄に関するエピソードの代表格といえる。大和は世界最大の戦艦だったが、敗戦まぢかには特攻に等しい出撃作戦を敢行、沖縄北方沖で三〇〇〇人の乗員とともに沈んだ。一九四五年四月、降伏のわずか数ヵ月前のことだった。この愛国物語は、乗組員が強いられた最期の苦闘の瞬間に焦点を合わせている。まったく勝算のない作戦が続くなか、若い士官たちは目前に迫る死の意味を問い、煩悶した。数百の米軍機による爆撃をうけ、戦艦がまさに沈没しようというときに臼淵《うすぶち》磐《いわお》大尉が語ったとされる言葉は広く伝わっている。日本の覚醒に役立つならば、自分たちの死には意味がある、未来の日本をよりよい国にしよう。そう呼び掛けたのだった。

進歩のない者は決して勝たない。負けて目ざめることが最上の道だ。
日本は進歩ということを軽んじ過ぎた。私的な潔癖や徳義にこだわって、本当の進歩を忘れていた。敗れて目覚める、それ以外にどうして日本が救われるか。今目覚めずしていつ救われるか。俺たちはその先導になるのだ。日本の新生にさきがけて散る。まさに本望じゃないか。(31)

二一歳の青年士官が考える「本当の進歩」とは何だったのか、そこはかなり曖昧である。平和を頭に描いていたともいえるだろうし、社会正義、あるいは生活安全、経済繁栄を意味していたと考えることもできる。いずれにしても自身の目で見届けることのできない未来に貢献する、という主張には明らかに論理矛盾がある。しかしまさにこの矛盾点が、進歩を犠牲に結びつける思想の核心をなしている。そうした思想を基盤にして、日本の復興は可能だという信念が国民に共有されることになった。

この鎮魂歌は、片道の燃料しか積まないような状態で自分たちを出撃させた軍首脳に非難や憤りを向けることもなく、迫り来る死を直視した男たちの勇気と自己抑制をたたえている。戦艦大和のエピソードは映画やドキュメンタリー、教科書、さらには政治家の演説などでも、英雄の語りとしてよく使われている。(32) しかし、戦艦大和やこれに類する物語は、侵略戦争に加担した罪を主人公たちに負わせることはない。(33) このほか、特攻隊員に材を取った『永遠の0《ゼロ》』(百田尚樹著、二〇〇六年。一三年映画公開)や『月光の夏』(毛利恒之著、一九九三年。同年映画公開)など、この種の物語は装いを新たにし、マスメディアにいくども登場している。

被害者を語る――「悲劇の国」の記憶

現在六七の言語に翻訳されている『アンネの日記』。あるいは南ヴェトナム軍にナパーム弾攻撃をうけ、裸で逃げる「ナパーム弾の少女」の有名な写真(一九七二年)。これらをはじめ、直接間接に戦争の被害にあった無辜の民についての痛ましいエピソードは数多《あまた》ある。このカテゴリーに分類される語りは、その舞台や状況のいかんにかかわらず、良民が残酷で無情な抑圧、あるいはゆるされない残虐行為の犠牲になったという前提に立っている。歴史家のジェイ・ウィンターは第一次世界大戦時に殺戮を経験したヨーロッパを例にとり、すべてを失った人々が喪に服して癒しを得るためには記憶と追悼の文化を通じて殺戮の意味を理解することが大切だったと述べている。(34) 日本における「被害者の語り」でも、こうした「民衆の祈り」という特徴がはっきりあらわれており、カタルシスや救いを感じさせる大事な要素となっている。(35) また前面に出ることはないにせよ、国家や軍部が悲劇の原因をつくった影の加害者として背後に示されている点も意味深い。

中沢啓治の自伝的漫画『はだしのゲン』（雑誌連載一九七三－八五年、単行本刊行一九七五－八七年）。日本では反戦文学の代表に位置づけられるだろう。広島の被爆者の手になるこの作品は、完全なる「破局」を描いている。原爆が投下された街で、毎日を必死の思いで生きる家族の姿をつぶさに描き、灰燼に帰した広島の悲劇を伝える。実話をベースに個人史と世界史を綴じ合わせ、怒りや苦悩、絶望を通して核兵器と放射能の恐ろしさを語っている。原爆投下時の視覚描写には圧倒的なインパクトがある。(36)

戦争は究極の悪だ、と『はだしのゲン』は力強く訴える。日本軍と天皇制国家が無謀で無駄な戦争を引き起こした。そして両者の非情は市井の人々の生を破壊し、塗炭の苦しみを味わわせる結果となった。もっと早い段階で戦争を止めていれば、政府が勇気をもってポツダム宣言を早く受諾してさえいれば、原爆による数々の惨禍を避けることはできたかもしれない。国家や軍、天皇、米軍、あるいは被爆者の医療データを集めただけのアメリカ人医師など、これまで権威と言われてきたものはけっして信じてはいけないと、この作品は明快に言い切っている。(37) ゲンの物語は荒廃から生活の再建へと進んでいくが、基調は重苦しい。どんなに努力しても、いつまでたっても人々の生活や身体が完全に元に戻ることはないし、破壊の罪責が裁かれることもまったくない。

『はだしのゲン』が反戦の象徴になっていることは、強調してもしすぎることはない。刊行からほぼ四〇年にわたって学校で広く使われ、生徒の手の届くところにあった。多くの戦後世代に読まれ、軍国主義の暴力性を人々に認識させてきた。子供時代に学校の図書館や平和教育の授業、あるいはテレビや映画を通じてこの作品に触れ、初めて広島のことを知ったという人は多く、大半がそのときのショックについて語っている[38]。やはり被害者の物語として教室で使われているアンネ・フランクの話と同じように、この作品も登場人物への共感や慈しみの心を呼び起こす。そして、自分の生き方には自分で責任をもって、戦争や核兵器にノーと言える勇気をもつべきだというメッセージをはっきりと伝えている。ところが、広島は軍事都市でもあったのに、この作品は一五年戦争と原爆との関連性をあまり明確にしていない。また、当時侵略をうけていたアジア諸地域では、日本に原爆が投下されたことを喜ぶ人が多かったということも読者には伝えていない（たとえば韓国では、この作品はほとんど読まれていない[39]）。大枠としては、この作品は残酷な戦争の犠牲になった、主に日本人の物語であり、日本人の苦難に焦点が絞られている。

『はだしのゲン』をはじめとする被害者の物語は、敗戦国の深い文化的トラウマとの親和性が強く、（反米感情ではなく）反戦感情を培うのには最適といえる。似たような題材を取り上げている子供向けの作品には、ゲンのように親を失った子供や悲劇に襲われた庶民を描いた話が多い。とくに有名なのは、『火垂るの墓』（野坂昭如著、一九六七年。八八年アニメ映画版公開）や『さとうきび畑の唄』（遊川和彦脚本のテレビドラマ。二〇〇六年放送）、『この世界の片隅に』（こうの史代作の漫画。二〇〇七－〇九年雑誌連載、一一年テレビドラマ版放送、一六年アニメ映画版公開）などである。

加害者を語る――「やましい国」の記憶

敗戦の文化でも、罪深い自国の加害者を語ることはよくある。ハンナ・アーレントの『イェルサレムのアイヒマン』（一九六三年初版発行）やソンミ村虐殺事件（一九六八年）をあつかったドキュメンタリー、あるいはフランシス・コッポラ監督の映画『地獄の黙示録』（一九七九年公開）。これらの物語の加害者は往々にして、極限状態に陥ったときに邪悪な行動に走る、嗜虐性をむき出しにした人物として描かれる場合が多い。アメリカの歴史家クリストファー・ブラウニングは、第二次世界大戦中に日常業務の一環として一般のポーランド人を虐殺しつづけた「普通の」ドイツ軍人たちを追跡した。[40]この加害者らは一九六〇年代、ドイツ人自身によって裁きをうけたが、これとは対照的に、第二次世界大戦中に加害を犯した日本人は、戦勝国や日本の被害国による裁判しかうけず、同胞には裁かれなかった。それは、米占領軍が天皇の責任を問わなかったこと、冷戦が発生したことなどによって、加害の実態を解明することがますます複雑になっていったからでもあろう。とはいえ、日本にも同国人の悪行を淡々と描く加害者の物語はある。その根底には、自国民が過去に犯した、受け入れがたいような罪を直視することが日本人にとっても社会にとっても重大な責務だという信念がある。過去と決別し、先へ進むためには、まず自身の犯した道義上の過ちを自ら省みなければならない。こと軍事暴力からの回復や癒しについて言うなら、そうした自身のなかの暗闇の部分をまっすぐ見据えることが大切である。自分の加害を語ることの前提にあるのは、そうした考えにほかならない。

　戦後の日本で、戦争の罪責をめぐる言説を形づくるうえで重要な役割を果たした人物のなかに、歴史家の家永三郎がいる。太平洋戦争の歴史や戦争責任に関する数多くの著作を残した。[41]家永はまた、負の歴史がどう教科書に書かれるべきかをめぐり、執筆者として国家を相手取り、史上もっとも長い法廷闘争を続けたことでも知られている。戦争中の自分がただの傍観者だったことに対する忸怩《じくじ》たる思いもあって、家永は加害者としての歴史を教科書に書き、戦争の開始と遂行について、何よりも国家の罪と責任が問われるべきだと訴えた(42)。三二年にわたって（一九六五‐九七年）、三つの教科書裁判が続き、その影響もあって、加害の語りは公共の言説空間に根を下ろし、戦時中の暗い時代を批判的に語る言説として生きつづけている。検定で不合格とされた家永の教科書は、加害の歴史を余すところなく書いている。たとえば中国に対する侵略と、そこで起きた強姦や略奪。七三一部隊による生体実験。南京虐殺。植民地臣民や戦争捕虜の強制徴用。そして沖縄の人々に犠牲を強いたこと(43)。この戦争は国際条約に反する違法な戦争だということ、また中国北部に対する日本の経済的・政治的な野心が一五年戦争の原因となっていることを、家永は説く。そこでの国家に対する批判には、一点の仮借もない。

十五年戦争は、日本国家の不正不当な目的と手続とによって開始された不義無謀の戦争であり、戦争を開始したのも、早期に終結しようとしなかったのも、ともに国の不法不当の行為であった(44)……

教科書裁判によって加害者としての日本という認識が社会に広まり、市民運動家たちは家永の活動を支えつづけた。第二次裁判で好意的な判決が下されたことはほかの歴史教科書の著者にも刺激となり、その結果、一九七〇年代から八〇年代にかけては加害についての記述が多くなった(45)。そして数々の媒体が――一般向け歴史書や小説、ドキュメンタリー、さらには学校図書館向けの学習漫画までもが――アジアにおける日本の植民地支配や戦争中の加害行為をほぼ正面から取り上げるようになる。第3章と第4章で示すように、教員や活動家、芸術家、漫画家、メディアは加害の物語をより多く、より広く伝えるようになっていった。日本の加害行為について子供が知る機会は以前よりも多くなり、若い世代のあいだに戦争の文化的トラウマが根づくようになった。ただ、社会が加害の歴史を受け入れるようになったとはいっても、激しい反論がなされることもある。ノーベル賞作家の大江健三郎が、『沖縄ノート』(一九七〇年)で沖縄での集団自決と日本軍の関係に触れていたために、名誉毀損で訴えられた裁判もその一例だろう。(46) こうした加害の語りは現在もジャーナリストや研究者の手によって仕立てなおされ、全国規模で、ときには世界規模で、再生産されて今にいたっている。

敗戦の文化にみられる記憶の分断

前記三つの語りが示しているように、戦争、とくに敗戦についての国民の記憶がたった一つの言説に凝縮されることはない。むしろ、敗戦後の社会はたがいに矛盾する数々の言説を生み出すことが多く、語りや記憶が分断されるという現象は、とくに戦争から二、三世代しか経ていないような場合、めずらしいことではない。(47) コンラート・ヤーラオシュとマイケル・ゲイヤーは一九八九年の東西統一以降のドイツを例に、ヒトラーの戦争やナチ・ドイツ、ホロコーストの語りを分析し、それを「ばらばらで、なおかつ部分的に重なり合う」記憶だと指摘した。ドイツ政府は公式政策として悔恨の文化を推進しているが、一般の人たちのあいだには戦争についての認識や実体験、利害などの違いがあり、そのため加害者と被害者、さらには傍観者の多様な物語が共存している。そのさまざまな語りは根本において相容れず、国についての一つの語りという形にまとまることはありえない。[48] 冷戦期に四〇年も東西二つの政権と二つのイデオロギー圏に分断されていたこと、世代間の断絶と学生運動の影響が強かったこと、個人や家族の戦争体験がまちまちだったことなどを考えれば、それも不思議ではない。こうした過去の社会的・政治的条件のもとで、ドイツ人の記憶は国土の統一後も一つにまとまらずにいる。[49]

フランス国民のあいだでも、第二次世界大戦についての記憶は一致していない。国民の自己理解や日常生活のなかで、レジスタンスの勇士、ナチ占領下の民間人、ヴィシー政権下の協力者という、英雄、被害者、加害者の語りが混ざり合っている。[50] オーストリアでも同じように、ナチによって自分たちの領土を併合された市民や、ホロコーストに加担した協力者という、被害者の語りと加害者の語りとが重層的に入り混じっている。[51]

分断された日本の記憶文化は、第一次世界大戦の敗戦国（ドイツ、オスマン帝国崩壊後のトルコなど）や旧共産主義圏の国（ハンガリー、ポーランドなど）の記憶文化とも似通っている。[52] 最近の比較研究では、同じ敗戦国でも非西洋諸国の場合と西洋の場合とでは抱える困難の性質が違うという、洞察に富む結果が報告されている。たとえばトルコの国際政治学者アイシェ・ザラコルによると、西洋諸国は自分たちから見て「正しい」悔恨の規範を非西洋諸国に押しつけ、全体主義の過去を清算する方法はこれしかないというように「真実の探求」を迫る。こうした姿勢は、「真実の探求」は文明国としてなすべきことで、逆にそうしない国々は文明国に値しないと暗に言っているに等しい。[53] これはホロコーストと西洋の反ユダヤ主義の経験の上に成り立っている教訓や規範であり、過去に向き合う西洋諸国の記憶文化の場合には妥当であっても、非西洋諸国の記憶文化にも適当かどうかは議論が分かれるところである。

日本の場合、「過去の清算」との関連でいえば、とくに再軍備と憲法九条が大きな影響をうけている。事実上の軍隊ともいうべき自衛隊が国連の平和維持活動に初めて参加したのは湾岸戦争後の一九九二年のことだったが、日本の兵士〔自衛隊員〕が外国人を傷つけたり、外国人によって傷つけられたりはしまいかという問題が、そのころからつねに意識され、現在にいたっている。アメリカ同時多発テロ事件や北朝鮮のミサイル発射実験をうけて二〇〇四年に新しい有事関連法が制定されると、自衛隊の権限を拡大することや軍事指導者に重責を担わせることへの懸念も取りざたされるようになった(ちなみに北朝鮮は一九九八年と二〇〇六、〇九、一三、一四、一六、一七年にミサイルを発射している)。また、教育基本法の改正が実現し、学校に愛国心教育がふたたび取り入れられると(二〇〇六年)、次世代の日本人が国家のためにまた自己犠牲を強いられるのではないかという懸念が持ち上がる。こうした懸念は単なるタカ派とハト派の対立というよりも、敗戦の文化のなかで長い年月を重ねるうちにアイデンティティの核心部分で反戦感情が内面化され、熟したことのあらわれでもある。[54] 東アジアで緊張が高まり、日本が軍事力を伸長させるにつれて、この国がふたたび紛争に巻き込まれることへの不安も高まっている。二〇一四年に集団的自衛権の限定的行使を容認する新しい憲法解釈がなされたあと、安全保障関連法が施行され(二〇一六年)、平和主義国家における「平和」の内容が大幅に変更された。こうした動きに対する懸念が、軍事力の統制を失って悲惨な結果に終わった戦争の記憶にもとづいていることは間違いない[55]。

戦争の英雄、被害者、加害者の語りをめぐる日本の戦後史は東京裁判（一九四六－四八年）をもって始まる。近現代史で最大の犠牲をもたらした第二次世界大戦の火つけ役でもあった日本が、この裁判で責任を逃れることはとうていありえないことだった。死者の数は推計六〇〇〇万人、うち三分の一がアジアの人々である[56]。日本の侵略をうけた東および東南アジア、太平洋地域で命を失ったおよそ二〇〇〇万から三〇〇〇万人のなかには戦闘で命を失った人だけでなく、民間人に対する軍事攻撃や略奪あるいは強姦の被害にあって死亡した人、さらには飢餓や拷問で亡くなった人もいる[57]。アジア太平洋戦争で死亡した民間人の数はとてつもなく大きい。日本では広島と長崎の原爆や都市部に対する空襲で約一〇〇万人が命を奪われた。中国では少なくとも一六〇〇万人が死亡。アメリカ人の死者数は二〇〇〇人以下である。兵士については、日本軍の場合、三八パーセントにあたる二三〇万人が死亡しているが、これはドイツ軍（三三パーセント）よりも高く、米軍（二パーセント）の一九倍に相当する（死亡率は戦争末期に近づくにつれて高くなる[58]）。戦域はアジア太平洋地域に広がり、日本軍は食糧や医薬品、武器弾薬などの補給を断たれた。飢餓や病気、部隊の孤立など、戦闘以外の原因で死亡した兵士は六〇－七〇パーセントを占める。半数の遺骨は日本に戻ってきたが、残りは今も広大な領域に散逸したままだ。捕虜となったのは一部にすぎないが、これは投降を禁じられていたためだった。敗戦後に抑留された捕虜が最後に帰還したのは一九五六年のことである。民間人や従軍していた数百万人については、全員の帰国までに何十年もの年月を要した[59]。

東京裁判では、日本の加害責任が明確にされた。この「勝者の裁き」において、日本の軍首脳は平和に対する罪や戦争法規違反の罪で起訴された。起訴状にはまた、南京やマニラでの殺戮など、さまざまな残虐行為の罪もあがっていた[60]。東京ではA級戦犯が裁かれ、刑に処せられたが、東京以外の東および東南アジア地域では数千もの軍人がB級戦犯やC級戦犯として裁判をうけた（一九四六－五一年）[61]。しかし、もっと広範囲に及ぶ罪責の清算という問題を、日本国民は積み残したままとなった。たとえば天皇は――そのときにはすでに自らの「神性」を否定していた――平和に対する罪で責任を問われることはなく、起訴を免れた。日本国民も軍国主義国家に騙されたことにされ、罪を問われなかった。何万もの人々が軍事体制に協力したかどで公職から追放されたが、冷戦が東アジアで激化すると、多くは占領終結前に復帰した[62]。

一九五二年に日本が主権を回復してからは、戦争の語りをめぐる歴史はとくに複雑でなくなる。五〇年代半ばに保守主義の自民党が政権党の座を独占するようになると、経済成長と安定が至上命令となり、過去の過ちを清算することよりも重んじられた。その一方で、政治では日米安全保障同盟が中国やソ連との和解よりも優先された。保守勢力は戦争による天文学的損失の穴埋めを望む国民の声を背景に未曾有の経済成長を指揮し、自らの足場を固めた。そして戦争についての大きな物語を統制する力を手にすると、この戦争を国家存続のためにやむをえず戦った悲劇の戦争に仕立て、将兵たちを勇者あるいは犠牲者として描いた。この物語のなかでは、現在の成長と繁栄も、過去に国民が経験した犠牲の上に築かれたことにされる。

しかし、日本が一直線に前進を続けているというこの寓話を野党は疑問視し、教員組合や平和運動団体などの対抗勢力と共闘、一九六〇年代から七〇年代にかけて日米安保条約や核実験、ヴェトナム戦争への反対運動を展開した。ここで加害者意識の涵養を担ったのは教育者や知識人、ジャーナリスト、労働組合員、活動家、政治家などで、侵略国家の無謀な軍事侵攻や植民地支配への反省を説きつづけた。他方、日本がうけた被害を強く意識し、戦後日本が歩んだ道のりを原爆や空襲による破滅からの再生と意味づける人々も、もちろん多い。

一九六〇年代と七〇年代に、記憶の政治をめぐる争いはしだいに落ち着き、日本から見た苦難の記憶についてある程度の合意ができてきた。誰が英雄、被害者、加害者と位置づけられるのか、それはなぜなのか、アジアにもたらした惨禍をどう記憶するかなどの点で見解は分かれていたが、日本が失ったものについての記憶は身近な日常のなかに見えていただけに、分かち合うことができた。このように記憶は多極的でありつづけたが、敗戦の文化のもとになる戦争経験は皆に共通するものとして認識されていた。(63)

一九八〇年代から九〇年代にかけては、過去の償いに焦点を絞った人権活動や移行期正義〔transitional justice. 紛争後の社会で、過去の人権侵害に対してなされるさまざまな補償措置〕を求める運動が高まり、そうした流れのなかでグローバルな記憶の文化が拡大していく。東アジアの近隣諸国や外国メディアの圧力もあり、過去の清算という、日本が長年抱えてきた懸案に国際社会がいっそうの関心を寄せるようになった。その内容は多岐にわたる。たとえば、歴史教科書の検定問題。公式謝罪をめぐる対立。旧植民地の人たちからの賠償請求。戦没者の追悼と罪責の位置づけ。博物館の展示をめぐる論争。そのなかでもっともむずかしいものに、元従軍慰安婦に対する補償問題がある。戦時中、日本兵のために性を提供させられた女性たちが、沈黙を破って日本政府に謝罪と補償を求めるようになったのだ。この従軍慰安婦問題は国境を越えたフェミニズム運動のなかで性暴力の一形態と位置づけられ、それによって戦時性暴力という論点に国際社会の注目が集まった。[64] また、記憶の形成環境を変えるような出来事は日本国内でも起きた。まずあげられるのが、天皇裕仁の死去、自民党一党支配の終焉、そしてバブル経済の崩壊。それに東アジア、なかでも中国の占める政治的・経済的・文化的重要性が大きくなったこと。こうした出来事を経て、日本では加害行為をおこなった過去についての認識が高まり、国際的にも和解と国際協調への関心が広がった。

二〇〇〇年代はじめになると、東アジアでの和解と国際協調に向けて前進していた勢力に対する巻き返しが起きる。[65] グローバル化に対する反動ともいえるこのナショナリストの巻き返しは、中国が飛躍的な経済成長を遂げて東アジアの情勢が変化し、「歴史問題」そのものが拡大したことも背景にある。[66] 経済の収縮や景気後退、失業率の増大、格差の拡大など、日本の抱える懸念が大きくなる一方で、ポスト冷戦期の国際秩序もまた、日本にとって不確実になっていった。この流動期の世界情勢を見れば、日本のなかで挫折感が強くなったことも十分うなずける。日本は戦勝国アメリカにいまだ安全保障面で依存したままであり、軍事面では一九九〇年の湾岸戦争で連合側に名を連ねることもできなかった。国連安保理の常任理事国（第二次世界大戦の戦勝国がその座を占めてきた）の枠を広げようという二〇〇五年の提案も退けられた。経済が思うように伸びず、世界主要国の「仲間入り」という願いも満たされないこの停滞期を、評論家は敗戦のトラウマになぞらえて、「第二の敗戦」とか「第三の敗戦」と呼んだ。[67] 二〇一〇年代に入ると、国際情勢はさらにもつれ、なかでも近隣諸国との領土問題がとくに悪化していく。

数々の世論調査を見ると、日本で戦争についての評価がいかに分裂し、その清算に関する意見がどれだけ分かれているのかがよくわかる。[68] 回答者の戦争観は大きく三つに分けられる。(一) これは悪い戦争で、すべきではなかった、(二) この戦争は悪かったけれども回避はむずかしかった、(三) 当時日本のおかれていた厳しい環境に鑑みれば戦争を回避することは不可能だった、というものである。本書で紹介する戦争の語りが多様なように、戦争開始の責任に関する見解の相違も大きい。たとえば二〇〇五年の『読売新聞』調査によると、回答者のほぼ三分の一 (三四パーセント) が先の大戦を全面侵略戦争と考えているのに対し、同じく三分の一 (三四パーセント) が日中戦争だけを侵略戦争とみなしている。残りの三分の一を占めるのは中国との戦争もアメリカとの戦争も侵略戦争ではないと答える人 (一〇パーセント)、あるいは「答えない」とする人 (二二パーセント) だった。[69] 戦争記憶の亀裂は、『朝日新聞』が二〇〇六年におこなった調査でも露わになっている。日本が侵略戦争をしたと考える回答者が全体の三分の一 (三一パーセント) を占める一方、侵略と自衛の両方の面があったとする回答者は半数を少し下回る程度 (四五パーセント) である。[70] 日本の敗戦文化のなかで人々の見解が大きく分かれていることは、世代別、性別、支持政党別に見ても読み取れる。[71]

敗戦の文化では、負の遺産に対する陰鬱な感情は、自己不信や自国に対する不信感としてマイナスに転化する。政府を信頼できるかを問うた世論調査で、日本の回答者は、ほかの国に比べて否定的な考えを示す割合が大きい。「はい」と答えたのはわずか二三パーセントで、一三五ヵ国中一二七位だった。[72] また、自己評価を問う国際調査でも、日本の回答者は五三ヵ国のなかでもっとも低い五三位という結果が出ている。分断された敗戦の文化は、こうして市民の自己不信と自己否定を促し、そのうえ政治性も抑圧しているのかもしれない(73)。

本書について

集団的記憶とは、共同体が「今」の社会条件にもとづいて選択的に形づくるものである。したがって本書では、戦争の記憶を固定されたものとしてとらえずに、むしろ現実を反映したもの、時勢の動きのなかで主観的に構築されるものとしてあつかう。つまり記憶形成の条件は文化的につくり上げられるものなのであって、その検証には政治や知識エリートだけでなく一般の人々の心情や価値観、動機づけも考慮に入れる必要がある。だから、本書では戦争記憶の生産者と消費者の両方のデータに目を配り、個人の証言やインタビュー、さらには日常文化のなかにある多彩な資料や素材を駆使しつつ、家庭や学校、地域共同体などで日本人のアイデンティティが形成されていくさまざまな経路を探求する。

家庭での会話、学校の授業、新聞、テレビ、インターネットのメディアなど、一般の人々の情念を垣間見る機会は日常生活のいたるところにある。こうした場所での語らいを検討することで、歴史を記憶する行為にどんな道徳的価値が含まれているか、どんな動機が隠れているかについて洞察を広げることができる。そのため本書では、戦争や敗戦、植民地統治の遺産について日常生活のなかで語られている内容を分析する。分析に使ったのは新聞の社説や投書欄、ベストセラー書籍、高校教科書、学習漫画、映画、アニメ映画、テレビのドキュメンタリーや討論番組、児童文学、学習塾の刊行物、公式非公式の談話、個人史、インターネットサイトやブログ、博物館の展示など。また自らインタビューをおこなったほか、公刊されたものも分析し、さらにフィールドワークやフォーカスグループ・インタビューにも取り組んだ。そうすることで、戦争に意味を与え敗戦の遺産を特徴づけている文化的前提や価値観を読み解いていった。この多角的調査方法（triangulation approach）をもちいることによって、メディアや学校、家庭などで市井の人たちがやりとりする多様な記憶の断片を調べることができる。[74] 本書では一九八五年から二〇一五年の三〇年間に焦点を絞り、日本人がどう負の歴史から文化的トラウマを形づくり、それを道徳規範と心情に組み入れてきたかを社会学の観点から説明する。負の遺産が日常生活のなかに織りなす倫理的なジレンマを省察しながら、敗戦の文化の真相に近づきたいと思う。

グローバルな「記憶の文化」の文脈のなかに日本の事例を位置づけて考えるため、本書は国際比較研究の手法を取り入れている。類似例比較（shadow comparisons）[75] は、要所要所でほかの文化や国の事例研究を紹介し、直接間接の比較を通じて日本におけるパターンにスポットを当て、洞察を深める研究手法である。ドイツの事例についての研究はとくに豊富なので比較分析をする意義は大きく、また生産的でもある。ドイツの事例を考察した研究のうち、とくに参考にさせてもらったのは、たとえばアライダ・アスマン、ベルンハルト・ギーゼン、ジェフリー・オリック、ガブリエーレ・ローゼンタール、ダン・バルオン、ロバート・メラー、オマール・バルトフ、ダーク・モーゼズ、コンラート・ヤーラオシュ、マイケル・ゲイヤーなどの著作である。また、第一次世界大戦後のトルコやヴェトナム戦争後のアメリカ、ポスト共産主義時代の中央ヨーロッパとの比較も、日本の事例を考えるうえで参考になった。こうした比較分析の手法は、各国の敗戦文化や文化的トラウマに宿る意味の共通点を探るうえで、大いに役立つ。[76]

私なりの社会学の方法を考え出すにあたっては、他の大勢の研究者による業績が参考になった。たとえばジョン・ダワー、キャロル・グラック、アレクシス・ダデン、フランツィスカ・セラフィム、ローラ・ハイン、マーク・セルデン、五十嵐恵邦ら現代日本を専門とするアメリカの歴史家。それに玉野井麻利子や米山リサなどの人類学者。いずれも、日本社会内の異なる文化を背景にさまざまな記憶が形成される過程を微細に観察して新境地を拓いた人々である。私はまた、小熊英二、吉田裕、福間良明、佐藤卓巳、上野千鶴子、白井聡をはじめとする日本の社会学者や、加藤典洋、高橋哲哉、成田龍一といった戦争記憶の研究者の著作にも啓発された。これらの研究は、戦争と敗戦の遺産が重くのしかかる日本社会にさまざまな角度から光を当てている。

記憶の語りは歴史そのものといつもはっきり区別がつくわけではなく、つねに「真実」を反映しているわけでもない。というより、本書で見ていく主観的な記憶の語りは、自己表現の手法として、そして自己アイデンティティ形成の手立てとして理解できる。その語りにまつわる心情、動機、希望、欲望などは多岐にわたっていて、どれかが「正しい」といえるものではない。とすれば、社会学的調査をするにあたり、どういう記憶が共有されていて有効と思われているかを見分けることはできるのだろうか。本書では普及の尺度として発行部数、採用率、人気ランキング、再発行の頻度、リメイクの頻度と種類の多さなどを目安に使った。そのほか、批評、広告、ブログなども判断の材料にした。また五大全国紙（『朝日新聞』『読売新聞』『日本経済新聞』『毎日新聞』『産経新聞』）の社説や証言集、個人史、回想記録のなかからサンプルを選ぶにあたっては、偏りが生じないよう極力努めた。

本章に続き、後段の章では戦争と敗戦の記憶が家庭、メディア、学校という日常の三領域でどのように語られているのかを検証する。そこで語られる記憶や語り手を幅広く考察しながら、その背景にあるビジョンを検討する。第2章では戦争体験者とその家族に焦点を絞り、日常のなかでどういう戦争の記憶が継承されているのかを探る。戦争という文化的トラウマがどのような刻印を残し、子や孫の世代に影響を与えているのかを考察する。四三〇の事例から、屈辱感、無力感、絶望感、自責の念、自己弁護、自惚れ、赦し、罪責、誇り、無関心、共感、悪意などがさまざまな言葉で伝わってくる。これに対し戦後世代の子や孫が求めているのは、よく整った「家族アルバム」のような物語で、断片的に戦争の記憶を選り抜き、家族の語りとして修復したものだった。(77) 世代をまたがるこうした記憶の作業は、世界規模の戦争という文化的トラウマを「身近な」出来事として意味づける機能を果たしている。

第3章は日本人が毎年八月一五日に戦争や戦没者をどのようにあつかっているのかを考察する。一九八五年から二〇一五年と期間を区切り、終戦記念日をめぐる式典、談話、政治パフォーマンス、メディアの言説（新聞の社説や特集、テレビ番組、記念映画など）を検証する。(78) ここで見るように、グローバルな「謝罪の政治」は日本に大きな影響を与えた。(79)

第4章では、学校や修学旅行で戦争がどのように教えられているのかを、具体例とともに見ていく。欧米メディアからは、日本が過去を忘却していると非難されることが多いが、次世代が戦争や平和、国民の歴史について何を学んでいるかをくわしく探ると、現に平和主義が深く根を下ろしていることがわかる。各地の平和博物館や主な社会科教科書、また学習漫画など、数々の文化的断面や教材をここでは取り上げる。戦争の記憶が呼び起こす負の感情、とくに暴力と紛争への恐怖心は、平和教育の効果を高めてきた。子供向け教材には、加害者についての記述が案外多く、そこで語られる文化的トラウマの物語は、過去に犯した間違いを二度と繰り返してはいけないという道徳談になっていることが多い。

第5章では、日本が「普通の国」——戦争のできる、軍隊をもつ国——への道を進むべきか否かの岐路に立っていることについて考える。今や人口の八割を占める戦後世代は、東アジアで緊張や不透明感が高まるなか、さまざまな決断を迫られている。ここでは国際環境を踏まえながらこうした問題を掘り下げ、日本の「歴史認識問題」を乗り越えるための戦略として、三つの選択肢——ナショナリズム、平和主義、国際協調（和解）主義——を取り上げる。その選択肢を通し、平和憲法の改正をめぐって現在起きている問題を考察する。そして最後に日本とドイツの事例を比較し、そこからさまざまな国に通用しうる教訓を引き出してみたいと思う。(80)

第2章　個人史と家族史を修復する記憶

子供のころに私が親からよく聞いた戦争体験談は、一九四五年五月の東京空襲の話だった。そのとき、何十万という規模で焼夷弾が投下され、駒沢にあった祖父の家も全焼している。いつも母から聞かされたのは、夜間空襲をうけはしたが、みんな命をとりとめることはできた、という幸運な家族の物語ではなかった。むしろ、その後はみんな経済的にも精神的にも長く苦労することになった、という不運な家族の物語だった。貯金をはたいてやっと建てた大事な家が財産もろとも奪われたために祖父は病気になってしまったという後日談も、いつもあわせて聞かされた。自分の家族を襲ったこの「忌まわしい体験」は、子供たちにとって空恐ろしく、悲しくも痛ましくもあったが、その一方で、戦争の背景がまったくわからなかった幼い私にとってみれば、まるで何百機もの米軍のB－29がその夜、わざわざ祖父の家に爆弾を落とすために、遠路はるばる東京にやってきたかのように聞こえた。日本の家庭で語られてきたこうした戦争の記憶には、一個人、一家族の切実な苦悩の一面だけを語ったものが多いように思う。重慶をはじめとする中国の都市に日本が空襲を加え、東京と同じように民家が焼け落ち、何万もの死者が出たことを私が知ったのは、それから何十年もたってからのことである。

「忌まわしい体験」として家族に記憶され、戦後世代の大勢の子供たちに、こんなふうに語られてきた戦争の話。それらはたいてい、日本軍が敗北を重ねるようになった敗戦間近の時期の出来事である。戦場や銃後での戦争をめぐる体験談の多くは、物資が極端に不足し、危険や死と隣り合わせだった一九四五年ごろのことに集中しがちだ。そのためか、生存者の多くが思い出話のなかで語るのは無力感と絶望感である。それはすべてを焼き尽くした空襲の話や、病気や栄養失調で衰弱したという話、または戦線で敗北を喫した話などから暗に伝わってくる。あらゆる人がどこにも安心感を得られなくなってしまったときの、絶念の心情である。このトラウマと絶望感は当事者に深い傷を残し、それは戦争の話を子や孫に伝える話のなかに情感として織り込まれていった。こうしたトラウマの語りが積み重ねられ、戦後社会に膨大に蓄積されてゆき、その結果、強い被害者意識が日本人のなかに芽生えていったということはよく指摘されるところである。(1)

ある歴史的な出来事のあとに生まれ、それをまったく体験していない人たちによって、その出来事が大きなトラウマとして記憶されていることがある。ホロコースト文学者のマリアンヌ・ハーシュは後続世代が想像することによって得るこうした過去の記憶を、事後記憶（postmemory）と名づけている。歴史的な出来事が引き起こす深い負の感情を、次の世代が親や祖父母から受け継ぎ、それが文化的トラウマとして蓄積されていくなかで、次の世代の社会的アイデンティティの核になっていく。次世代はもとのトラウマを、史実として、あるいは事実として正確に理解していなくても、受け継いでいく。[2] 戦争記憶の継承を理解するうえで、この事後記憶という概念はとくに役立つ。こんにちよく知られているような戦争をめぐる言説は、戦後世代によって継承、再生産されているからである。家庭の雰囲気を感じとりながら育つ次世代の事後記憶は、一般に考えられているよりもずっと深く、学校の教科書よりも、知識人や文化人の手になる啓蒙書よりも強く作用している。[3] 家族の記憶は体に染み込む。たとえはっきりと言葉にされなくても、そうした記憶のなかには戦時を生きた人々の感情が満ちている。このような負の感情にもとづいた事後記憶は、実に多い。たとえば評論家の大塚英志は親の戦争体験談に背を向けたと言いながら、「父親がことばにできないままにぼくに何を伝えようとしたのかをぼくは実感し、それがぼくが物を書く根拠になっていることも確かなのだ」と述べる。[4] 大塚と同じ世代でベストセラー漫画『ジパング』を著したかわぐちかいじも、自分の作品の根底には「親が何者であるのか」という疑問の探求があるというが、中国大陸で父親が戦時中に何をしたのかを聞くことをずっと避けてきたとも吐露している。[5]

戦争体験の語りはこうした世代間の共同作業を通じて修復されていく。その大きな下地となるのが事後記憶である。ドイツの心理学者ガブリエーレ・ローゼンタールの説明によれば、個人史の修復とは、複数の世代がトラウマ体験の再構築をおこなう作業を意味する。その過程ではしばしば記憶が選択されたり、隠蔽されたり、また他人に責任が転嫁されたりするが、そうすることで当事者の家族の「まっとうな」歴史が築かれ、トラウマからの回復が進むのだという。[6] この章の後段で述べるように、個人史の修復という作業が意味しているのは出来事の忘却ではなく、むしろその解釈の再構築である。それは、言うのがはばかられることを割愛し、言葉にしづらいことを言い換え、聞きたくないことを聞きやすいことに置き換えることを意味する。たとえば、侵略戦争で父が無駄死にしたなどという表現を家族は使わない。修復された物語では、父親は無辜の犠牲者に言い換えられ、そうして子供は惨めな気持ちから救われる。戦地から帰ってきた父親が感情を表に出さなくなったなら、子供はそれを意識しないように、感じないように、何事もなかったように生きることを課せられる。(7) こうした力学が家族のなかではたらいて、他人に及ぼしたかもしれない害を脇に追いやり、まずは家のなかの調和が優先される。戦後、家庭でなされた個人史の修復作業は、このように世代間の暗黙の了解のもとに進められていった。自らを守り、日常生活を守るために修正されたこのような物語のなかで、加害者、被害者、英雄が入れ替わることになっても不思議ではない。(8)

この章では、家族のなかでの戦争記憶の語り、そこで世代間の交わりを通して家族が癒されていく過程を、個人史の修復という観点から検証する。そして戦中世代が抱える痛み、衝撃、屈辱、罪責などの記憶を、子供が過敏に感情として共有し、事後記憶として受け入れ、そして意識的か無意識的かにかかわらず、政治的アイデンティティとして内面化していくプロセスを考える。(9) この過程を理解するうえで、社会学者のニーナ・エリアゾーフによる無力感（powerlessness）の研究が参考になる。この研究は市民としての政治的効力（political efficacy）と自己能力感《エンパワーメント》を社会がどう育むかを見極めるうえでも一考に値する。エリアゾーフによると、私たちはむずかしい状況に直面したとき、社会関係を円滑にしようと「無力感」を意図的に膨らませるという。気まずいことが起きると、私たちはなるべくもめごとにしないように「それを意に介さないふりをしたり、処理できそうな部分だけ取り上げたり、考えることを放棄したりして」、無力な庶民になって日常生活を円滑に進められるようにする。これは、意識的・無意識的におこなわれる感情管理（emotion work）と言い換えることができる。たとえば、戦時中にあったことは何もかも「仕方のないことだった」という話が家庭で繰り返されると、それに対する共感を通して家族の歴史は修復されていくが、他方でその無力感も継承され、家族以外の他者に対する関心も希薄になる。無力だった父や母たちは非難の対象にならず、保護する対象になっていく。「身近な」人との関係を守ることは、「遠いところ」にいるアジアの戦争被害者を見えなくし、さらには戦争の証言者を尊重すること、戦争の不当性を論議することを妨げさえする。[10]

家族内の戦争記憶の語りと戦後世代の政治的アイデンティティ、そして政治的効力との関係。十分に研究されているとはいえないこの問題について、戦争体験者とその子や孫の証言を通して考えてみたい。ここではとくに、過去三〇年間に新聞の投書欄で取り上げられた証言と雑誌や書籍に収められた証言集を読み込んで、戦争が証言者にどんな影響を及ぼしたかを、語り手の記憶を通して考察する。具体的には、語り手を生年別に分類して合成コーホートをつくり、そこから年代別の分析作業をおこなう。コーホートとは、ある一定期間内に生まれた人の集団のことを言い、ここでは戦中世代と子や孫の戦後世代とを二つのコーホートとして、証言をサンプリングした。そして公表されている数多くの証言から、総計四三〇件をデータとして使用する。一九八六年から二〇一三年までに発表された証言から抽出したデータは、戦中世代によるものが三九〇件、戦後生まれの子や孫によるものが四〇件である。[11] ほとんどの投書は『朝日新聞』の投書欄に掲載されたものだが、これを広い社会的文脈に位置づけて理解する意味で、月刊『文藝春秋』に掲載された証言とも比較する。後者の証言は一九八九年から二〇〇七年までの号に掲載された戦時指導者の子息による二〇件である。[12] このように証言を並置しながら、記憶形成の全般的な傾向を調べようと思う。
日本では一九六〇年代か七〇年代ごろから「自分史」執筆がさかんになり、同時に戦争証言も多くみられるようになった。[13] 国立国会図書館には一九九九年時点で、自費出版の戦時回想録が三万点も収められているという。[14] 八〇年代に入るとタブーも薄れ、戦争証言の数は飛躍的に増える。[15] 書き手は現場の目撃者であり、多くは証人としてその記録を残したいという動機から、自分史を綴りはじめた。アジア太平洋地域のさまざまな場所で戦争に遭遇した元兵士たち、原爆や空襲を潜り抜けた銃後の民間人、家や家族を失って困窮した人々、満州や朝鮮などからの引き揚げ者などで、なかには戦犯として起訴された人たちもいる。アメリカの精神科医、ロバート・リフトンによると、そうした証言者は「生存者の使命」(survivor mission)に突き動かされているという。これは、生死を左右するようなトラウマ体験を経た人の生に意味を与える任務と言い換えることができるだろう。[16] 老いゆく語り手が、最後の目撃者として証言しなければならないと感じるのは、そうした使命感がはたらいているからだ。このような戦争体験記録は、刊行物やデジタル資料になっているもの、オーラル・ヒストリーの資料になっているものも合わせると、今や膨大な量にのぼる。[17] これらの「目撃」証言が日本の記憶文化のなかで長らく大きな役割を果たし、今も戦後社会に戦争の話を広めている。[18]
もっとも、個人の証言は主観的に、そして文化的に構築されるものであって、過去の事実を正確に記録したものではない。たとえば心理学者のジェローム・ブルーナーは自伝について次のように述べている。「われわれが生活や自己をどう構成するかは、この意味構成過程の結果」であり、自らを語る際の背景となる歴史的環境からも、意味を取り入れている、と。[19] つまり、体験に意味をもたせ、自己を修復、確認するために、個人史は書かれるのである。[20] だから、明るい未来への希望を匂わせ、生き残ったことの重荷を軽減するようなメッセージを暗号のように組み込んだ証言が多いのも当然といえば当然だろう。『朝日新聞』にみられる証言の大多数は、戦争は悲惨だという言葉で恐ろしい戦争体験談を締めくくっている。自分の戦争体験はそれでも意味があった、得ることがあった、などという肯定的な証言は一つもなく、苦痛以外の何ものでもなかったという心情が直接間接に伝わってくる。過去何十年かにわたって次々と出版されてきた膨大な証言を見ると、そこに一種の道徳感情が通底していることがわかる。それは、戦争がもたらした惨禍を忌まわしく思う気持ちばかりでなく、やみくもに政府を信じたことへの後悔である。そこから、戦争は取り返しのつかない間違いだという結論を導き出すことは、読み手にとって圧倒的な説得力を持つ。

恐ろしい戦争の経験を思い出して言葉にするのは、普通はつらいことだと思われるが、にもかかわらず過去数十年ものあいだ次々と証言やオーラル・ヒストリーがまとめられてきたのは、この「生存者の使命」のためなのかもしれない。証言は戦争の記憶を広める経路の一つで、一般の人々にとっては自分の声に耳を傾けてもらえる機会でもある。証言の多くを占めるのは弱き被害者による語りで、悲惨な戦争を繰り返してはならないという反戦主義や平和主義の心を絶やさずに維持する役割を果たしてきた。『朝日新聞』の投書には、加害や勇敢な戦いについての語りは少なく、あってもそのほとんどは戦果があがっていた戦争初期の体験談である。おかれた状況の道義的な曖昧さや複雑さを、その灰色の部分も含めて考えているような証言はさらにまれだ。圧倒的多数の証言から浮かび上がってくるのは、戦時中のいかにも非英雄的な日本人の姿である。『朝日新聞』のなかに、胸のすくような

「かっこいい」体験を記した投書は、まったくと言っていいほど見当たらない。

戦中世代の証言

アメリカでも日本でも、第二次世界大戦の従軍経験者は戦争中に目撃あるいは体験したことを話そうとしないことから、語らない世代[21]と呼ばれることが多い。そうした人は「体験した人にしかわからない」とか「体験しなかった人にはわからない」といった言葉で語らない理由を説明する。これは、そもそも戦争体験を語るのは不可能だということを示す省略表現である。と同時に、あまりこれ以上の詮索をしないでほしいという意味も宿しているだろう。トラウマ体験がしばしば生死にかかわる強いショックをともなうことを考えれば、当事者があまり語ろうとしないのは無理もない。現在では心的外傷後ストレス障害（ＰＴＳＤ）についてある程度わかっているため、こうした人々が衝撃や悲嘆、罪悪感をしばしば抑圧すること、その感情を取り戻して自分のものにするまでには長い時間がかかることを私たちは理解している。従軍経験者は、日独米のいずれにおいても、深い喪失感、罪悪感、自己正当化、猜疑心などの負の感情を抱えながら戦後の社会生活を送っている、という点で重なり合う部分が多い。だが、心の傷を癒すために開かれている道は、文化や国によってかなり違うことを知っておく必要があるだろう[22]。

日本の従軍経験者の多くは、一九八〇年代ごろから回想や証言の筆をとるようになった。心のケアについての知識が限られていた当時にあって、それは自分の人生を振り返ってその意味を考え、過去の傷を癒す一つの取り組みだったといえるだろう。回想や証言を書く動機は、戦争の記憶と複雑にからみ合っている。死者を悼み、追悼を通して心の安らぎを得ること。自分だけが生き残ったという後ろめたさを和らげること。トラウマを直視し乗り越えること。戦争体験に価値を認めなくなった社会に自分の存在意義を示すこと。戦争直後、従軍経験者の手記には数々のタブーがあり、書き手の抑制力がはたらき、たとえば犯罪が不問に付されたり、関係者の名前が伏せられたり、著者自身のしたことが他人のおこないにすり替えられるということなどもあった。しかしタブーは弱まっていき、加害行為を公にする人や罪業を語る人も徐々にあらわれた。時が経つにつれて、自分や戦友、戦死者の名誉を守りたいという欲求は弱くなっていったと言われている。(23)

敗戦が日本にとって史上初めての経験だったこと、戦争による破壊が空前の規模だったことを考えれば、それが復員兵に激しい精神的衝撃を与えたのも無理からぬことだろう。そのうえ兵士たちは、「不義の戦争」を戦い、負けたという烙印まで押されることになった。(24) 社会学者の吉田裕は、元兵士たちがむなしさや虚脱感や絶望、そして日本の軍事戦略と軍部指導者への不信感によってアイデンティティを揺さぶられていたと指摘している。戦後の生活もけっして幸せだったとはいえず、軍部指導者に対して深い憤りをいだき、死んだ兵士に対して罪の意識と負い目を感じつづけていた。そして「戦後民主主義」を消極的な形で受け入れつつ、そのもとでの人生に違和感やわだかまりを覚えていたという。こうした復員兵が抱えていた過去は、明らかに修復が必要だったはずだ。にもかかわらず、兵士たちは癒しのための社会的支援がないなかで、独りで心の傷や後悔、怒り、自責の念に苦しんだだろうと思われる。(25)

戦争記憶の根底ではたらく心情をより深く知るため、ここで新聞の投書という媒体を使うことにしたのは、日本の新聞に古くから設けられている投書欄が人々の日常生活に根ざしているからである。『朝日新聞』の場合、その歴史は一八九八年にさかのぼる。[26] 同紙は一九八六年に投書欄で特別連載「テーマ談話室「戦争」」を開始した。これが好評を得たことから、読者のページ「声」欄に、戦争体験証言を八から一〇通ほど集めて毎月一回掲載するようになった。この連載は「語りつぐ戦争」[27]と題され、現在も続いている。今や八〇歳代から九〇歳代の戦中世代による投書が中心だが、親の死後に古い日記や写真、ノートなどを遺品のなかから見つけた子供が、親の戦争に関する「事後記憶」を記したものも増えている。そうした証言を編集した本も何点か出版されていて、それらを新たに編纂、翻訳した英語の書籍もある。[28] 八六年七月以降『朝日新聞』に掲載された戦争証言は、ざっと二〇〇〇通を超える。まさに各世代の記憶が詰まった社会調査の貴重な宝庫といえる。[29]

一九八〇年代から二〇一〇年代までに掲載された投書をたどっていくと、いくつかの重要な特徴が見えてくる。（一）暴力、あるいは死ぬような経験の記憶は経験者へ生涯にわたって影響を及ぼし、それは書き手の執筆年齢にかかわらないということ。（二）加害の記憶が消えることはなく、かえって何十年も経たあとに、証言者が高齢になってから再生される場合があるということ。（三）戦争中にうけた心の痛手、たとえば自分が人を見殺しにしたり裏切ったりしたこと、あるいはそのときの恐怖心や罪責、羞恥心などの記憶は消えないということ、である。

兵士たちの戦場は広範囲にわたっていたが、生死のはざまを経験したことは、ほとんどの場合トラウマとして残っていることがわかる。以下に紹介する文章には、一九八〇年代当時六〇代前半だった男性三人の経験が綴られている。一人目の従軍経験者は、フィリピンのネグロス島での経験について書いている。米軍上陸後、彼の部隊は深刻な飢餓に直面した。二人目は、天皇のために死ぬつもりだったという元教師で、今では自分に叩き込まれた思想に強い怒りを覚えている。三人目は一九歳のときにニューギニアで捕虜になった人で、仲間の捕虜たちに自決をそそのかされ、そのとき自分が感じた恥と恐怖、苦悩について書いている。

> 戦友は次から次と靖国神社の門をくぐり、重傷兵の続出。巻いた包帯にウジがわき、ムクリムクリとうごめき、腐臭を放つ。
> 食糧の補給は絶え、草木のしん、昆虫、は虫類も食い尽くし、栄養失調続出。……飢えは人の心もむしばみ……重傷病兵には絶望の余り自決する者も出た。その銃声が谷にこだまする。切り込みにいきそのまま逃亡、兵站部を襲撃して日本兵同士の食糧の争奪戦。[30]

> 「陛下のために死ぬ」、それ以外考えたことがなかった。入隊の時も、見送りの人たちに「必ず死んで帰ります」とあいさつした。以来、両親や兄弟のことは念頭になかった。……
> 陛下は神ではなかった。戦争は侵略であり、私にとって皇軍は神の軍隊であったが、事実は悲しいものであった。私は「君が代」を歌わないことを心に誓った。[31]

> 死にたくない。死の恐ろしさ、生きたいあがき。もがき苦しみました。……

……死、死、死。苛酷なまでの死のささやき。これが戦争というものでしょうか。[32]

自己保存欲が極限に達した人間の凶暴性。身体的・精神的崩壊の瀬戸際に追い込まれたときの心の葛藤。敗残兵による証言は、こうしたことを教えてくれる。筆舌に尽くしがたいほどの疲労や絶望に苦しみ、辛うじて生き延びた記憶は、ほかのあらゆる経験の記憶を圧倒する。そして、加害行為を含め、それ以前になされた行為の記憶を脇に追いやる。苦難の物語は共感を呼ぶが、言い方を換えると、兵士が戦場で犯したほかのあらゆる暴力を掻き消すことにもなる。つまり戦場体験として記憶され、その後語り継がれることの多くは、生死にかかわる極限状態の体験、修羅場の実態であり、けっして勇ましい姿ではない。

しかし、こうした修羅場での記憶のほか、戦場での行為に対する後悔を記す人たちもいる。[33] 前記の証言が書かれてから二五年後、同じ年代の（今や八〇代から九〇代になった）元兵士たちは、自らの罪責にも言及している。これらの証言も敗戦の色濃い戦争末期に関するもので、他者の苦しみにも目が向けられているのが特徴である。一つ目は九三歳の元兵士で、東部ニューギニアのサラワケット山系（標高四〇〇〇メートル以上）を越えて退却した際の恐ろしい体験を振り返っている。宿営地を攻撃された部隊は、はじめ玉砕を命じられたが、その後、負傷者を置き去りにして転進するよう下命された。二人目の元兵士は八五歳で、アジアの犠牲者に思いを馳せている。一九四五年、（インド洋東端の）ニコバル諸島のある島でイギリス軍が上陸作戦を進めていたころ、島から信号弾が発射された。そのとき自身の所属部隊が疑わしい住民を拷問したと、この元兵士は告白する。部隊では住民を殺害したうえ、証拠を隠滅したという。三つ目の証言は八五歳になる匿名の人によるもので、若いころ中国で経験したことが綴られている。中国の洛陽で中国兵を殺害したという彼は、このときのことは氷山の一角にすぎないと述べる。それよりも凄惨な出来事が、おそらくたくさんあったものと思われる。

入院中の兵には握り飯に包んだ手榴弾配給。自決を促す悲しい処置だった。……

……サラワケット山系を越える転進作戦は一カ月余りの飢餓との戦いだった。……夜はジャングルの木の枝の上で仮眠。……水を求め谷底に降りたまま二度と帰らぬ兵や、歩けなくなり小銃で自決する兵。数は増すばかりだった。

「天皇陛下万歳」の声を発する者は誰もいなかった。……ウエワクで終戦。戦争は地獄だ。(34)

拷問の悲鳴が聞こえた。取り調べの傍らで銃剣を構え……立ち会った日もある。

取り調べはいい加減だった。島民との間に通じる言葉はイエス・ノーぐらい。信号弾発射の真偽は分かりようもないのに、片っ端から処刑した。……

終戦は数日後に知った。上官たちは戦犯への恐怖におののき、死体を慌てて穴から引き上げ、焼かせた。(35)

「いつ死ぬか分からない。殺される前に殺さなければ」。そうとしか考えられなかった。一九四四（昭和一九）年夏、中国洛陽攻撃の際、逃げる中国兵を私は軍刀で切［った。］……あの時の中国兵の苦しみの顔は二度と見たくない。

こちらも何人も死んだ。自分の仲間が死ねば報復の心情は強まるものだ。……

これらの加害はほんの一例だ。戦場は生死に直面する不快のドラマ以外の何物でもない。私は今でも夢に見てうなされることもあるが、仕方ない。[36]

戦中世代の証言を理解するには、その人の年齢や入営年によって体験したことにも違いが出るということを念頭におかなくてはならない。何歳のときにどこで何をし、それがどんな結果をもたらしたかによって、語られる内容も変わってくる。現在九〇歳を超える人たちは日中戦争の最初期、すでに徴兵年齢に達していた。つまりこの世代の人たちは、日中戦争の最初から終わりまでを成人期に経験した。それより一〇歳若い世代は、太平洋戦争の始まった一九四〇年代に戦争に行かされており、自分たちが中国大陸侵略の一端を担ったという感覚がそれほど強くはない。さらに一〇歳若い世代は、戦時体制の抑圧性が頂点に達したときに思春期を送り、終戦のときまで思想教育を叩き込まれた。[37]戦後のドイツと異なり、日本が戦犯を裁く制度を独自に設けることこそなかったが、加害行為についての証言は、匿名という形で今もなされている。[38]加害行為についての証言が長く抑制されてきた理由として、戦没者や遺族に対する配慮、戦友会の圧力、名誉毀損訴訟の懸念などがしばしばあげられる。[39]また、元兵士が加害について証言することを躊躇するのは、家族の反対があるからだとも言われている。[40]
女性による戦争体験談も数多くある。銃後についての語りではあるが、やはり死線をくぐり抜けた体験が軸になっている。女性は日本の記憶文化のなかで語り手として大きな比重を占めており、自分たちを無力な犠牲者としてとらえるという特徴がみられる。民間人の立場から語られるそれらの証言は、一般の人々が戦争の遂行に協力したことや自分たちが開戦に賛同したという認識を示すことはなく、ある意味での鈍感さを漂わせる。自身を生活の困苦にあえいでいた犠牲者ととらえ、そのうえ武力攻撃にも耐えねばならなかったのだという語りが多い。以下に紹介する二つの証言は、いずれも七〇代半ばの女性の手になる。二人はそれぞれ幼いころに戦争を体験し、それをトラウマとして抱えている。一人目の女性は、難を逃れるため家族と那覇を離れたあと、目の前で母と祖父を失った。二人目は東京大空襲で両親を亡くして孤児となった女性で、数十年を経て、政府に補償を求める集団訴訟に加わった。

振り返ると［隠れて休んでいた］家は崩れ煙が出ている。庭に爆弾が落ち、家の中は地獄と化していた。……祖父は揺すっても返事がなく、母は足をもぎ取られ俯《うつぶ》せになって倒れていた。二人とも即死だ。

もう頼るものが無くなると、涙は一滴も出ないものだ。私は鋏《はさみ》で二人の髪の毛を切って救急袋に収めた。(41)

私は一九四五年三月一〇日、東京大空襲で地獄を経験した。両親と弟を失い、戦災孤児となった。弁護士の父、母とともに優しい平和主義者だった。……［焼夷弾の猛爆で］私は当時、五感を失い、焼死体のにおいも感じなかった。不安と恐怖を誰にも話せず、心の底に冷たい塊として抱え「戦争トラウマ」に縛られ、生きてきた。

この「恐ろしい目」に遭った子供たちが「東京大空襲展」を都内で開くまでに六〇年。補償や謝罪が一切なく何も助けてくれなかった国に対し集団訴訟を起こ［した。］……

生きたいのに生きられなかった、満州事変以降の日本側犠牲者三一〇万人の命と引き換えにできた憲法第九条は、平和のためのかけがえのない「後世への遺産」である。(42)

次に引用するのは二〇一二年当時七〇代半ばだった女性による投書で、特攻隊員のことが綴られている。その特攻隊員をたたえる女性は、自分が日本臣民であることを誇りに思っていた。そして暴力の犠牲者と自身を重ね合わせ、いわば本人に成り代わってトラウマを語っている。この女性は先に紹介した二人と同じく、加害国としての日本の罪には触れず、それを匂わせることもない。

学校の先生から［山形で］最初に軍神となった特攻隊員の少尉……［の］説明があり、少尉を讃《たた》える作文を書くよう言われました。……

式当日はご遺族や市、軍の人などが大勢集結。軍国少女の私は「銃後は私たち少国民が守ります。戦争は断じて勝ちます」と、壇上で叫びました。

そして少尉の辞世の句を皆で詠み……

……心意気の潔さに深く感動しました。学校の屋上に慰霊室が設けられ、戦争が激化するにつけ、次々と戦死者の遺影が飾られていきました[43]。

三人が取り上げているのは自分が抱えてきた心の傷やつらい体験だけである。戦中世代による証言には、「トラウマをそのままの形で次世代に引き継げば、反戦感情もそれといっしょに引き継がれるだろう」という考えがはたらいているのかもしれない。『朝日新聞』のほうが『文藝春秋[44]』などに比べて軍国主義や抑圧体制に否定的な証言を多く掲載していることは確かだが、過酷な体験に焦点を絞る傾向は双方にみられる。これには編集部が方針として、特定の傾向をもつ話を募集していることが関係しているだろう。たとえば『朝日新聞』は、二〇〇二年に戦争体験の原稿を募集した際、戦中世代に対し「戦争の惨禍を反省し、平和の大切さを継承」するため「家族や戦友との別れ、戦場の過酷で悲惨な状況[45]」について書いてほしいと呼びかけている。『文藝春秋』も一九九五年の特別企画に関する告知のなかで、こう述べている。「父の想い出、母の想い出、兄弟姉妹、そして自分自身の歩み、あるいは忘れがたい一族の人々。八月一五日の暑熱の下、虚脱と放心のなかから、日本の家族たちは戦後を歩み出しました。貧困と飢餓、自失……。そして……歴史上かつて例のない混乱がわれわれを襲いました。……戦後五〇年を経たいま、かつてわれわれ日本の家族たちがたどった道を検証するのも意義あることだと考えます[46]」。こうした取り組みのなかには、ある種の使命感が存在する。戦争について知り、理解することで戦中世代とのつながりを保たねばという気持ちである。このような苦難の物語、そして加害者と被害者の入れ替えが、日本の記憶文化のなかで最大の特徴になった。敗戦国社会に見受けられる、「無力さの言説」である。

日本の戦後世代にとって、加害者である兵士を事後記憶のなかにどう位置づけるかという問題は非常にむずかしい。侵略戦争を遂行した日本軍は国際法上の罪を犯し、アジア太平洋地域では数々の残虐行為に及んでいる。しかしこの兵士たちが殺人者であり略奪者であったとしても、同時にその人たちは「私たちのために」愛を注ぎ、戦い、人を殺め、死んでいった私たちの父でもあった。加害者だからといって、切り捨てることなどできない。家族の論理と政治の論理のはざまに生まれるこの緊張は、事後記憶を押しつぶすほど強力だ。「自分の家族は戦争で何をしたのか」と問うことは、「汚れた父も父である」という認識をもつことと重なる。「じっちゃんを守れ！」という衝動[47]。家族の歴史について、真実を知りたいという好奇心。身内を保護したいという欲求と家族の歴史を知りたいという欲求との相克は、敗戦の文化のなかでも大きな位置を占めている。

事後記憶が戦後世代にとってさらにむずかしい問題をはらんでいる理由の一つとして、世代間の近接性があげられる。家族は家父長制のもとで長く存続してきたが、わけても日本には長子相続制や、ジェンダーと年齢にもとづく序列が根づいていた[48]。この世代間の力学は戦後の家族関係でも重視されつづけた。一九四七年に家族法が民主的なものに改められたのちも、子が親に素直で、従順であることは美徳であり、親を批判するのは親不孝で、不届きなこととみなされてきた。この規範の変化は緩慢で、戦中世代は家父長としての権威を長く守り、結婚した子や孫と三世代同居をしてきた[49]。多くの多世代世帯は、経済的な相互依存の関係にもあったため、家族間の葛藤を和らげる感情管理がことさら不可欠だったともいえる。[50] とくに強力な宗教や哲学、道徳的な支えなどがほとんど身近にない戦後社会においては、家族の伝統がアイデンティティの拠り所となっていた。そういう意味では一九六〇年と六八年に若者の「反乱」が社会運動として短命に終わり、ごく一部しか参加しなかったのもさほど不思議ではない。社会学者の小熊英二は、六八年の抵抗運動に参加したのは若者コーホートの五パーセントにすぎないと述べている。[51] その後、そこから政界のリーダーに成長していった人もあまりいない。日本の戦後世代がアジア太平洋戦争について独自に「新しい記憶の創造」(new memory profiles)をおこなうことなく、その多くが自分の家族史の一部、つまり上の世代の戦争記憶をそのまま受け継ぐ結果となったのは、そうしたことも関係しているだろう。[52] 急拡大する消費文化のなかで生活様式が画期的に変化したことは戦後に起きたもっとも大きい転換の一つといえるが、それといっしょに政治的価値観が画期的変化を遂げることはなかった。[53] 現在もかなりの程度、こうした「世代間の近接性」が残っている。日本の三世代同居率はポスト産業化社会の今も群を抜いて高く、親だけでなく祖父や祖母といっしょに暮らす一〇代の子供は五人に一人にのぼる。[54]

　戦後日本で家族の戦争記憶、わけても情動記憶がどう継承されているかを理解するには、この「世代間の近接性」という歴史的文脈を踏まえることがとくに大事である。戦争の話を聞いて育った戦後世代の証言は、大まかにまとめると次のような点を浮き彫りにしている。(一)この世代は家族史で語られない隙間や曖昧な部分を親についてのプラスのイメージで埋めることが多い、(二)自分の親は戦時中には無力で、したがって罪責はなかったと信じがちである、(三)見捨てられた記憶、裏切られた記憶、恐怖心や羞恥心をよび起こす記憶など、引き継がれた感情の刻印は抑圧されることはあっても消え去ることはない。

「温厚な父」

ドイツの心理学者ハラルト・ヴェルツァーとザビーネ・モラー、カロリーネ・チュックナルは、負の歴史と折り合いをつけ、新しい戦後のアイデンティティをつくり出すなかで、ドイツの家庭に生じる傾向を考察している。三人は「家族アルバム」という概念を打ち出し、家族史の負の側面を自分たちにとって受け入れやすいイメージに置き換える共同作業を分析している。共著書『おじいちゃんはナチじゃなかった』〔未邦訳〕では、こうした世代間相互保身の力学に光が当てられた。それによると、子や孫は自分の家族が戦時中に重ねた苦労の物語を描く際、その勇気と人徳に言及しつつ知識の空白を埋め、それによって家族史を修復しているという。この「家族アルバム」は政府の悔恨政策とは別の次元、つまり個人や家族のレベルで機能している。こうした家族史修復の概念はドイツと同様に日本の家庭にも当てはまる。(55) ただ、一口に家族アルバムと言っても、すべてが同じわけではない。家族の戦争体験談に共感や同調をしても、親たちの無力さに違和感を覚える人もいれば、親がうけた傷や苦労の埋め合わせを自分たちがしなければと考える人もいる。ヴェルツァーらによると、戦中世代を「英雄視」する傾向は子よりも孫のほうに強くみられるというが、この傾向の裏づけとなるような日本の孫世代に関する比較データは、今のところ存在しない。(56)

以下に紹介する三つの証言はいずれも団塊の世代によるもので、戦時中の父の経歴について子供時代に聞いた話や、戦後の父の生き方についての考えが語られている。三人は父がどれほどの暴力を行使したのか、多くを知らない。むしろ守りに回って、父が苦労したこと、それでも戦後は前向きに生きようとしていたことを話している。

二十歳をすぎ、森村誠一氏の『悪魔の飽食』を読み、日本軍の戦地での実態に驚き、私の父も満州に行っていたことを思い出し、母に問いました。

戦地から帰った父は、母にこう話したそうです。

「日本軍は、日本人は、大和魂、大和魂というけれど、日本軍のどこに大和魂があるか。日本軍のやることは畜生にも劣る。なんの罪もない女の人を手あたりしだいに犯し……たりする」と。また「位が低いために、それをやめさせることができなかった自分が情けなく、腹立たしかった」と。

私はそれを聞き、亡き父の子であることに感謝しました。(57)

幼いころ父から戦争の話を聞いたことはありません。テレビで戦火のフィルムが映し出されると、母は黙ってスイッチを切りました。青春のまっただ中で戦争が大きく人生を変えたということが、両親を見ていて切ないほどわかりました。二十六年に私が生まれるのを契機に一切の殺生をやめたという父。戦前勤めた県の畜産課の職には戻りませんでした。母も二度と教壇には立ちませんでした。

「仲間同士の裏切りが何よりつらかったらしいよ」と、一度だけ母が涙ながらに話してくれましたた。寡黙でほほえんでいる父［でした］[58]。

私の父は旧日本海軍の職業軍人でした。祖父も旧陸軍の職業軍人で、共に戦後は公職追放となり苦労しました。

……父は戦争について多くは語りませんでしたが、鹿児島の知覧から特攻隊を誘導する役目をしていたこともあったようです。偵察機のパイロットだったのですが、米軍に撃ち落とされ鹿児島湾に墜落……父は沈みゆく機体から股関節を脱臼しながら抜け出し、漁船に助けられたとのことでした。父はその後を一生懸命に生きてきたのだと思います[59]。

戦争記憶の「沈黙を介しての継承」。その過程で、子供は希望のもてるような父親像を描き、沈黙の隙間を埋めねばならなかった。一人目の場合は、父が中国で強姦や略奪、殺人をはたらいた「畜生」の一員ではおそらくなかったと希望的に考えているようだ。二人目は、殺生をやめるという決意によって父の苦しみが和らぐことを望んでいる。父や祖父が公職から追放されたという三人目は、終戦から六〇年を経てもなお、二人が「加害者」とされていることをはっきり認識していないように思われる。特攻作戦にどの程度の責任を負っていたのかは曖昧なままでよくわからないが、寡黙な父との対話を通じて、この息子は父の罪責には触れず、善良な人であってほしいと思い、父は戦後の生をひたむきに全うしたことで救われたのだろうと考えている。三人とも、「位が低い［兵士］」とか、「裏切りがつらかった」、「米軍に撃ち落とされた」といった表現を使って父の無力さを強調している。ここにみられる父の弱さと傷は、前節で紹介した元兵士自身の声を彷彿とさせる。

温厚な父、子煩悩な父、善良な父、という多くの子供世代の証言に登場するテーマは、家族内で進められている修復作業の特徴のなかでもとくに興味深い。以下の六〇代になった息子たちは、「善良な人だったのに、戦争のせいで変えられてしまった」父親像を描いている。一人目はあの虐殺が起きたときに父が南京にいたことは知っているが、事件にどの程度関わっていたのかを知らない。二人目は、戦争で失ったものを取り戻そうと懸命に働いていた父に畏敬の念を覚えていたという。しかし、父はのちに悪夢を見るようになり、凄惨な戦闘の記憶に苛まれ、妻に暴力を振るうようになった。

> 父は南京事件にも輸送要員として参加していました。子煩悩だと聞かされた我が父であっても、元日本兵の方々の重い口から発せられた、食料略奪や放火、強姦《ごうかん》、銃殺、人体実験などの残虐行為を見聞するにつれ、その一端を担ったのでは……と複雑な思いに駆られます。
>
> 平和が壊され、子や孫が戦争に駆り出されないために、ささやかでも毅然《きぜん》と声を上げて行動することが、父への供養になると思いました。(60)

> 酒も飲まず温厚な父が別人になり、家庭は修羅場と化し母も心を病みました。戦争から解き放たれることなく父は後年、他界しました。
>
> ……生還したものの心身に深い傷を負って苦しんだ父のような人が大勢いたはずです。無謀な戦争に巻き込まれた皆が戦争被害者です。(61)

暴力が父の人生を変えたことは知っているが、くわしいことはほとんどわからないと息子たちは言い、それ以上の詮索を自制している。戦争から息子の証言までに六〇年という歳月が過ぎたが、傷が癒えることはなく、家族アルバムの余白は埋まらないままだ。けれど「温厚な父」というイメージによって、人間らしい好ましい父という理想が保存されている。運悪く戦争に連れていかれた父。か弱く無力な父たちに、できることは何もなかった、と受け止めているようだ。

「戦争は、絶対に起こしてはいけない」

戦争の記憶を伝えることはいたくむずかしい。抑圧されている記憶でも、それは本当に「忘れられている」わけではなく、沈黙を通して家族には伝わる。(62) こうした沈黙を介しての戦争記憶の継承は、トラウマ体験をめぐる複雑な社会心理的現象の一つといえる。ドイツでは、ホロコーストの生存者や戦中世代、その子孫に関する精密な研究がおこなわれていて、沈黙が伝える世代間記憶の理解を掘り下げている。沈黙は「忘却」ではなく、むしろ心に沈殿した悲しみを映し出しており、人がむずかしい経験を伝えられるようになるまでには途方もない時間とエネルギー、出来事との距離、内省が必要であることを伝えているのだという。(63) 従軍経験者は、自分の責任や汚点を匂わせるようなことはなるべく語りたくないと思っている。これは一つには、家族の心に負担をかけたり、連座の意識をもたせるようなことはしたくないという気持ちがはたらいているからだとされる。子や孫が傷つくようなことは話したくないという姿勢は、敗戦国だけでなく戦勝国の従軍経験者にも広く認められる。(64)

しかし沈黙が守られるには、協力者が必要である。本人が語らないだけでなく聞き手も訊ねないことで、沈黙は初めて成立する。イスラエルの心理学者のダン・バルオンはいみじくも、語らない人と訊ねない人のあいだには沈黙の二重壁があると指摘する。[65] 子供も、自分を傷つけたくないために、「忘却のヴェール」の後ろに隠れてしまうという。[66] そこには語らない人と訊ねない人との暗黙の了解がある。「いうなれば、家族や友人、近隣住民とのあいだに言わず語らずの合意が存在していたかのようだ。語らず、明かさず、辱めず、そうしておたがいを守るという合意である。詮索したり、正面きって答えを求めたりすれば、結局は多くの人を貶めることになるだろう」[67]。詮索を最小限にとどめなければ、暴力の記憶の重圧には耐えられないということを、子供は親から敏感に感じとっている。こうして暗黙の合意に子供も加担し、それによって、親子のあいだにかばい合いの関係が生まれる。[68]

日本では、復員者の家庭で育った子供はトラウマを継承した。寡黙な父との対話。二重壁に遮られ、多くの問いが発せられることなく、そのまま過去を墓場に持っていかれた。うやむやにされたことに始末をつけようと、多くの子供は短絡的な考えでつじつまを合わせた。戦争さえなければこんな苦悩を背負わずにすんだ、だから二度と戦争には行かない、つまりふたたび戦争への道を歩んではならないというのだ。戦争を放棄し、日本国憲法第九条を守れば、温厚な父たちが悲惨な状況に陥ることもないだろうと考えた。次に登場する三つの証言は、家族の沈黙の空白を埋め、つじつまが合うように、沈黙から直接反戦へと思考を飛躍させている。はじめに紹介する女性は、父がシベリアに抑留されていたときのことについて、嫌がらずに語ってほしかったと思っている。しかしその強い関心は、満州で官僚として父が何をしていたのかという点には向けられていない。戦時中に力をもっていた父とその後の無力な父とのあいだにあるもの。娘である彼女はそれに目を向けず、反戦を訴えることで結論に代えている。

> 私の唯一知っていることは、〔満州の〕造幣局の役人だった父が、シベリアでは建築の仕事に従事し、二階の足場から転落、大けがを負ってしまったこと。……語れないつらさもあるのです。戦争は、絶対に起こしてはいけないのです。(69)

二人目の女性もまた、父から戦争体験を聞いたことがない。父が陸軍兵だったことは母から伝え聞いただけだという。父の体に銃弾の貫通痕があることは知っているが、父が旅先で乗馬をした際に周りが驚くほどの手綱さばきを見せたこと、知らない中国人に話しかけられたときに中国語で答えたことは昨日のことのように覚えている。軍人恩給を拒み、軍歌を歌う人々を拒絶したことが、反戦という父の意思表示だったのだろうかと娘の彼女は考える。

> 父が一言も語らなかった戦争。私に父が教えてくれた戦争は、太ももに残る銃弾の貫通跡〔ママ〕と、大きな体の父の心にすむ重く不気味なやみだけです。いま親となって、父と同じ重さを息子に背おわせるのはいやです。この重さを、やみを、なんとか彼に知らせたい。おじいちゃんがひと目見たかったであろう彼に(70)……

三人目の男性はフィリピンのルソン島で終戦の一カ月前に戦死した父を悼んでいる。一九三七年に初めて召集されたときには、上海におかれた兵站部隊の下士官だったので、直接銃をとって戦ったことはないという。

二度目の召集のときは「今度は無理かも知れない……」と母に言い残して出征しました。その父の心情を私は忘れることはできません。お父さん、戦争をにくみ軍隊をにくんだあなたの日誌は、あなたの孫や曾孫に必ず伝えます。数百万人の犠牲者を無駄にしないために。(71)

父に関する彼の記憶は、母から聞いたことや父の日誌のみに依拠しており、親たちの描いた筋書きにぴたりと合う。息子の彼は自分のためにつくられた語りをそのままの形でなぞり、自分の子供にも伝えていくことを誓っている。反戦のメッセージは父から受け継いだ「遺産」の柱をなす。父が全うできなかった使命を自分は果たしているのだと息子は信じている。つまり自分の事後記憶と平和主義、父の記憶を結合させ、家族アルバムをつくっているのだ。家族の遺産とアイデンティティに、その記憶はしっかりと組み込まれた。

日本では、このような人たちによっておびただしい数の事後記憶が再生産された。「記憶する義務」や「継承の義務」、反戦の誓いによって、そうした動きが促進された。戦後世代の多くは親が経験した空襲や原爆、飢餓、貧困を、この方向性に沿って「記憶」している。その後もさまざまな悲劇が日本を襲い、アジア太平洋戦争以上の直接的影響を戦後世代に及ぼすこともあったが、「あの戦争」と一九四五年は、道徳的基準を形成しているもっとも重要な指示対象であり、戦後世代のアイデンティティの原点になっている[72]。家族アルバムを通じての修復作業は高邁な反戦メッセージを掲げて継承の目標を達成し、恐ろしい出来事に一応の幕引きをおこなうことを可能にする。戦争の記憶は有意義な家訓に転換される。そうして家族の遺産に組み込まれた父母や祖父母の語りが、細かな史実に照らして見なおされることはほとんどない[73]。戦後世代の事後記憶が意味するのは、史実を正確に語ることよりも家族の連帯と道徳的な約束の遵守が重視されている、ということである。

以下に引用するのは第三・第四世代に属する若い女性の文章だが、二人は祖父母や曾祖父母が伝えた道徳的遺産について聞いて綴るなかで、やはり無力さに共鳴している。亡くなった祖父からフィリピンでの戦闘について聞いたことがあるという一人目の女性は、敗走する兵士が経た苦難を、この章の冒頭で紹介した兵士の手記に劣らぬほど克明に描き、あたかも死線をくぐり抜けてきた兵士自身のように恐怖と無力さを語る。まだ一〇代の二人目の女性は懐かしい曾祖母のことを書いている。満州から引き揚げたときの苦労話を曾祖母からよく聞かされたが、くわしいことは覚えていないと彼女はいう。けれど、曾祖母が涙を流しながら反戦の思いを吐露していたことははっきり覚えている。

［戦場でのどを撃たれ、一週間後に息を引き取った］兵士はその間、死への恐怖を感じつづけ、自分の人生、家族、友人のことをどれだけ考えたことだろうか。

戦友の死を数多く目にした祖父は、どれほど悲しみ、自分の無力さが、どんなに悔しかったかを［亡くなる前に］語ってくれた。

敗走中に祖父たちは食料がなくなり、戦友の死体にわいたウジをおわんに取って食べた凄惨《せいさん》な話も、隠すことなく話してくれた。

戦争は、こういう一つひとつの悲しみと涙の上に成り立っている。人を人でなくしてしまう戦争など、この世界から無くしてしまうべきだと思う。心豊かに笑顔で暮らし、家族といっしょに平和に生きられるように一人ひとりが願えば、必ず実現されると信じたい。(74)


毎年、私はお盆に曽祖母の家を訪ねるのが楽しみだった。曽祖母はいつも自分の戦争の体験を私に話してくれた。満州から引き揚げた苦労話などを、私は、また今度も聞けるから、と決めつけて真剣に耳を傾けていなかった。

……今、曽祖母が亡くなって初めての夏を迎えて、曽祖母の話してくれた体験談は貴重なものであったと気付いた。……

……曽祖母の話の詳細は覚えていない。しかし、毎年必ず、涙ぐみながら優しい声で「戦争はだめよ」と言っていたことは鮮明に覚えている。曽祖母からのこのメッセージを必ず心に刻んで、平和な社会を築いてゆく一員となっていきたい。(75)


限られた知識しかない二人が、家族の戦争体験談に強い感情的一体感を覚えていることは容易に見てとれる。家族の記憶にはこうした没批判的かつ情緒的な側面があり、他者を殺める現実的可能性について考えずにすむよう次世代を守ってきた。そうすることは、日本の草の根平和主義の裾野を広げることにもつながる。戦争から数十年を経た今、暴力の衝撃を薄めた家族アルバムを内面化した人にとって、平和は自己を形成するアイデンティティになった。証言のなかで語られる無力さと戦争忌避のメッセージに注目すると、「戦争をしない勇気」を道徳的大前提にしているのは思想や理念ではなく、情緒的な思いであることがわかる。ここでいう「戦争をしない勇気」が意味するところは上の世代が加担した暴力の責任を引き受けることではなく、戦争という暴力は二度と起こさない、と誓うことである。

「戦争の反省などみじんもない」

子供たちの証言には、戦争が自分や家族にもたらした破壊的な影響を中心に語るものが多い。父の不在や母の悲嘆、つねに緊張をはらんだ人間関係など、子供時代を過ごした崩壊家庭のさまざまな問題をつまびらかにしている。とくに興味深いのは、父との陰鬱な葛藤を綴ったものである。戦後になっても父親が軍隊的権威主義を振りかざしていた家庭で誠実な対話を妨げたのは、重苦しい沈黙ではなく、横暴な父親が子供に押しつけようとする価値観だった。当然の帰結として、二つの世代はたがいに違和感を覚え、子供はたいてい、平和な時代に適応できない父たちの世界との断絶を余儀なくされた。

こうした父親は、軍の威光を背負った英雄という自己像に陶酔しながらも、おそらくは戦後にその威光が消えたことで不安を覚え、家庭のなかに権力の足場をふたたび築こうとしたのかもしれない。前段で紹介した人たちとは異なり、このような復員兵は、自分のことを無力な恥ずべき敗残兵とは言わず、権力と特権を有する軍人なのだと思っていたのだろう。この人々が自分たちを、道徳的に疑問視されるような加害者などではなく、勇敢に戦った有能な軍人ととらえていたことは明らかだ。社会学者の高橋三郎は、過去の軍隊生活が血肉と化した男性のあいだにみられる感情や絆について論じている。こうした人々は絆を保つために戦友会を結成し、一九六〇年代から七〇年代ごろになって生活が安定すると、積極的に活動するようになった[76]。定期的に会合を開き、戦死者を悼み、名簿を作成し、遺族と連絡をとった。たいていは会報や部隊史を発行している。不協和音も当然ある。部隊での暴力や私的制裁を思い出したくないと、戦友会を敬遠する元兵士が大勢いたことはよく知られている。つまり従軍経験者は、一枚岩とはほど遠かった[77]。

以下に登場する三人は団塊の世代に属する女性で、自分の戦功を誇示し、軍の威信にしがみつく父のことを振り返っている。加害や罪責という発想を欠き、人道的な見地から自分のおこないを反省することのできない父を娘たちは非難し、戦中世代への軽蔑をあらわにする。一人目は軍隊時代に執着し、民間人を殺害したことさえ自慢げに話す父を嫌い、その信じられないような武勇伝を正面から批判する。二人目もまた、「思いあがった」父への嫌悪感をあらわし、若者が軟弱と決めつけられることへの反感を隠さない。匿名で投書した三人目の女性は、威張り散らす父のみならず、そのうぬぼれを増長させている周囲の人たちを痛罵する。

父の軍歌がまた始まった。すこぶる上機嫌のようである。わたしは耳をふさぐ。あの独特な二拍子を聞くといらだってくるのだ。父は軍隊の話をよくする。……実戦の経験はないらしいが、いわゆる武勇伝には違いない。……

……フィリピン駐屯中、現地人の試し切りがあった話を意気揚々としたときは、さすがにどなりつけてしまった。[78]

成長するにしたがい、毎度同じ戦争談義に対する嫌悪感……が芽生えるようになりました。戦争への反省などまるでなく……そのうえ……戦争があったからこそ現代の繁栄があるなどと言う。何という思いあがった戦争評価でしょう。あの戦争がなかったら悲しい思いをする人はなく、物価は安く、福祉は充実し、みなずっと明るく暮らしていたかもしれないのに。[79]

私の父は貧しい家から陸士を出て大尉〔ママ〕として威張れたのがよほど嬉しかったのでしょう。子供のころから戦争の自慢話を聞かない日はありません。中国人の首を切った、フランス人の捕虜を犬に食わせてやった……等々。楽しそうに話す父。戦争の反省などみじんもなく、こんな男が田舎の町では旧将校として尊敬を集めているのです。[80]

社会学者の福間良明によると、戦争体験の継承にはいくつもの種類があり、深い自己批判をともなうものからなつかしい思い出に浸るものまで千差万別だという。[81] つまり、戦争の記憶を継承するということで、必ずしも皆が悔恨の思いを共有することにはならない。世代と世代をつなぐどころか、逆に嫌悪感を誘発し、両者を断絶する可能性もある。戦場での暴力をまったく悔いる様子のない親に対する子供の嫌悪が強まる場合もあるということを、前記の例も示している。こうした摩擦は、一九六〇年代から七〇年代ごろになって学生運動やヴェトナム反戦運動が起きると顕著になった。とくに運動に参加した若者の目には、ヴェトナムに対する帝国主義者の侵略がアジアに対する日本の侵略と同じものに映ったのだった。[82]

最後に、これまでに紹介した証言と対照的な証言について付記しておこう。著名な戦争指導者の子弟による手記がそれで、『文藝春秋』をはじめとする保守系雑誌が終戦記念号などによく掲載している。戦時中のエリートの素顔を描くこうした手記には、権力機構内での父の地位を矮小化し、いわばその「気高い無力さ」を強調する傾向が強い。感傷的な文章が多く、遺族たちを傷つけないようにとの配慮が感じられる——自分の反対していた戦争で死んだ子煩悩な父(山本五十六の長男、義正の証言)、戦争を止めようとし、部下の死を悼んでいた思索的な父(同、今村均の長男、和男)、負け戦を戦わねばならなかった、勇敢で誰からも愛されていた父(同、西竹一の長男、泰徳)。[83] 戦争とむき出しの暴力は切り離すことができないが、英雄的な父にスポットライトが当たっていると、暴力の側面は見えなくなる。軍のエリート層にも戦争に反対する立派な人がいたということを匂わせ、権力者を優しい家庭人——戦後社会の価値観によく調和するイメージ——につくり上げている。

家族への帰属意識と無力感の内面化

「世の中は、よくできた話ばかりで成り立っているわけではない」。だから、この章で紹介してきた証言の語りは、必ずしも実際に起きたことと都合よく嚙み合うものばかりではないはずである。[84] だから記憶の語りは、矛盾を最小限にし、話を首尾一貫させるために、内容を取捨選択し、整理したものとなるだろう。こうした語りの「成形」を考えると、さまざまな証言が偏狭で内向的な内容になっていること、つまり戦争の犠牲となった何千万ものアジアの人々を考えに入れず、自分のことだけを振り返るものになっていることは容易に見抜ける。[85] しかし、たとえ一方的な語りではあっても、こうした家族の物語は過去の傷を癒し、「家族アルバム」の共有を通じて連帯感を育み、ややこしい政治との関わり合いから家族を守り、共同のアイデンティティ形成に役立っているのである。

戦後世代が広い視野に立たないのは（その気になればできるにもかかわらず）、家族の戦争体験談によって深い無力感を内面化し、戦争と軍事国家の現実が当事者にとってどんなに恐ろしいものだったかを理解するからなのかもしれない。証言はそうしたことを示している。かりに自分たちも親たちと同じように全体主義の軍事国家に暮らしていたら、抵抗するだけの強さは自分にもやはりないだろう。つまり「自分には何も変えられない」と感じた際に人が取り込む無力感、そこから計算ずくの無関心が発生する。[87] 敗戦の語りがつくり出したこの無力感と無関心は根を張ってゆき、戦後世代の没政治的なものの見方に取り込まれた。しかし戦後世代にとって怖いのは、[88] もし将来、殺すか殺されるかというジレンマに自分も陥ったら、そのときどう行動すべきか、自分でもわからないということだ。おそらく、親たちもそうだったように、自分たちもまた権威・権力に抵抗する勇気はないだろうと察しているのかもしれない。

この無力感は、日本の平和教育のなかで市民の合法的な抵抗とその具体的な手段について現実的な考察がなされてこなかったことにも原因がある。つまり、いざというときに国家や軍隊に対してとりうる平和的な抵抗手段とは何かについて考えたり想像したりする経験を、戦後世代の市民があまり積んでこなかったという問題がある。良心的兵役拒否、上官の違法命令に対する不服従、過剰な軍事力行使に対する異議申し立て、戦時国際法が保障する民間人や戦闘員の人権保護といった課題について戦後市民が考える機会を得、知識も積んでいけば、権威・権力の社会構造に強く抵抗することもできるかもしれない。こうした知識は軍事力を統制するうえで大切なものだが、にもかかわらず、戦後世代に与えられてきた社会的処方箋は、軍事力の構築自体を避けるというものだけだった。この処方箋は市民の牙を抜き、いざというとき国家権力に対してとりうる抵抗手段を奪っている。それにより、日本社会には深いところまで無力化の構造が根を下ろしていった。

無力化の構造がいかに深く根を張っているか。そのことは、日本人の戦争証言をイギリス人の戦争証言と引き比べてみると、いっそう明確になる。[89] 二〇〇〇年代にBBC〔英国放送協会〕が集めたさまざまな戦争証言は、日本のそれに比べて冷静で、ポジティブでもある。戦争に勝ったのに、勝利に対する気負いはない。空襲体験の話をするにしても、自分たちのうけた苦痛については抑制のきいた言葉を使い、潤色も自己憐憫もない。また、平和や非戦の誓いもない。いずれの証言からも、戦時下にあった国に対する理解が伝わってくる。そのせいか、戦勝国の戦争証言には、ほとんど無力感がみられない。

過去数十年、日本社会では世代が新しくなるにつれて自己評価が低くなる傾向が認められる。最近の調査を見ると、現在高校に通う生徒の多く（八四パーセント）が、自分を「だめな人間」ととらえている。勉強ができる、他人に好かれる、ルールをよく守る、自分の意見をはっきり言う、自立できる、といった肯定的な自己評価をする高校生の割合は、日米中韓のなかで日本がもっとも低い[90]。また、若い世代は日本人であることに対する意識が曖昧で、自分の愛国心が強いかどうかについても「わからない」という人が多数を占める（四七パーセント）[91]。権威に従順であること、周りに順応することを重視する社会で育ったため、日本の若者には、社会の枠組みや家庭内の序列を乗り越えようという発想があまりなかったと言っていい[92]。こうした社会秩序における自己実現とは、イエスでもノーでもない、不定形の曖昧な安全地帯をつくり上げ、そこに収まることである。親たちが先送りしてきた社会問題に取り組むにあたっては、白黒をはっきりさせずに済ませてきた。これは精神科医の野田正彰のいう「思考途絶」の状態を思わせる。「思考途絶」とは、権威を批判するという発想自体を恐れ、他人との摩擦について考える能力が損なわれているような状態を意味する[93]。

児童期と人間の発達の専門家によると、父親の影響を強く感じる子供は政治についての知識がいちばん豊かで、関心も強いという。これに対し、父親の影響を感じていない子供は政治姿勢が不明確で、政治についての質問にも曖昧な回答をする傾向が強い[94]。政治的人格の発達に親の教育が作用するのだとすると、道徳的人格の発達にも同じことがいえるのではないだろうか。ある国際調査によれば、日本とドイツの親で子供に道徳面での指導をおこなう人は（たとえば嘘を戒めるなど）、アメリカや韓国に比べて少ない[95]。正直さを重視する日本人の親は目立って少なく、ドイツ人の親の半分だった。親から道徳的な指導や教育をあまりうけていない人が自己肯定感を育むことは、当然ながら容易ではない。そういう人にとっては、自分の家族や国から受け継いだ負の遺産を乗り越えることもむずかしい。

二〇〇五年の『読売新聞』調査では、戦争責任問題に関する議論がまだ十分になされていないと、回答者の半数以上が答えている。またアジアの人々に与えた被害について責任を感じつづけなければならないと半数近くが思っていることがわかる。[96]世代を通じて個人史が修復されてきたことで、道義的および政治的責任の問題はますます複雑になった。しかし、なかには積極的に無力化の構造から脱け出した人もいる。元従軍慰安婦や過酷な労働を強いられた人々など、アジアの戦争被害者に正義をなすべく、地道な努力を重ねる活動家やボランティアである。NGOなどに所属し、（第1章で触れた家永教科書裁判の支援者のように）戦後補償裁判で中国人や韓国人の原告を熱心に支える人もいる。[97]また、加害者の子や孫の一部は、祖父や父の罪を償おうとしている。父親の罪責について公の場で語る倉橋綾子や牛島貞満、駒井修[98]のような人もいる。戦争を目撃した世代が世を去ってゆき、戦争の物語は、次の世代によって語られている。新たな語り部はその人なりの問題意識から、物語を仕立てなおし、再利用しようとする。記憶を担う人が変わるにつれて、物語の形や射程、力点もまた変化する。国民のトラウマに取り組むことになる人々は、歴史を自分たちのものにするため、自己免罪的な衝動を抑える努力を積み重ねていくのかもしれない。それによって、過去に対する日本の曖昧な態度を正せるだけのたくましさを得られるのではないだろうか。

第3章　敗北感の共有とその位置づけ
――メディアのなかの英雄、被害者、加害者の物語

　毎年八月一五日、日本では第二次世界大戦の終戦を記念するさまざまな行事が一斉におこなわれる。国民にとって、それらは一種の年中行事になっている。この日には、政府首脳や各界の要人、従軍経験者、遺族、評論家や識者など、多くの人が行事に参加して敗戦に思いをはせ、「不戦の決意を新た」にする。正午にテレビをつければ、政府が日本武道館でおこなう「全国戦没者追悼式」を見ることができる。天皇が臨席するこの式は公式行事の中心をなし、内閣総理大臣の式辞に続き、天皇が公式に戦没者への追悼の言葉を述べる。厳かな雰囲気のなか、儀式は一時間にわたって執りおこなわれる。式壇には白と黄色の菊が飾られ、その中央には「全国戦没者之霊」と書かれた高い標柱が立つ。政府関係者や全国から集められた五〇〇〇人以上の遺族代表らが身にまとっているのは黒の喪服。毎年、同じ日時に同じ場所で開かれるこの儀式では、式壇も式次も、語られる内容も、葬儀のような雰囲気も変わらない。来る年も来る年も、この儀式がおこなわれることで同じような記憶が何度も呼び起こされ、全国民による追悼行為が継続される。それによって、毎回、特定の戦争記憶が人々のなかに刷

り込まれる。これはまた、戦争に関する国家の言説が繰り返し流されるということでもあり、それが喪失をめぐる個々人の語りと結びついて、厳かな追悼というパフォーマンスを演出している。

この日の新聞で目にする社説は、敗戦による悲劇を振り返りながら、平和を守り悲劇を繰り返すまいと真摯に宣言するものが多い。ほとんどの全国紙や地方紙が戦争と平和という重い主題を取り上げ、戦争の記憶を長く胸にとどめておくことを読者に呼びかけている。苦難を忘れてはならない、つらい経験を語り継ごう、むずかしい過去の出来事を直視しよう、など、新聞の政治的傾向によって力点のおきどころが変わる。(1) テレビに目を移すと、やはり同じ主題を掲げた番組が流され、当時を振り返るドキュメンタリーや討論番組、当事者のインタビュー、ドラマ、映画などが放送される。過去数十年のあいだに戦争を記録する動きが活発になったこともあって、八月ともなると、メディアには戦争の話がさかんに流される。多くの雑誌が特集を組む。出版社は戦争の回顧録の類い、戦争の記憶や体験談を編纂したものなど(たとえば証言集、オーラル・ヒストリー集)を発売する。映画会社は「終戦記念」映画を公開し、多くの観客を動員しようとする。その他のメディアも「日本の失敗」とか「日本の敗因」、「あの戦争になぜ負けたのか」など、目をひくような題を掲げて、戦争という負の遺産を描く。(2)

こうした恒例の追悼のあり方から、現代日本人の生活に戦争の記憶がいかに深く埋め込まれているかがわかる。毎年聞き慣れた記憶が——特攻作戦、空襲、瀕死の体験、恐怖、飢え、暴力、殺人、死などが——特定の期間に何度も再生産されることによる累積的効果をうかがい知ることもできる。そうして記憶が蓄積された結果、あの戦争を一九四五年八月一五日の向こう側に位置づけ、決別した過去としてあつかうことに成功している。広い視野に立っていうなら、八月一五日は武力紛争の終結というより、敗戦国の文化的トラウマを象徴するもので、日本の社会的・道徳的秩序が崩壊し、日本帝国と大東亜共栄圏という理想が挫折したことも指し示す。敗戦は純粋に軍事的な出来事ではなく、日本国の歴史における断絶を象徴しているという意味では、日本人にとっての「一九四五年八月一五日」は、「零時」として認識されるドイツ人にとっての「一九四五年五月八日」に近い。ドイツの「五月八日」も、過去の暗い歴史との決別という意味合いが濃い。このように日本の追悼行事やメディアの特集等は、一九四五年の敗戦を現在から切り離し、戦争と敗戦を文化的トラウマとして次世代に伝える役割を果たしている(3)。

社会学者の佐藤卓己が指摘するように、八月一五日が記念日として定着するまでには長い年月がかかった。この日に終戦を振り返ることは、現在では長年の慣習のように見える。だが、「発明された伝統」がえてしてそうであるように、実のところこれは歴史の必然によって決まったことではない。時の経過とともに変化し、敗戦の政治的意味を象徴、あるいは強調したりつくり変えたりする日になったのである。八月一四日(ポツダム宣言受諾が決定した日)や九月二日(政府が降伏文書に調印した日)が終戦記念日になる可能性もなかったわけではない。しかし、八月一五日に落ち着いたのは、天皇がラジオを通じて臣民に降伏を宣言するという重要な儀礼を象徴する日だからであり、さらに、故人を供養する「お盆」の時期に重なるという偶然がはたらいたためでもあるだろう(4)。

日本が米軍の占領下におかれていたあいだ(一九四五–五二年)は、八月一五日に追悼行事がおこなわれることはなかった。占領軍は神道による追悼行事を禁止し、九月二日の対日戦勝記念日(VJ

デイ）を終戦の日としてあつかった。主権を回復した一九五二年になってようやく、日本政府は戦没兵追悼の行事をおこなった。この行事を境に、連合国への降伏ではなく天皇の玉音放送に焦点を絞った記憶の形成が始まる。一九六三年からは、政府主催の追悼式のラジオ・テレビ放送が始まった。式が武道館で開催されるようになった六五年には、お盆と戦没者の供養が一つにまとめられて、戦争記憶の構築が完了した。映画や小説、テレビ番組なども九月二日でなく八月一五日の出来事に材をとり、この日を天皇と戦争の時代の終焉というドラマに仕立てている。(5)

終戦に関する公式の儀礼はこのような形で定着していったが、その陰で日本の戦争に対する評価をめぐる不協和音は高まっていった。国家による追悼に反対して、日本の侵略の犠牲になったアジアの人々のために別の追悼行事を実施する動きもあった。たとえば社会党は、一九九三年まで独自の催しを開いていた。(6)他方、一五日に首相が靖国神社に公式参拝することを求める右翼勢力もある。追悼のあり方に関して大きく異なる見解をもつ多様な集団が、それぞれの立場から八月一五日に意味づけするにいたった。ある人にとってそれは不戦の誓いをする日であり、別の人にとっては過去の汚れを祓いつつ天皇と国民の結びつきを確認する日、あるいは横暴な指導層や軍部の悪行を思い起こして怒りを新たにする日なのだろう。

追悼行事というものには、いつもむずかしさが伴う。過去をどう解釈し、どう表象、表現するか、その能力が試されるからだ。(7)追悼行事は私たちが共有する道義心や価値観を確認し、葛藤を和らげる可能性をもつ一方、亀裂と対立を深める触媒にもなりうる。(8)この二〇年間、日本では八月一五日が近づくと、必ずと言っていいほど不協和音が高まるようになったが、とくに終戦五〇周年、六〇周年、七〇周年の節目には、アジア太平洋戦争の歴史的位置づけと罪責をめぐって論争や対立が激化した。この間に首相は何度も代わったが、節目の年には首相談話が発表され、その変容は日本の公式な立場の変容として了承されてきた。戦没者追悼に関連して靖国神社でおこなわれる政治パフォーマンスにも違いがあらわれてきた。テレビでは戦争を振り返る番組が増え、新聞は社論を訴え、マスコミ各社は戦争責任問題に新たな光を当てる企画を実施してきた。博物館や美術館は、来館者にアジア太平洋戦争の意味を伝えようと共通の表現を探してきたが、その成否は一様でない。こうした多様な表象の試みには、二つの根本的な問いが通底している――「なぜ、負ける戦争をしたのか?」、「なぜ、負ける戦争のために死ななければならなかったのか?」

　私たちが共有しつつも、明快な答えを見いだすことができずにいるこの問いは、戦争責任と国への帰属意識をめぐるむずかしい問題の核心をなす。これは突き詰めると、個人と国家の関わり、そして生きている者と死者との関わりの問題であり、各人各様の語りと答えが提示されても不思議ではない。そして結局のところ、私たちの道義的視座と政治的評価によって答えも変わってくる。戦争を始め、国民を動員し、国のために命を捧げろと促した国家は正しかったのか。あの戦争が間違いだとしたら、戦没者は無駄死にしたことになるのか。戦争に負けたからといって、あるいは戦争が間違っていたからといって、生きている者が戦没者を加害者扱いすることは正しいのか。指導者たちはなぜ戦争を止めなかったのか。おびただしい数の死者と犠牲者を出したことに対する責任は誰がとるのか――このような疑問は、知りたくないことを知らずに済ませるという、私たちの都合と対立する。おぞましく不快な情報から自分自身を守りたいという欲求に逆行している。つまりこうした単刀直入な疑問に直面すると、私たちは安全地帯にとどまれなくなってしまう。イギリスの社会学者スタンリー・コーエンは、恐ろしい不都合な情報をつねに心のどこかにとどめたまま、同時にそれを自己防衛的に否定することを「知りつつも知らない」(knowing and not knowing) 状態と名づけている。日常生活を支障なく過ごすために、私たちの信条を覆すような不都合で不穏な知識があっても、それが存在しないかのごとくふるまうという、いわば生活を守る方便である。(9)

この章では、靖国問題をはじめとする追悼のあり方をめぐる問題を取り上げ、負の歴史の闇の部分を「知りつつも知らない」ままにしてやり過ごしている現状に光を当てる。誰もが心のなかに必ずもっている破壊的な衝動、憎しみ、恨みなどの負の感情をありのままに認識せず、道徳規範という社会メカニズムで規制する行為は、政治パフォーマンスとメディア言説のなかにもみられる。日本の公的な戦争記憶には、私たちの誰もが暴力を振るい、破壊する能力をもっているという認識は必ずしも含まれていない。そして、そのことを認識するか、共有するか、また各個人が自分の本質として受け入れるかについてのスタンスや判断の違いによって、記憶の継承のされ方はおのずと変わってくる。闇の部分を「知りつつも知らない」ままにしてやり過ごすか、あるいは各々の責任として引き受けるか、その違いによって戦争の記憶に内在する道徳的なメッセージや指針は変わる。靖国神社や追悼行為の意味づけという作業では、そうした私たち自身のアイデンティティが問われることから、おのずと激しい感情の対立が生じる。それは、私たちのなかにある邪悪さが問われるからであり、それを見据えて克服する国民としての勇気と資質が試されるからである。ここでは、敗戦の文化にみられるこうした模索を、公的な記憶に光を当てて検証する。

政治パフォーマンスとしての追悼

かつてベネディクト・アンダーソンが指摘したことだが、近代は国民国家の出現によって特徴づけられ、その国家は大勢の若者の情熱を掻き立て、「国のために命を犠牲にさせる」ことを可能にする。[10]ひとたび民族主義の情熱が動員されるや、戦場で戦う兵士はこう考えるようになる。「自分自身よりも大きい何かのために、大義のために自分は死ぬ。もっと大きな永遠の「国という」もののために、自分一個のはかない人生が尽きたのちも続く大義のために死ぬのだ」。[11]しかしひとたび動員が終わり、戦闘のために兵士をあおる必要がなくなると、この情熱は冷めていく。敗戦後の兵士たちにとって、このような情熱にはもはやいかなる社会的・道徳的正統性もない。とくに何百万もの死者に関しては、それを肯定的に意味づけることすらできない。

近代戦では何百万という人が兵力として動員され、大量の死者が出る。このような戦争を経た社会には、戦争での無残な若者の死にどういう意味を求めるべきかという問題がつきまとう。とくに負けた側には、敗戦について肯定的な意味づけをしたいという強い欲求が共通してみられると、ヴォルフガング・シヴェルブシュは述べている。意味づけへの衝動が非常に強かったために、たとえば南北戦争で負けたアメリカ南部連邦では「失われた大義」(lost cause)という神話が生まれた。他方、第一次世界大戦後のドイツでは戦没兵の神話が生み出されている。[12]戦勝国にも、大量の死を正当化する必要があった。イギリスが第一次世界大戦を「あらゆる戦争を終わらせるための戦争」と呼んでいることはそのためだと理解できる。国民の払った犠牲が無駄ではなかったと、大量死を正当化しているのである。

日本の場合も、アジア太平洋戦争の意味づけと正統性をめぐっていくつかの神話がせめぎ合っている。勝算のない戦争に打って出たのだとすると、その壊滅的な敗北は何を意味するのか、それをどう理解し正当化するのか、という大きな疑問が生じる。そうした疑問は現在、とくに終戦記念の節目を迎える際、戦後世代の政治家や知識人、ジャーナリスト、教員、あるいは当事者の家族から投げかけられる。この問いに明快に答えることは、依然としてむずかしい[13]。

冷戦時代には、政治的な立場の違いを「反動」対「進歩」、「右」対「左」、「自民党」対「社会党」というように、二分法をもちいて表現あるいは分類していた。しかし、冷戦が終わって政党の再編や合従連衡が進んだ今、それでは説明できないことが増えている。自民党一党支配が終わり、湾岸戦争、北朝鮮によるミサイル発射実験などが重なって、国民が長らく温存してきた平和主義に立脚する自画像が掻き乱されている。そして古い分類法の下に隠れていた複雑な問題も顔をのぞかせた。戦争の記憶にまつわる政治論争はその代表格といえる。新しい担い手による政治パフォーマンスは、これまでとは異なる利害や人的つながりにもとづいていて、めざす方向も変化しているのかもしれない。しかし文化的トラウマとなっている敗戦の歴史と向き合い、それをどう語るかという選択肢は変わっているようでいて、根本においては実はあまり変わっていない[14]。

勝算のない戦争でなぜ死ななければならなかったのか

一九八五年、西ドイツのリヒャルト・フォン・ヴァイツゼッカー大統領が終戦四〇年を記念して連邦議会で一時代を画す演説をしたのと同じ年、日本の中曽根康弘首相は戦後の政治慣習を破って八月一五日に靖国神社を公式参拝した。現職の総理大臣が公人の資格で参拝するのはこのときが初めてだった。一世紀以上の歴史をもつこの神社は、周知のように天皇のために戦って死んだ日本の軍人を祀るために建てられ、こんにちでは平和に対する罪を犯したとされるA級戦犯を含め、アジア太平洋戦争の戦没者が合祀されている。この大胆なパフォーマンスは、中国政府に激しく非難された。大勢の自国民を死にいたらしめ、甚大な損害を与えた戦争を正当化する象徴的行為に、中国側は強く反発したのだった。この行動のために日中関係が著しく緊張したことを認識した中曽根は、翌年からは参拝をとりやめた。現職の総理大臣による八月一五日の靖国参拝は以後二〇年間凍結され、二〇〇六年になって復活した[15]。そのときには、戦争の記憶をめぐる日本の風景は劇的な変化を遂げていた。

この二〇年のあいだに起きた変化には、政権指導者が入れ替わったこと、人権運動のグローバル化にともない歴史認識問題が当事国間で再燃したこと、そして戦中世代がいなくなる前に戦争の後始末をしなければならないという意識が国内で高まってきたことが影響している。昭和天皇が一九八九年に死去すると古いタブーが徐々に薄れ、さらに九三年の衆議院選挙で自民党が完敗すると、公式の戦争の語りを考えなおすことが可能になった。社会党党首が率いる連立政権下で迎えた戦後五〇年目の一九九五年は、それまでの慣行、つまり国際社会に向けて不明瞭な反省のメッセージを送るという慣習を破る機会となった。時の首相、村山富市は日本の戦争責任を国会決議によって明確にしようと「不戦決議」を提起したが、議員のうち二四一人が欠席する形で可決し、不満足な内容に終わった。

政治的対立が決議の内容を曖昧にし、当初の期待を裏切るようなものにしたのだ。[16] しかし二ヵ月後の八月一五日に、村山は日本がアジア太平洋戦争の加害国として犯した過ちを公式に認める談話を発表し、国内の空気を一変させた。この談話をきっかけに、一九九〇年代から二〇〇〇年代にかけて加害意識が広まっていく。

わが国は、遠くない過去の一時期、国策を誤り、戦争への道を歩んで国民を存亡の危機に陥れ、植民地支配と侵略によって、多くの国々、とりわけアジア諸国の人々に対して多大の損害と苦痛を与えました。私は、未来に誤ち〔ママ〕無からしめんとするが故に、疑うべくもないこの歴史の事実を謙虚に受け止め、ここにあらためて痛切な反省の意を表し、心からのお詫びの気持ちを表明いたします。また、この歴史がもたらした内外すべての犠牲者に深い哀悼の念を捧げます。[17]

この談話は閣議決定を経たもので、その後の歴代首相にも引き継がれるようになった。過去の加害行為に対する責任を認めることは、それ自体別段新しくもないが、首相の公式談話として国家の責任をはっきりした形で表現することは、この連立内閣が登場して初めて可能になった。[18] このような形で明確化された加害の語りはその後、歴代内閣で一貫して踏襲されるようになる。[19]

次の転換点は、戦後六〇年を迎えた二〇〇五年である。小泉純一郎首相が、中曽根元首相と同じように、靖国神社を参拝した。[20] その年、戦争を振り返る談話を発表したが、ここには犠牲という感覚が織り込まれている。

私は、終戦六十年を迎えるに当たり、改めて今私たちが享受している平和と繁栄は、戦争によって心ならずも命を落とされた多くの方々の尊い犠牲の上にあることに思いを致し、二度と我が国が戦争への道を歩んではならないとの決意を新たにするものであります。

先の大戦では、三百万余の同胞が、祖国を思い、家族を案じつつ戦場に散り、戦禍に倒れ、あるいは、戦後遠い異郷の地に亡くなられています。[21]（傍点は引用者）

小泉は首相在任中の六年間、終戦記念日が来るたびに、この無念の犠牲者という考え方を示した。[22]また、多くの人が「心ならずも」命を失ったことを前提にしつつも、村山と同じく日本の「植民地支配と侵略」という言葉を使い、アジアの人々に与えた苦痛について反省の気持ちをあらわした。二つの感情が並べられたことで、罪責の概念と国民の犠牲という概念が混じり、戦争責任の境界線がぼやけて情念的になった。国のために進んで死ぬことは、現在の「平和を愛する国」にはなじまない。この声明は、国民の犠牲を不本意なものとして現代社会向けに脚色しなおしたといえる。

日本の記憶文化、たとえば映画やドキュメンタリー、小説、漫画などの媒体にみられる「被害者の語り」には、国民が「心ならずも」犠牲を強いられたというとらえ方がよく使われる。ここでは犠牲を強いられた人の無力さと無念という枠組みを使って戦争の恐ろしさを説明し、深く理解させようとしているが、これは人々が体験した戦争の恐怖についての視野を広げる一方で、「遠くの他者」の苦難よりも「近くの家族」の苦しみを優先させる機能も果たす。[23]また、出征が不本意なものだったということになれば、被害者意識は補強され、それによって大勢の人が開戦を熱狂的に支持したという不都合な事実は隠される。[24] 公人による発言が二〇〇〇年代に統一性を失ったことも、ことを複雑にしている。たとえば自民党の河野洋平は衆議院議長の資格で靖国神社参拝凍結を求めたほか（二〇〇五年）、日本の戦争責任について踏み込んだ発言もしている（二〇〇六年）[25]。

さらなる転換点が訪れたのは二〇一三年八月一五日、首相の安倍晋三が公式のスピーチにナショナリズムを組み入れたときである。安倍は慣習を破って、「植民地支配と侵略」に対する日本の「反省」というキーワード、国のために兵士が心ならずも犠牲になったというイメージ、さらには「二度と戦争への道を歩んではならない」という誓いの言葉を削除した。政府としての公式のスピーチにこのような修正を施したことの意味は深く、安倍はここで、兵士が加害者であったとか、不本意な死を遂げたといった含みを一刀のもとに斬り捨て、戦没兵を尊い「英霊」に変換したともいえる。そして四カ月後の第二次内閣発足から満一年となる一三年一二月二六日に、靖国神社に参拝した。さらに二年後、終戦七〇年にあたる二〇一五年八月一五日に、安倍は新しい談話を発表し、見解を明らかにしている。この談話はかつてないほどの、演説ともいえるような長さだった。加害や被害に触れ、反省や誓いを網羅しているが、やはり顕著なのはナショナリズムにさらに踏み込んでいる点である。それは、戦争責任者を当時の国際秩序への「挑戦者」、すなわち勇者に転換し、世界経済情勢のなかでの行き詰まりゆえに針路を誤ったのだとしているところからもうかがえる。また、兵士たちは勇士として「戦陣に散った方々」であり、不本意に戦った人とはされていない。さらにアジアの犠牲者や「深く名誉と尊厳を傷つけられた女性たち」にも言及し、それを忘れないと誓う——この談話には、「長い敗戦」

〔the long defeat. 以下「長い戦後」と表記〕の文化をもう終えたいという願望が満ち満ちている。(26)

戦犯を合祀する神社を参拝したり、国民の犠牲や罪責についての表現を変えたりといった政治パフォーマンスは、国民にとっての戦争の象徴、ひいては日本国民のアイデンティティをつくり変えることを目的にしている。儀礼や談話、参拝は、日本の罪責と国民の犠牲の意味について周到に練り上げた解釈を示すという点で、重要なパフォーマンスといえる。(27) 細心の注意とともに解釈をさりげなく変更すれば、国家の物語がもつ意味や道徳的位置づけは変えられる。歴代の首相はそのことを踏まえたうえで、敗戦のもたらした文化的トラウマについて自身の道徳的見解を発表した。中曽根と安倍は英霊を中心に据え、「美しい国」という見方を押し広げた。つまりこんにちの平和と繁栄は戦没者が捧げた尊い犠牲の上に成り立っており、国民は感謝せねばならないという見方である。これに対して、村山は国家の語りのなかに加害の語りをはさみ込んでいた。日本は暗黒の誤った道を歩んだ「やましい国」だという認識を示しつつ、かつての敵国や植民地との和解を深める道を示した。小泉は被害者の語りを膨らませ、日本の破局をともに経験した人々の連帯を「悲劇の国」という見方から語った。戦争で味わわされた苦難を国民は忘れない、と。

靖国神社はかつて戦没者や国のために殉じることを正当化する重要な社会的装置だったが、今は若い世代をして祖国や天皇のために殉死させるほどの求心力はない。二一世紀に入って高齢の戦中世代が次々と世を去るにつれ、神社の利害関係者も減り、天皇の崇拝者もごく少数となった。(28) 靖国での参拝を強硬に推し進める人々の主張には強烈な感情的論理が認められるが、哲学者の高橋哲哉はこれを「感情の錬金術(29)」と呼ぶ。戦没者を無意味で不条理な戦死を遂げた敗者から無垢の犠牲者に転化できれば、負の歴史を受け入れられる。靖国神社は汚れた記憶を清浄な記憶に切り替えたいという感情に動かされて名誉回復装置として復活し、加害の対象であるアジアの人々を見えなくする。[30]追悼と罪責の位置づけをめぐる問題。「知りつつも知らない」までありたいという自己保存本能。靖国の影響力低下が惹起した焦燥感。「靖国問題」はこれらが影響を及ぼし合い、政治問題に発展した結果、生じたものともいえる。[31]

新聞社説に見る戦争責任と被害の言説

一九九〇年代から二〇一〇年代にかけて、新聞、テレビ番組、映画、小説などのメディアは、その方向性に違いはあれ、多くの人に歴史認識を広めるうえで大きな役割を果たした。八月一五日に開かれる追悼行事が毎年恒例の儀式なら、この日の新聞社説は大量死の意味をめぐる毎年恒例の省察である。ほかの紙面では戦争責任問題に過敏な全国紙でも、社説では政治的立場をはっきり主張する。八月一五日の新聞に掲載される社説は、戦争の正否や国民が払った犠牲、戦争責任に関する社の立場を明確にしてきた。この節では、各紙が加害、被害、英雄の語りを使いながら社説のなかで展開した多面的な議論を見ていく。

一九九〇年代から二〇〇〇年代の全国紙の社説は国内外での「記憶ブーム」に乗り、加害の罪についていっそう頻繁に、より率直に書くようになった。[32]九〇年代の政治的な転換と共振するように、戦争の言説では加害についての語りがさらに深いものになる。村山談話(九五年)や河野談話(九三年)の形で、飛躍的な政治的進展のみられたころである。[33]後者で触れられた従軍慰安婦問題にはとくにメディアの関心が集まった。強制的性労働についての歴史研究が進み[34]、日本政府に対する訴訟が起こされ、フェミニストの活動も成果をあげた。そうしたなか、元従軍慰安婦に補償をおこなう「アジア女性基金」が設立されるにいたった（ただし政府の正式な基金とはならなかった[35]）。この時期にはまた元捕虜や強制徴用された元労働者も裁判を起こし、多くの人の被害と加害の語りが掘り起こされ、報道されるようになった。「日本の戦争責任資料センター」という組織が一九九三年に発足し、戦争責任問題に特化した雑誌の発行を始めた。この年には『週刊金曜日』も創刊され、戦後補償など政治的な争点について、フリーランスのジャーナリストに発言の場を提供している。公の議論の場にこのような変化がみられたことで、より多くの人が日本の加害行為を認識するようになった。民主化の進んだアジアなどの外国メディアを通じ、外国の被害者自らの証言も頻繁に報道されるようになる。

そしてたちまちのうちに、こうした潮流への反動があらわれた[36]。一九九七年、ナショナリストの研究者や反動的な知識人が言説空間に自分たちの修正主義史観を埋め込むべく、「新しい歴史教科書をつくる会」（「つくる会」）を結成した[37]。第一次安倍政権下の二〇〇六年には、「国を愛する態度」を養うことが教育の目的に加えられた[38]。日の丸や君が代をそれぞれ国旗、国歌と定める法律が、それらの戦争との結びつきに抵抗をおぼえる進歩的な教員の強い反対を押し切る形で制定された[39]。この極右的かつ大衆迎合的《ポピュリスト》な反動は、二〇〇〇年代の景気低迷のなかで社会的利益を享受できなかった人々の支持を集めた[40]。日本の敗戦と戦争犯罪を規定する東京裁判の判決を不当と考えるポピュリストもこれに異議を唱え、政府要人の靖国神社公式参拝を推進する政治的活動をおこなっている。こうした人々にとって、それは敗戦国の烙印を消し去り、国民の「汚れた」自己認識を浄化するための有益な手段であった。

五大全国紙は八月一五日の社説で、国民の払った犠牲を「平和の礎」とする共通の枠組みをいつも使い、はかなく散り去った命を糧に、意味あるものをつくり出すとの決意とともに死者を悼んでいる。(41)各紙が足並みをそろえて破壊や喪失、おびただしい数の死者などの主題を取り上げ、国民に強いられた犠牲を忘れることのないよう、直接間接に読者へ呼びかける。何百万もの戦没者を「尊い犠牲者」と言うのは、今も必ず使われる常套句だが、社説全体の論理には屈折が認められる。なぜなら、もっと良識的で大胆な、洞察をそなえた政策決定がなされていれば、犠牲者の多くは死ぬこともなく、戦争自体も回避できたかもしれないからだ。しかし、犠牲を平和の礎とするレトリックへの欲求はつねに強く、政治的立場を問わず、新聞の社説には――つまり『朝日』にも、『毎日』『日経』『読売』『産経』にも――この修辞法が形を変えて登場していることが多い。また若者の早すぎる死というレトリックを使用する社説も少なくない。このトラウマに焦点を絞ることは、惨事を国民に経験させた影の加害者に矛先を向けることにもなる。

以下に引く『読売新聞』の社説は「美しい国」の語りを繰り広げ、国民の犠牲が平和と繁栄に貢献したという考えをはっきり打ち出している。「三百十万人の戦没者の礎の上に、今日の日本の平和と繁栄が築かれていることを、忘れてはならない(42)」。次にあげる『朝日新聞』の社説も、痛切な追悼の言葉を重ねて犠牲者に思いをはせている。

約三百万人という。

先の戦争で亡くなった日本の軍人や軍属、民間人の数である。

その人たちは、どこのだれか。

どのように命を失ったのか。……


大阪市の伊賀孝子さん（六八）は……敗戦の年（一九四五年）の夏まで五十回ほどを数えた大阪空襲の犠牲者一人ひとりの名前を探しつづけている。……

……十六年かけて、昨年までに大阪で四千八百十七人、堺で九百十四人の名前を書き留めた。これとて、約一万五千人とされる死者の半分に満たない。……

街を焼き尽くす炎の中で、十三歳の伊賀さんは防火用水に飛び込んだ。母親は即死し、大やけどを負った小学一年生の弟は三日後に亡くなった。

父親と二人、焼け跡に掘った穴で火葬した。同じ風景があちこちにあった。……

……多くの伊賀さんたちの胸の中で、一人ひとりの死者は、さまざまな表情を見せながら、生き続けている。(43)


悲哀の叫びは影の加害者、日本の指導層に対する怒りに転じる。ここに引く『毎日新聞』の社説はその一例である。

戦争被害者からみれば日本軍は自分に都合のいい理屈の下で勝手に押し寄せてきて、山ほど殺されたのだ。その日本軍に命令を発しつづけ、見ようによってはもっと早く戦争終結が可能だったのを続行に全力を傾注し、国際的に認められていた戦争捕虜の権利を兵に教えず、「生きて虜囚の辱めを受けず」と玉砕を強要し、数百万人以上の死にかかわる決定を下し、そう行動した東条英機元首相ら戦争指導者が祭《〔ママ〕》られている靖国神社を首相が参拝してはいけない。[44]

死者を悼むという点ではどの新聞もこの数十年間ほとんど同じだったが、一九九〇年代から二〇〇〇年代にかけて、加害責任についての政治的視座の違いが前にも増して目立つようになった。[45]『朝日』『毎日』『日経』の三紙は八月一五日に、日本を加害国と規定する社説を掲載することが多くなった。一方『読売』と『産経』は、戦争責任について自己防衛的なナショナリズムの論陣をはり、罪の枠組みは戦勝国が設けたもので不当だと訴えている（あとで述べるように読売は〇六年に立場を変えた）。戦後六〇年の二〇〇五年八月一五日には、『産経』を除くすべての全国紙が社説で戦争責任の問題を正面から取り上げた。それ以前の状態を思えば、四紙がこぞって同じ問題を取り上げたのは特筆に値するだろう。『朝日新聞』は、平和をもって戦争の罪を償うのだ、それこそが道徳的自己認識を修復し、世界の敬意を勝ち得るための道であると述べてきた。[46]この反戦の語りの根底には、自社が戦争中に翼賛報道に協力し、読者を間違った方向へ導いた過去に対する反省がある。[47]自らの戦争責任を認識しているがために、国家に対する責任追及、また戦争指導者や官僚に対する非難の調子はとくに厳しい。

現実的な国際感覚をそなえた『日本経済新聞』も論戦に加わり、直截かつ明快な、実務家向けの社説を掲載している。『日経』の社説は特定のイデオロギーと距離をおきつつも、率直な意見を述べている。たとえば小泉がいくども靖国神社に参拝していることにはっきり反対の立場をとり、戦争指導者にも辛辣で手厳しい非難を浴びせる。「国家を破滅させ、周辺国に多大の損害を与えた戦争指導者の責任をあいまいにしてはならない。……［外交におけるリアリズムの欠如のため］終戦の決断が遅れ、さらに多くの人たちが犠牲になった[48]」。

『読売新聞』が戦争責任を正面から取り上げるようになった転換点は二〇〇五年。この年、同社は東京裁判の判決から離れて、戦争指導者の責任を「再検証」した。独自調査の結論と東京裁判の判決との近似性を認めた『読売』は、靖国神社やA級戦犯を擁護しなくなった。こうした姿勢の転換についてはは次節でくわしく取り上げる。

日本最古の日刊紙『毎日新聞[49]』と『産経新聞』の社説は好対照をなしている。政治イデオロギー上の隔たりがもっとも大きく、ありていにいえば、どちらも政治的なことを個人的なこととととらえている。戦争責任は「他人」の問題ではなく「われわれ」の問題ということだ。ゆえに『毎日新聞』が戦争責任を受け入れ『産経新聞』が拒絶するのは、歴史の暗い側面を自分自身のものとして引き受けるかどうかの違いといえる。しかし加害を「われわれ」のアイデンティティの一部ととらえる『毎日新聞』の主張には曖昧な部分もある。たとえば二〇〇五年終戦記念日の社説は日本軍とA級戦犯を加害者、三〇〇万の日本国民をひとしなみに被害者とみなしている[50]。対して、五大紙のなかでもっとも反動的とされる『産経新聞』は、日本人全員が戦勝国に負の烙印を押された被害者なのだという立場をとる。そして今は何をおいても、日本を貶める主張に対抗し、欧米の覇権的言説のなかから英雄の語りを取り戻し、国の歴史に据えねばならないと説く[51]。

最近では一般に、社説でアジアの被害者に触れることが多くなった。しかし戦争の政治的・歴史的要素や、加害行為の原動力を持続させた構造的暴力と軍部の横暴を正面から追及することはあまりなく、居心地のいい場所に安住する面があり、そのことはしばしば指摘される。[52] 社会学者のニーナ・エリアゾーフはこうした論点を掘り下げている。「正しく認識しようと思えばできるのに、人は自らを無垢の被害者と誤認しつづけることがある。判断力を失ったり、近視眼的になったことが原因であるように見えるが」、それはその人たちが愚かだからではなく、そう認識することが共同体の連帯と絆を保つことになるからだという。[53] 成員のすべてを被害者ととらえるような見方を社会で共有することはまた、無力さの構造を補強し、被害者意識を正当化する役割も果たす。[54] 日本で被害者意識が何十年もの長きにわたり持ちこたえてきたこと、またそれが敗戦の文化の再生産に役立ってきたこと、その理由を説明するのが、繰り返し押し寄せる自己憐憫の波である。

ヴェトナム戦争をめぐるアメリカ人の記憶と同じように、多くの記憶物語では、他者に与えたどんな傷よりも自国民の上に降りかかった惨禍がはるかに大きな比重を占める。[55] 日本における被害の語りにおいても、視野の狭い自民族中心主義的な戦死者像が示される。すでに述べたように、「遠くの他者」よりも「近くの家族」を大事にするという性向はかけがえのない命が失われたことに対する救いを得るための一つの手段といえるが、これについては本章の後段で改めて詳述したい。平和主義の現代日本が長い戦後を経るうちに、国民の払った犠牲の意味合いが変わり、曖昧で矛盾した答えが示されることが多くなった。被害の解釈も多義的となっている。

追悼の季節の文化メディア

アメリカの歴史家ジョン・ボドナーによると、記憶文化は実際に起きた出来事に関する解釈や記憶についての願いや希望が織り交ざったところに生まれる。それは過去の正確な再現ではなく、現実と神話が、そして思い出したい気持ちと忘れたい気持ちが入り混じったものだという[56]。終戦記念日に向けて日本で制作される出版物やテレビドキュメンタリー、映画なども、そうした記憶文化の所産である。そのなかで日本兵や民間人は英雄、被害者、加害者として描かれるが、それなりに濃淡のある人物像になっている。主人公の体験や行動も多様なら、軍事国家に対するスタンスもさまざまに描かれる。この節では、こうした人物像を通して「相矛盾する解釈」を生み出すメディアのなかの記憶づくりを考察する。

平和国家に変貌を遂げた敗戦国で戦争という過去を省みることは道徳的にも政治的にもむずかしい作業である。ドキュメンタリーであれドラマであれ、日本では戦争をあつかった作品はその暴力を推進・遂行した人たちの道義的評価を避けては通れない。暴力と危険。貶められた男性性。破壊に次ぐ破壊。人間性の喪失。軍事国家の抑圧からの解放。戦時指導者への怒り。こうした主題をあつかった作品には、現代の幅広い受け手に向けた教訓が織り込まれることが多い。しかし全体的に見ると、メディアはむずかしい過去を記憶するという複雑な課題に取り組み、過去の過ちや不正に光を当てながらも、むしろ敗戦のトラウマをめぐる分断を深めているように思える。受け手の自己認識と知識を高めることはあっても、改めて連帯を深めたり、まとまった「集団的記憶」をつくり出すことはない。

一九九〇年代からこんにちにいたるまで、記憶の場には、大きくわけて三つの傾向がみられる。第一に、「証言者の世代」が減ってきたため、戦時中に起きたことについて、当事者から情報を得る時間がなくなってきたという切迫感。このことは「庶民」の体験談の聞き取りを促し、平和と反戦のメッセージを再認識するきっかけとなった。第二に、アジアの犠牲者が補償を求め、それが広く認識されるようになると、被害者が生きているあいだに問題を解決せねばという切迫感も強くなった。第三に、加害の歴史に関する認識が深まったことで、加害の認識も強まった。アジアの犠牲者が補償を求め、戦争中に起きた数々の不正義に対する知識と意識が深まったことで、加害の認識も強まった。第三に、加害の歴史に関する認識が深まったことへの反発として、その「汚名」をそそぐべく、勇者の歴史と語りを再認識させようとする傾向も強まった。「押しつけられた」悪人像を修正したいという衝動はナショナリズムと連動して、戦後世代のあいだにアイデンティティの問題として広がっていった。以下ではこうした歴史認識の広がりと、それに対する反感や焦燥感などを、世代別の考察も含めて検討していく。

われわれの悲惨な戦争

どの国においても、加害の暗い歴史を認識することは容易ではない。私たちは皆、罪と恥の過去を認めるよりも揉み消したい、無視したい、別の解釈を当てはめたい、という強い自己防衛の衝動をもっている。それでも日本の暗い歴史に光を当て、戦争についての政治的・道義的責任を問う活動を担ってきた人々がいる。戦中世代の教育者や知識人、ジャーナリスト、活動家などである。自分たちが加害者であることを認め、責任を直視し、不正を正すことを唱えてきた。何十年ものあいだ、優れた知識人がこうした主張を展開し、進歩派のエリートに大きな影響を与えた。家永三郎のような歴史家や、丸山眞男、鶴見俊輔、小田実、大江健三郎など、多様な分野の人々が活動を牽引した。一九七〇年代から八〇年代にかけては、中国での軍事犯罪を掘り下げた本多勝一や森村誠一らによる調査報道の書籍が飛ぶように売れた。教員組合や平和団体、人権組織も、成否の度合いに差はあるものの、さまざまな方法で加害の語りを守り、不正に対する補償を粘りづよく訴えた。[57]

こうした動きを背景に、主流ジャーナリズムは二〇世紀末から二一世紀初頭にかけ、終戦記念企画の形で戦争の記憶に関する大規模なキャンペーンをおこない、現状を改めて考察した。多くの人の目に止まるよう、たとえば長期連載の体裁をとり、その後は書籍にまとめたり、テレビ番組にしたり、ウェブ上にアップロードするなどした。戦争責任の問題に切り込んだ『読売新聞』の大連載もその一例である。東京裁判にとらわれることなく、日本人が日本人のために日本の戦争犯罪と戦争責任を再検証することが目的だった。二〇〇四年八月から翌年八月までのまる一年にわたり、戦争指導者の行動や責任について独自の調査をおこなって「誰に戦争責任があるのか」を追及し、独自のリストを完成させた。責任を有するとして名をあげられた人のなかには、連合国に有罪とされた人もいるが、読売のリストのほうが長大だった。ただし連合国と同様、『読売』も昭和天皇の戦争責任は問わなかった。[58]

この「検証」を境に、『読売』の社説は反靖国の立場に転じた。舵を切ったのは八十路の主筆、かの渡邉恒雄。渡邉も、戦争で多くの知人を失った同世代の人と同じ怒りを感じている。

日本軍の残虐性を象徴的に示しているのは、特攻だと思います。みんな志願して特攻にのぞんだと言われていますが、上官に命令されたんですよ。上官の命令は天皇の命令であり、志願しないとぶん殴られるから出撃する。……

……玉砕なんて、大本営の命令でしょう。支援隊を送れないから「玉砕せよ」というわけですからね。これは、残虐な殺人行為ですよ。それに、お国のために戦った英霊というけど相当数は餓死ですよね。特に南方戦線はそう。実にいい加減な作戦によって、玉砕に至らずに餓死した兵が山ほどいるんですからね。それを「お国のため、天皇陛下のために万歳と言って死んでいった」という歴史観は、まったくおかしい。これを根本的に粉砕する必要があります。(59)

『朝日新聞』も二〇〇六年に四カ月にわたる連載のなかで「過ぎ去らない過去」を振り返り、戦争責任を検証した。(60)東京裁判についてはアメリカやインドなど、各国代表の視点からとらえている。さらに、天皇と(『朝日新聞』自身も含めた)マスメディアの責任も問うたが、国民一般の責任は不問に付している。またドイツ、フランス、イギリス、韓国、南アフリカ、チリ、アメリカの事例をあげ、他国での戦没者追悼や過去の克服の形を紹介した。こうした国際比較手法をとりつつ、朝鮮、台湾、満州での植民地支配や、大東亜共栄圏構想にも射程を伸ばしている。朝鮮および中国東北部の併合という論点については、各国の専門家にコメントを求め、現地の被害者にインタビューをおこなった。このような手法をもちいることで、戦争や植民地支配の責任を負うのは一握りの「無謀な指導者」だけではないことを浮き彫りにした。しかしこの企画は責任の所在をはっきりさせるところまではいかず、支配地における日本の民間人、実業界、軍部の共同責任については読者に結論を委ねている。

また、戦争体験を記録して将来のために保管せねばならないという切迫感から、オーラル・ヒストリーの企画も生まれた。大規模なものでは、NHKが放送した『証言記録　兵士たちの戦争』がある（二〇〇七－一二）[61]。イギリスBBCの企画『第二次世界大戦　民衆の戦争』と同じように戦争証言の電子アーカイブにもなっていて、ウェブ上で読むことができる。NHKは調査を進めてインタビューを記録してゆき、まとめたものを二〇〇七年八月から太平洋戦争開戦後七〇年の二〇一二年まで放送した。戦場での毎日、そして生存するために何をしたかが、兵士自身の切実な言葉によって語られる。壮絶な出来事の証言から浮かび上がるのは、兵士たちの悲壮な姿である。証言者は凄惨な体験に煩悶し、危機に立たされ保身に走ったことに負い目を感じ、自分の醜い行動を恥じ、残虐行為への後悔に胸をしめつけられるような思いを抱えていた[62]。生き残りたい一心で卑しむべき行為をはたらいた自分への嫌悪や、自分を人間以下の捨て駒のようにあつかった上官への憎悪が、証言には満ち満ちている。戦争による人間性抹殺を暴く生々しい証言のなかのアジア太平洋戦争は、英雄や勇士のイメージからはほど遠い。

自身の体験の意味について振り返る元日本兵の言葉が明るみに出すのは、ほとんどの人が戦争の苦しみのなかになんの救いも見いだしていないということである。憤懣や怒り、罪悪感、嫌悪感、死者への痛切な思いをいつまでも残したまま、答えを見つけられずにいる。そして受け手側は、証言を読み、あるいは聞きながら、自分なりに戦争について考え、結論を出すしかない。部隊退却のため負傷兵を殺害するときの気持ち。[63] 現地の農民から食料を奪うときの心理。[64] 戦略もなければ戦術もない、人命を無駄にするだけの前進命令に従わされる人のやり切れない気持ち。[65] 人命よりも軍事作戦が重んじられる現実。[66] 生き残ったことに対する罪の意識。[67] 捨て石として見殺しにされた人への思い。[68] 無駄な苦しみを味わわされたことへの怒り。[69] 精神を病むようになった人のこと。[70] あまりの激痛に耐えられず自害した人のこと。[71] 敵を殺すということ。[72] 生き残るために人肉を食べること[73]――。証言のなかに見える唯一の救いは、部下を助けるために自らの命をなげうった部隊長のように高潔な人もいたということや、[74] 兵士たちのあいだには強い連帯感もあったということである。[75]

月刊『世界』に掲載された連載記事には、中国で戦犯として抑留された日本の加害者が自身の残虐行為を認識するまでの心理的な軌跡が淡々と描かれている。一九九七年から一年半にわたって、精神科医の野田正彰は元日本軍人数人の心の旅に加害のトラウマがどんな影響を及ぼすかを調査した。[76] ヴェトナム帰還兵に関する調査をおこなったアメリカの精神科医ロバート・リフトンと同じように、[77] 野田は元日本兵が精神的回復にいたるまでの苦しい道のりを記している。心の痛みを意識し感じはじめ、自身が殺害した中国兵やその家族への共感共苦の気持ちをいだくようになり、残虐行為を認識し、自らの罪を認め、人間らしさを取り戻すまでの軌跡である。帰還後にかつての戦犯たちは、講演したり手記を公表するなど、良心に従って活動した。九七年から自分たちの雑誌の発行も始めた。[78] 野田の研究のおかげで、一般の読者もそうした人たちのことを知り、理解することが可能になったが、同時にまた、帝国主義イデオロギーに染まっていた兵士たちは罪を認識できるだけの感覚が麻痺し、その能力さえなかったということも明らかになった。精神医学の専門家によるこうした加害者像の研究は、日本には最近までまったくといっていいほど存在しなかった。

野田の著作に、湯浅謙という人が紹介されている。中国の抑留所で戦犯として起訴、抑留されたのち日本に戻り、中国帰還者連絡会（中帰連）の一員として日本の戦争犯罪に対する償いの活動をおこなった。自分が中国山西省の病院で軍医として奉職していたときに犯した罪について、何十年ものあいだ公の場で語ってきた。「手術演習」のため、一四人の囚人を殺害したという。自分の犯した過ちを何度も告白するのは辛いことだったが、湯浅が言葉を濁したことはない。二〇〇〇年のインタビューでもありのままを記者に語っているし、団体のウェブサイトでも他の元日本兵と同様、自身の証言を公開している。

「日本軍が中国に侵略していった目的は、何だと思いますか？……資源の略奪に行ったんです。そのために、中国に強盗に入ったんですよ」。

……「僕の仲間が誰もしゃべらないから……殺された中国人たちの供養のつもりで話します」

……「私は七回にわたって……一四人の中国人を……生体解剖してしまったのです[79]」

「知りつつも知らない」状態のまま埋められていた記憶の暗黒面に改めて光を当てる。野田の著作は、その流れを先導した代表例といえる。

元NHKプロデューサーの桜井均は戦争をあつかった戦後のテレビドキュメンタリーに関する著作のなかで、初期の作品を自ら批判して「閉鎖回路の言葉」「モノローグ」と呼んでいる。プロデューサーたちが世界から隔絶した形で被害の側面を強調しようと払ってきた努力は、実のところ日本国内にしか通用しないものだったと振り返る。しかし一九九〇年代から二〇〇〇年代になると、日本の戦争犯罪と加害の過去に対する責任という不快な主題を、終戦記念の企画で避けて通ることはできなくなった。海外に残されている証拠や証人を追跡したり、欧米のアーカイブ資料を使用するなど、最近のドキュメンタリーの多くは奥行きを感じさせる調査報道になっている。八月のテレビ番組ではこうした批判的なドキュメンタリーやドキュドラマが柱になり、視聴率も稼いできた。なかでも週に二回、プライムタイムに放送される『NHKスペシャル』の調査報道は長寿番組で、過去に何度も賞を獲得している。この番組は戦争の記憶を形成し、さまざまな世代に伝達する大事な役割を果たした。加害の語りも取り上げている。ときに賛否両論を巻き起こしてきたが、その政治的傾向が公共放送局の本分を逸脱することはなかったと言っていい[80]。

『NHKスペシャル』の作り手は今や戦後世代だけとなっているが、彼らの送り出すアジア太平洋戦争についてのドキュメンタリーは上質の調査報道であり、戦争に関する数々の論点を浮き彫りにしてきた。とくに注目したいのは、組織としての軍部とその行動を掘り下げた番組で、たとえば海軍が戦時中に失敗や犯罪を組織的に隠蔽していたことを明らかにした作品（「日本海軍四〇〇時間の証言」、二〇〇九年）[81]、戦争を止めることができなかった軍部と政府、エリート、メディアの日和見主義と怠慢、馴れ合いを抉り出した作品（「日本人はなぜ戦争へと向かったのか」四回シリーズ、二〇一一年）[82]、戦争資金を稼ぐため日本軍が中国で阿片取引に関わっていたことを報じた作品（「調査報告――日本軍と阿片」、二〇〇八年）[83]などがある。

終戦から六四年目の二〇〇九年にＮＨＫが三夜連続で放送した番組（八月八日、九日、一〇日）は、かつての帝国海軍士官が戦争への反省を語るという内容で、発見されたばかりの録音記録をベースにしていた。元士官たちは一九八〇年から一九九一年にかけて一三〇回以上会合をもち、率直に意見を交換していた。その記録が四〇〇時間分の録音テープの形で残されており、これが番組のもとになったのだった。東京裁判で海軍指導者を守るために画策をめぐらしたこと、インドネシアや中国で海軍がどんな犯罪を犯したか、天皇の戦争責任についてどう思うか。それらについての遠慮ない意見が明らかにされる[84]。番組はまた、元士官たちの子供に取材し、士官たちの行動やその動機の理解を試みている。「やましき沈黙だったんだよ、海軍は――そういう発言を私は［父から］聞いていますね」、「特攻はよくないっていうことは［父から］何回も聞きました」。子供たちの発言からうかがえるのは、罪の意識をほのめかすことによって父親たちの肩の荷がいくぶんか軽くなったのではないか、ということである。

士官たちのずさんな対応や責任感の欠如を示す証拠を積み上げることには強い蓄積効果があるが、番組は批判の矛先を士官たちへ直接向けるところまではいっていない。しかし集団としての彼らが受け身の姿勢で、困難に立ち向かう勇気に欠け、他人の顔色をうかがっていたことを明らかにした。帝国海軍は帝国陸軍と同罪であり陸軍に劣らず利己的だということを、資料自体に語らせている。[85]

その六年後、つまり太平洋戦争開戦から七〇年目を迎える二〇一一年の『ＮＨＫスペシャル』では、勝算のない対米戦争に踏み切る決定が下された理由を問う四回シリーズが放送された。[86] 同年一月から三月にかけての放送後、八月に再放送されている。番組では一九四一年の太平洋戦争突入にいたる歴史的背景に切り込んだ。ここでは外交官、軍隊、メディア、国家・軍部という四つの主体に照準を絞っている。個人を名指しして非難することはないが、番組全体に重苦しい雰囲気が漂う。番組では四つの集団のいずれにも責任意識がまったく欠如していたことを前面に押し出しながら、おびただしい数の過ち、それがもたらした悲劇的な結末をあぶり出していく。国家の検閲機関と密接に関わりつつ、戦意を高揚させ、熱狂をかもし出したマスメディアを厳しく非難している点も指摘しておきたい。司会の言葉からは、戦後世代はこの歴史から教訓を学ばねばならないというメッセージが伝わってくる。

大事なことは、多くの皆さん方が、ほとんどすべてといっていいほど多くの皆さん方が戦争というのは愚かなものだということに気づいていながら、しかし戦争の道をたどってしまったという事実の重さであります。いやあ、あれは一時期の狂気のせいだというだけでかたづけてしまうわけにはいきません。日本にもおびただしい犠牲者が出ました。この多くの犠牲になった方々を思うとですね、私たちは、少なくともなぜ私たちはあのとき戦争への道を選んだのかということを、考えるのをやめてはいかんのだろうというふうに思います。[87]

戦争の愚かさと悲惨さ。繰り返されるこの主題は、『NHKスペシャル』「赤紙が来た村――誰がなぜ戦場へ送られたのか」でも取り上げられた。この番組では、生命と生活を破壊された富山県のとある村に取材している（一九九六年八月放送）[88]。兵事資料によると、この村は八年のあいだに二四六人が赤紙で召集された。番組では村人に犠牲を強いた国家を影の加害者とし、村の人々と経済が国家の名のもとに蹂躙された経緯が陰鬱な調子で語られる。帰国後にチューリップ畑を再生させた元日本兵の静かな怨念がインタビューの底流をなしている。一五歳で召集されたという農家の男性は、国家へ忠を尽くすという運命を、「むごいもんだと思った」。三度、四度と赤紙を受け取った人もいる。四四歳になっても召集されたという人までいた。幾多の人々が戦死したが、その死は無駄死にだったという結論が導かれる。国民は戦争指導者に騙されて、戦場に赴くという間違いを犯したのだと多くの人が考えている。こうした認識に齟齬を生じさせないようにするためには、無駄死にとして説明するしかない[89]。国家から強制と搾取をうけ、挙げ句に裏切られたという気持ちは、小泉談話のような公式談話で簡単にしずまるものではない。

ＮＨＫはドキュメンタリーのなかで次々と新たな事実を掘り起こしてきたが、同時にそれ相応の政治論争も発生している。二〇〇一年にも、ＮＨＫ教育テレビが政治圧力に屈し、従軍慰安婦に対する犯罪を裁く「女性国際戦犯法廷」の描写に手を加えたとされる事件が起きた。この民衆法廷は女性が自主的に起こした東京裁判への対抗裁判で、二〇〇〇年のパールハーバー・デーに開廷、「性奴隷制」にからむ戦争犯罪を犯したとして昭和天皇ほか数名を起訴した。番組が「改変された」ことについて著名なフェミニストでジャーナリストでもある松井やよりがその後訴訟を起こし、従軍慰安婦問題と番組はより広く知られる結果となった。[90]

戦時中の加害行為に関するこうした説明には、批判がないわけではない。このような語りは加害者の動機や感情への深い理解を促すわけではなく、そこには過剰な「政治的正しさ」(political correctness)があると指摘されている。[91]そして、加害の過去は消し去ることのできないもので、国民のアイデンティティとして受け入れるべき日本の歴史の一部であると、広く一般市民が認めなければ認識が深まることはないとも言われる。平和への誓いが添えられることが通例となっているが、そうした誓いは植民者、侵略者、戦犯、「普通の」兵士といった加害者の役割を曖昧にし、加害者が「私たち」に含まれるのか「彼ら」なのかを不明確なままにする。このような批判的視点から見れば、語りの受け手と加害者との関係を曖昧なままにすることは、日本の戦争責任について受け手が自己本位の結論を導き出す可能性を残すことにもなる。

これとは対照的に、政治的反対陣営から見ると、加害の語りは「自虐的」で「偏向している」。そうした人たちは『NHKスペシャル』の報道に、不徹底ではなく行きすぎという批判を向ける。[92]

祖父たちの立派な戦争

第二次世界大戦では善が悪に勝ったという世界観が欧米では支配的なので、日本が過去と折り合いをつけるなら、この「異常」(deviant)という烙印《スティグマ》とそれに込められる道徳的裁定にも向き合わねばならない。大量虐殺をおこなった者は狂信的で野蛮な遅れた人間、標準から逸脱した者とみなされる。また国民の品格自体も問われる。社会学者のアーヴィング・ゴッフマンによれば、スティグマとは

「人の信頼／面目を失わせる働きが非常に広汎にわたる」属性のことを言い、それを押しつけられた人は「健全で正常な人から汚れた卑小な人に貶められる」という。[93] このような烙印は、簡単には消えない。世界の大衆文化の大きなキャンヴァスの上に、こうした日本人像は、カリカチュアやステレオタイプとして広がっている。外国で負の日本人像を押しつけられて嘲笑され、身がすくむ思いをする――日本人がそういう経験をさせられることは十分ありうる。長い戦後のあいだにこうしたイメージを私たちも内面化してきたといえる。

汚れた日本人像が長きにわたって日本国民の自尊心をくじいてきたのも無理からぬことだ。これは、とくにネオナショナリストにとっては許しがたいことである。一九九〇年代から二〇〇〇年代にかけて、文化メディアは汚れた日本軍という烙印を払拭するような新しいイメージづくりに取り組んだ。以下ではその効果を考察する。新しいイメージづくりを狙った作品には、「祖父もの」が多い。じいちゃんたちの戦争という設定によって親近感を醸し、身内に対するような親しみをそそることをめざす。これまでのそうした作品には、勇敢に戦ったが家族のもとに帰ることができなかった英雄を描いた物語が多い。しかし最近の「祖父もの」では、別の結末が模索されている。「登場人物は死ぬことで英雄になるが、戦争そのものは敗戦に終わる」というプロット上の欠陥を補うためだ。代わりに登場するのは戦争をくぐり抜けた祖父――生き残って皆の命を救ったり、作戦上の誤りがあったにもかかわらず生きながらえたり、家族の未来のために生き抜いたりする祖父たちである。殺戮の現場で生き残った人を思いやりのある祖父としてそれなりの説得力をもって美化するのは簡単なことではない。自らを国の犠牲にするのではなく、大切な人のもとへ戻るために自身の命を守ろうとする、優しい戦士を現実的に描くのも、だいぶ無理がある。[94] だから、現代の感覚に合う「思いやりのある優しい、かっこいい祖父」を演出するには、命をかけて祖国や天皇のために戦ったのではなく、愛する人を守るために戦ったことにするしかない。

いうまでもなく、こうした戦争像や家族像は、二一世紀の理想に合わせ、恋愛の時代に育った若い受け手の心に響くよう更新したものである。戦中世代は概して、家族生活に対する愛着が今の人たちよりも弱かったが、このことはあまり知られていない。この世代は恋愛結婚でなく見合い結婚が普通だったし、子供を手放して養子に出すこともあった。[95] また、愛国、滅私奉公という戦時中の風潮のなかでは、母親が息子を戦争で失えば名誉なこととされ、悲しむ姿を人に見せてはならなかった。しかし夫婦愛、家族愛が重視される今では、望まれる理想像を修正しなければ受け手の共感は得られない。そのようなわけで、尊敬すべき日本軍人像の改良版をつくることも、夢を描くことも大切になってくるのである。

改良された英雄は、戦争で死ぬとは限らない。新しい戦争映画や戦争小説に出てくる日本兵は天皇や国家のために命を投げ出すのではなく、「大切な人」、つまり親や妻、子供、兄弟、友人を守るために戦う。国家のために戦って死ぬ「英霊」を描くのではなく、生き残ることに価値をおくようになったのは著しい変化といえる。皮肉にも、今のメディアで戦争の英雄になりうるのは平和と愛を求める人である。

戦後世代の感性をとらえようとするこうした映画でも、敗戦の設定は多様で、主人公もさまざまである。思想犯として獄死した学者とその妻。無実を訴える戦犯。部下の命を守り、戦後は恋人と結婚する優しい海軍少佐。戦場で四肢を失うまで戦い、勲章を授けられて帰還したが、中国での強姦や残虐行為の記憶に苛まれて自分の妻を虐待する復員兵。戦時下の混乱のなかでも心を高くもち、子供たちを導く仕立て屋の主人。戦闘機が殺戮兵器にもなりうることを省みず、世界最高の飛行機の設計という夢を追い求める技師――最近の作品に登場する主人公たちである。[96] こうした戦争映画は、「これが真実だ」と声高に主張するというより、大きな全体を構成する多様な断片に光を当てるという性格をもつ。そこで断片をつなぎ合わせるのは観客の役目となるが、主人公たちの内面は複雑で、理解しようとしてもつねに不完全なままに終わる。

『真夏のオリオン』(二〇〇九年)などの最近の映画は、企画から脚本、製作、キャストにいたるまで、戦争を体験したことのない戦後世代が担っている。戦争体験がないとはいえ、この世代は第二次世界大戦における日本の行動と敗戦が、日本軍に消すことのできない汚点を残したことを知っている。しかしこうした戦争映画では、軍人の主人公が悲劇の死をとげることも戦争の犠牲になることもなく、勇気と不屈の精神で生き残る。『真夏のオリオン』は、玉木宏扮するハンサムな倉本艦長を中心に物語が展開する。倉本は太平洋海域で米駆逐艦の作戦を打破する任務を帯びた潜水艦の艦長。狂信的な日本軍人というイメージとは裏腹に、倉本は優しくて心が細やかなうえに、勇敢かつ聡明で、決断力のある指揮官である。自分の任務と責任は、部下をいたずらに死なせないことにあると考えている。だから魚雷を節約せねばならない状況にいくどとなく陥っても冷静沈着を保ち、人間魚雷(「回天」)の投入を回避する。「回天」搭乗員として自ら進んで艦に乗り込んでいた四人に、理性と熱意を込めて語りかける。「いいか……俺たちは死ぬために戦っているんじゃない、生きるために戦っているんだ。……人間は、兵器じゃない。たった一つの命だ。……もったいない」（強調は引用者）。

　親友の潜水艦が沈み、友を失うが、倉本は生還して親友の妹と結ばれ、平穏な戦後を迎える。映画は孫娘に倉本の戦時中の武勇伝が明かされるという設定になっている。戦争や軍人を賛美した作品としてこの娯楽アクション映画を批判するのは簡単だが、特攻という戦法を徹底的に否定している点は認めるべきだろう。人間として、敵も味方も、また上司も部下も尊重し、捨て駒として部下をあつかうことを断固拒絶する。そんな日本人が息づく、脱臭され改変された過去のなかに、観客は良心を見る。この改良された新しい軍人像を通して、観客は「真の勇気」を体現する艦長に自己を投影し、喝采を送るようになるのだ。ちょうど『プライベート・ライアン』でトム・ハンクス演じる米軍大尉に観客が共感し、拍手を送るように。『真夏のオリオン』は、「異常なジャップ」というレッテルを剥がし、日本人が誇らしく思えるようなものとして日本軍を仕立てなおした。このような「祖父」の物語が、今は増えている。

　かくて、望ましい軍人像は、家族思いで心優しい人ということになった。立派な祖父の物語のなかで戦後の観客は、美化された、勇敢で自分の心に正直な軍人に自己を投影できるようになる。似たような新しい大衆ファンタジーが、続々とつくられている。ベストセラー小説で映画化もされた『永遠の０《ゼロ》』では、毎日を無為に過ごしていた孫息子が祖父の人生をたどり、その過程で人生の本当の意味とは何なのか――つまり家族を愛すること、そして国家や天皇のために命を捨てたりしないことが大事なのだということ――を学ぶ。帝国海軍の天才的な零戦パイロットでありながら、この信条を曲げなかった祖父の勇気が物語の核をなしている。主人公の宮部は冷静沈着なパイロット。心優しい士官で頭脳も明晰、愛情深い家庭人でもある。しかし余儀ないことから特攻隊員となり、終戦直前に戦死をとげる。零戦パイロットへの賞賛に、才能ある若者を国家の名のもとに死へと追いやった特攻という制度に対する痛恨の念を織りまぜる。(97)

こうした物語は、グローバル娯楽メディアに染みわたった「愛する人」とか「家族愛」といったロマンをふりまく若者向けの娯楽ファンタジーといえるが、『永遠の0《ゼロ》』には戦争に対する反感も垣間見える。ここでは日本の若者が無益な死に向かっていった元凶として、無能な海軍官僚や利己的で臆病な軍幹部などに非難の矛先を向け、特攻隊員も熱狂的ウルトラナショナリストの自爆犯ではなく、「心ならずも」死んでいった「いい人」にすり変えているからである。家族のために生きたかったのに、死んでしまった人——。しかしこのロマンに説得力をもたせるためには、一九四一年に始まった対米戦争を物語の出発点にしなければならない。そうしなければ、このかっこいい祖父がそれ以前に中国で何をしていたのか、たとえば重慶爆撃のような忌まわしい無差別爆撃をしていたのかを話さねばならなくなる。だから、この物語で日中戦争が都合よく省かれているのも不思議ではない。

皮肉なことに、こうして戦後世代が仕立てなおしたフィクションのなかの祖父は、戦勝国の映画で描かれるヒーローなどとあまり変わらない。勇気や節義、能力、真心、熱意といった資質は、ありていに言ってハリウッド映画のヒーローによくみられるものである。戦時中の日本が重んじた勇気と忠義の究極形——天皇や祖国のために自分の命を進んで捧げる心——は、「平和を愛する」現代の日本で家族、愛、幸せのために生きるという理想とまったく両立しえない。商業メディアがここで克服しようとしているのは、戦争の現実と個人の理想の矛盾である。

現在の若い受け手は、このような報国の物語にどんな反応を示すのだろうか。二〇〇一年八月一五日、五六回目の終戦記念日に放送された『NHKスペシャル』では、スタジオに招いた四〇人近くの若者に戦争当時の日本、とくに特攻作戦で戦死した若者についての考えや印象を語らせている。皆が思い思いのことを語っていた。

「彼の気持ちは、私にはわからないというのが正直な気持ち。……まだまだ若いのに自らを棄てざるをえなかったとは、戦争の愚かさ、怖さ」

「僕にはたしてできるだろうか、「いや」できない。どうして大義が若者を動かしたのか。やはりそうせざるをえないから死んでいったのか、僕にはわからない」

「わかるような気がする。自分もそうしたかもしれない。戦前と今と似ている部分がある。節操がない」

「「仕方がない」と言うのは便利なのでは」

「仕方がないと言うのはフラストレーション。あきらめです」

「私は仕方がないと言うのが好き。公も考えない。自分のことしか考えない。頑張りたくない。仕方がないを一〇〇回でも言います」

「[戦後すぐに]ガラッと変わったのは、だらしがない」

「まだ過去は終わってない。韓国の友人にとって、過去ではないんです。悔しさを引き継いでいるんです。新しい絆を謝ることから始めないと」

「国って重いなってジンと感じるんですけど、どう総括していけばいいのか、何を信じていいのか、不安がある」

「わからないなあ。もう責任とるって全然わからない。自分はどうするのか」

「これから戦争をしないというのが、責任のとり方と思う(98)」

この若者たちは戦争についての感想も理解も、そこに何を見るかもまちまちである。それでも、戦後世代が共有している感性を垣間見ることができる。戦時中の大義に対する懐疑。道徳観を転換した戦中世代へのかすかな軽蔑。自分たちに託された指針が「不戦の誓い」しかないことへの不満。それでも平和を尊重する心情、である。

国民としての帰属意識と阻まれた他者への共感

社会学者の福間良明は、こんにちのメディアにみられる加害の語りは過剰な「正しさ」を追求するあまり、自己満足にとどまっていると批判する。また、被害の語りについても、それが加害の罪を追及せずに済ませるための安全地帯として使われていることに批判的である。両方の立場を重層的に理解するためには、二つのつながりを把握し、加害と被害を結ぶ回路をつくり、認識を深めつつ両者の橋渡しをしなければならないと福間は説く。加害者であり被害者であるという認識を深めることで、私たちは加害者自身の複雑な心情を推し量り、自分も同じ状況におかれていたら、はたして違う行動をとっただろうかと考えることができる。人間は加害者であり被害者でもあるという重層的な認識を得ることができれば、新しい思考回路を編み上げることも可能になるはずである。[99]

この思考回路をつくるためには、日本帝国がおこなったことに対する責任意識をより強くしなくてはならないと、歴史家の荒井信一も指摘している。[100] この意識が弱いと、アジアの被害者の心情を推し量ることができず、自分たちは戦争に巻き込まれたただの傍観者だったのだと思いつづけることになる。しかし帝国の責任を引き受けること、また協力の形が傍観だったにせよ、それは戦争に関与していたのと同じだという意識をもつことは大切である。以下に引く言葉は、それが戦中世代にとっていかにむずかしく痛みをともなうものであるかを明確に伝えている。

結局、少くとも、僕の年齢以上の者は男女にかかわらず軍隊または戦争の体験をもっているわけですね。多かれ少なかれ戦時下を生きてきたんですから、戦時下はむろんのこと戦後社会でも他人の足をひっぱったり、他人を出し抜いたりして生きてきたわけです。だから戦争責任を考えると、それは自分を否定することになりますね。……

……しかし日本人には難しいですね。……自分自身をズタズタにしないとできませんから、それに耐えられるほど日本人は精神的に強くない。[101]

記憶についてこうしたむずかしいアプローチをとるならば、「善」と「悪」を超え、統合された語りをつくる作業が必要になる。たとえば、兵士が加害者である反面、軍による虐待の被害者でもあったことを確認し、加害の行動は断罪する。このような善悪の分離を乗り越える語りをつくることは可能だろう。これは日本で敗戦の文化を久しく停滞させ、なおかつ「遠い他者」、アジアの被害者への責任意識を弱めてきた厚い壁を突破しようとすることでもある。[102] 小田実、鶴見俊輔、加藤典洋、小熊英二、吉田裕などの人たちは、善悪に分離できない人間の複雑な行為を掘り下げて理解する、という作業を長きにわたって続けてきた。[103]

歴史家の兵頭晶子も、加害者と被害者が表裏一体であることを示している。[104] 戦時には暴力に鈍感になることが必要だが、そのことはまた自分自身に向けられる暴力に鈍感になることにつながる。殺戮の訓練をうけ、暴力的な習慣を植えつけられ、実行せざるをえない状況に追いやられた人に――こちらがそうした行為をおこなうことなしに――心を重ねることを、兵頭は求めているのだといえる。殺人機械に変えられ、地獄で生き残るために悪魔と取り引きをせねばならなかった兵士に共感できる、そうした次元に到達することが、このアプローチでは必要とされる。こうした人たちを典型的な善玉や悪玉として片づけるのではなく、「自分の身にも起きたことかもしれない」と、当事者の身になって理解するには、加害者であり被害者でもある人を不完全な人間として受け入れることにも通じる。戦後世代の戦争責任意識はこの方向に着実に向かっている。最近の調査によると、戦争責任を担うべきだと考える人は、戦中世代に比べて戦後世代のほうが多い。[105] 日本が中国にもたらした惨禍を忘れてはならないとする人も、半数近く（四七パーセント）にのぼる。[106] 日本が戦争でしたことを自ら解明し追及する努力が不十分と考える人は、三分の二以上（六九パーセント）である。[107]

負の歴史の克服をめざすこうした包括的なアプローチを模索する過程で、戦後世代も、戦争に参加した個々人を単純に加害者と決めつけたり、被害者と断じたりしないようになるかもしれない。人間の営みをこのような視点からとらえることは、その重層性をしっかり受け止めることも意味する。それは、優しい人のなかにある邪悪さを受け入れることであり、いい人にも卑劣な面があると心得ることであろう。このアプローチを追い求めると、結局は白と黒が混ざった曖昧な領域、つまりプリーモ・レーヴィの言う「灰色の領域」（gray zone）に行き着く。[108]

英雄の語り、被害者の語り、加害の語りの共存を考察する際に念頭におきたいのは、それが同じ人のなかに内在しうるということだ。ある場面で被害者とされる人が、ほかの場面で加害者になることはありうるし、さらに違う場面で勇者としてふるまう可能性もある。他国への軍事侵略を強く支持した一家が、同時に無差別爆撃で大被害にあい、さらには空襲のさなかに近隣の人たちを救うということもありうる。侵略を実行した日本兵が軍隊内では虐待されていて、なおかつ捕虜の命を救った、ということもあるかもしれない。さらに複雑なのは、同じ家族のなかに反体制活動家と戦没者と戦犯――つまり英雄／被害者／加害者の各役割に当てはまる人たち――がいる場合である。特攻隊員はこの三つの側面を同時に体現しているからこそ、とくに私たちの心を動かすのかもしれない。

平和活動家だった小田実は、すでに一九七〇年代の時点で加害者と被害者を融合させる思想を打ち立てていた。終戦前夜の無意味で不条理な大阪大空襲を生き延び、ベ平連の運動を起こした自身の経験にもとづき、独自の見方を示している。加害者は人が殺人機械に変えられたときに生まれるもので、その原因をつくるのは強制力をもつ軍事国家である。民衆に拒否という選択肢が与えられないなかで、(徴兵の形で)軍事的権威によって加害者への転換が強制的になされる以上、加害者は加害者である以前に軍事国家の被害者である。これは加害者の犯した残虐な犯罪を不問に付すとか責任を解除するということではなく、加害の起源は国家の行使する別種の暴力にあることを意味する。加害者の加害者性を消し去ることはできないが、そうした人たちがもともとは被害者だったということも否定できない[109]。

私たちが被害と加害をつなぐ複雑な想像力に富んだ回路をもたないまま、戦没者を被害者として守ろうとするなら、それはアジアのほかの死者をずっと除外しつづけることにもなる。日本に多い被害の語りはいろいろな目的で利用され、敗戦の文化的トラウマを膨らませながら、ついには遠いアジアの被害者を公式の歴史やメディアから締め出してしまう。こうすることで、戦後世代の無関心や狭量さ、あるいは健忘症が生まれる。それはヴェトナム戦争からイラク戦争にいたる戦争でアメリカ人が見せる外国の死者への無知や無関心とそう違わない。私たちが「遠くの」人々の苦しみを「近くの」人々の苦しみと関連づけて考えることに慣れていないとしても、あるいは自分は無力だと思っているとしても、このままでいることの言いわけにはならないし、問題はなくならない[110]。日本が国家として存在しつづけるかぎり、戦争責任が消え去ることはないからである[111]。

社会思想史の研究者、仲正昌樹の指摘によると、自分たちが加害者であり被害者でもあるということが日本で曖昧な形でしか理解されていないのは、戦争への協力はすなわち加害であり、外国人に犠牲を強いることもすなわち加害であるという、二つの認識があまりないからだという。そうした状況を生み出したのは日本の左翼と右翼のご都合主義的な協働関係である、と仲正は言う。加害の議論を封じることは、左右両陣営にとっていろいろな意味で役立った。左翼にしてみれば、波風を立てないことで、市民の支持を失わずに済んだ。右翼にとっては、天皇を含めた日本人の罪責から関心をそらすことができた。沈黙によって多くの人たちが戦争に賛同・協力したことは見過ごされ、戦没者の無実を守ることも、国民にとってある種の義務になっていた[112]。自分たちが加害者であり被害者でもあるという認識を曖昧にする要因として、広島と長崎の記憶もあげられる。この圧倒的な記憶は、大規模な被害の物語の代表格として、広く行き渡っている。広島の語りは平和教育や平和主義者を育むうえで役に立っているが、人間の行為が暴力を引き起こすことを子供たちに認識させるのではなく、戦争という暴力の予測不能かつ恣意的な側面だけを強く印象づける可能性をもつ[113]。次の章では、子供への戦争記憶の継承という問題を見ていく。

第4章　戦争と平和の教育——子供にどう第二次世界大戦を教えるか

日本では毎年五月と六月に修学旅行シーズンが始まり、大勢の学生や生徒が観光と学習を兼ねて東京や京都、広島、沖縄といった場所に向かう。二〇一〇年春のある晴れた日の午後、京都の国際平和ミュージアムにもそうした小学生が団体で訪れていた。一九九二年開設の立派なつくりの博物館内を、明るい色のシャツやブラウスを着た八〇人ほどの男児や女児が歩き回り、さまざまな展示を見ている。そばには子供たちの案内役を務めるボランティアガイドがいる。こうした平和博物館は全国にたくさんあり、世代をつなぐ戦争の記憶をつむぎ、再生産する「平和教育」の場となっている。同館のアジア太平洋戦争に関する展示室では、子供たちが三人の戦中世代のガイドに丁寧な説明をうけながら、ぼろぼろになった軍服や旗、空襲に備えて照明を暗くした小さな茶の間の再現展示、粗末な配給品、原子爆弾の模型、学徒兵や焼失した市街の写真などを一つひとつ見ていた。戦時中は食べ物や衣類から信仰や思想にいたるまで、日常生活が統制されていたという話に聞き入り、配られたノートに自分の印象を書き留める子もいれば、ノートを持ったまま友だちといっしょに展示物のあいだを歩き回り、興味を引いたものを一瞥する子やしげしげと眺める子、説明板を読む子、思案深げな顔をする子もいた。

「三百万人の日本人が死んだの。でも、アジア人は二〇〇〇万人以上。六倍も七倍も、殺したほうが［死んだ人の数より］多いでしょ。たくさん人を殺しました。住民を巻き添えにしました」。孫を教え導くおばあさんのように、ボランティアガイドの女性が語る。しかし日常的な家族の語らいとは違い、ここで取り上げられているのは大量死の話にほかならない。「兵隊さんの半数は飢え死にしたの。輸送が止まったから」「それで、全滅するまで戦いました」。ガイドは自分の子供時代に起きた殺戮について、子供たちに淡々と話しつづける。となりにある戦時中の茶の間を再現した展示では、別のガイドが戦争をなぜ止められなかったかという話をする。「協力しないと『あそこのうちは非国民や』って言われてね」。質素な部屋のちゃぶ台を幼い来館者と囲みながら、母親が空襲に備えて窓をふさいだり照明に覆いをつけた話をし、来館者に臨場感を与えている。また別の男性ガイドは、原爆投下後の広島が写った大きな写真の前に子供たちを集め、教室で話をするベテラン教師のような口調で、戦争と平和が子供の生活にどんな関わりをもつかという話をした。「今、国連で核不拡散条約、NPTの話し合いをやってるけどね、日本は核兵器を欲しくない。もう、これはずっと一九四五年までつながってるけどね。広島だけでも半径二キロやられちゃった。だけど、今の核爆弾なら、たった三発で日本全部がやられる」。こう言われて、幼い聞き手は息を吞んだ。たった一つ落とされただけでみんな死んでしまうかもしれない。そういう考えに、幼い子供たちは突然向き合ったのだった。

数日後、東京近郊の博物館でも校外学習の子供たちが平和について学んでいた。その日は雨で、埼玉県平和資料館（一九九三年、東松山市の公園内に開館）には、赤い帽子をかぶった地元の小学生が大勢見学に来ていた。ここでは空襲と避難の疑似体験ができ、職員がその準備を整えていた。模擬「空襲」は、再現された国民学校の教室で愛国精神を説く教師の映像を生徒たちが見ているときに起きる設定になっていた。空襲警報が教室に響きわたり、子供たちは「防空壕」へと促される。壕内にいる五分ほどのあいだ、空襲時の様子が、立ち込める煙や閃光、爆発音などで再現される。不安げな子、戸惑った様子を見せる子もいる。もっとも、この疑似体験に備え、子供たちは事前に講堂で『最後の空襲くまがや』というアニメーション映画を鑑賞している。この作品は一九四五年の終戦直前に熊谷市が空襲をうけた史実にもとづいている。主人公は東京大空襲で両親を失い、熊谷の親戚のもとに身を寄せている七歳の女の子で、新たな環境になじもうと努力するが、この地でも空襲の被害をうけ、結局は命を落とす。日本にはこのような幼い子供向けの戦争物語はたくさんあり、戦争で死ぬ孤児の話もめずらしくない。このジャンルでもっともよく知られているのはアニメ映画『火垂るの墓』で、平和教育の一環として学校でもよく上映される。これも孤児の物語で、凄惨な空襲で母を、戦闘で父を失った子供たちが必死に生き抜こうとする姿を描いている。主人公は冷たい親戚に疎まれ、ついに一文無しになって路上で孤独のうちに餓死する。幼い観客は主人公たちに自身を重ね合わせ、戦争ではとてつもなく怖いことが起き、行き場を完全に失うこともありうるのだという実感をもつ。親兄弟や友だち、生存のために必要なものをなくす可能性は、自分にだってある。一人置き去りにされて非業の死をとげた人への同情や、そうした状況への本能的な恐怖心など、負の感情を掻き立てる物語を使うことは平和教育では多い。

イスラエルの哲学者、アヴィシャイ・マルガリートは『記憶の倫理学』〔未邦訳〕のなかで、負の感情は道徳意識を形づくる強力な要因だと述べている。(1) 悲しい過去の話を伝え、強い反戦感情を呼び起こす平和博物館は、そうした意識を具体的な形にした記憶の施設である。戦中世代が次々と世を去り、戦争体験談を家庭で直に聞く機会が減っていくなか、これらの文化施設は、世代をつなぐ戦争の記憶を形成するうえで大事な役割を果たしている。文化的トラウマにともなう負の感情を利用して平和主義の道徳心を育むというのは、このような記憶の伝達のためによく使われる技法である。そして、過去の継承の成否は文化的トラウマの象徴がどれだけのインパクトと持続性をもつかにかかっている。(2) 選択されるのは、恐怖の感情に媒介された、強力な語りである。つまり、平和教育には正しい戦争と正しくない戦争についての筋道立った論理的思考よりも、原初的な生存本能を利用して道徳心を育てる傾向がある。社会学者、村上登司文が最近おこなった調査によると、国を守るための「正義の戦争」という考えを支持する中学生が、イギリスの四四・五パーセントに対し日本が一三・一パーセントだったというが、それもこうしたことを考えれば、驚くにあたらない。(3)「日本の歴史には、かつて何かとてつもなくひどいことがあったらしい」という道徳的自覚を幼いころにもちはじめる日本の生徒たちは、起きた出来事の内容を必ずしもよく知っていたり理解しているわけではないが、この負の感情が蓄積していくにつれて、暴力の遺産に背を向けるようになる。

こうした平和博物館は、愛国的な武勇の語りを打ち出す戦争博物館とは大きく違う。世界の戦争博物館や軍事博物館――平和博物館に比べて種類も多く歴史も長い――は歴史上の人物が残した軍事面での英雄的業績を展示の形で伝え、過去の戦争や出来事に対する敬虔な態度を養うために建てられている。大多数の戦争博物館には軍事的伝統を礼賛する傾向がみられ、軍事作戦を解説したり、武器を展示したり、指揮官や兵士の物語を提示する一方で、戦争がもたらす人の死にあまり注意を向けさせないようにしている。ロンドンの帝国戦争博物館やパリの軍事博物館（オテル・デ・ザンヴァリッド内にある）も、軍事上の業績や英雄の残した遺産を賛美する博物館に数えられる。しかしこうした遺産への賛美は、自分たちの戦った戦争は根本から正しい正当性のある戦争だということを前提にしており、それによって道徳的説得力を得ている。そしてこの前提が無秩序な殺戮と戦闘の区別、また狼藉と戦闘の区別を可能にしている。日本の敗戦の文化のなかにこのような前提をつくり出すことはむずかしい。日本に戦争博物館よりも平和博物館のほうがはるかに多いのもそのためで、とくに後者は一九八〇年代から九〇年代にかけて激増した[4]。現在世界にある平和博物館の三分の一近く（六五館）が日本に建てられたもので、その範囲は北海道から沖縄に広がっている[5]。

東京の遊就館は戦争博物館の一つで、愛国的な武勇の語りを打ち出し、敗戦の烙印による影響を和らげることをめざしている。私営の博物館で、靖国神社（終戦のころまで政府の施設だった）が運営する。日本に敵対的だった戦争当時の世界情勢に言及しつつ、封建社会における武人の精神を近代における愛国心と同列にあつかうことで、「大東亜戦争」は戦われるべき正義の戦争であったという物語を蘇らせる。この物語は戦没者に対して恩義を感じさせるような構成となっていて、愛国の語りを補強するように多くの戦没者の遺影や遺品、書簡、特攻隊員の遺書が展示されている[6]。ここでは死という究極の犠牲を払った人間に焦点を絞り、戦闘が引き起こす暴力そのものは問題視しない。死者に対する負い目の感覚を強め、あるいは自国の名誉を守ろうという気持ちをあおるような旋律を奏でている。しかし不成功に終わった戦争のための悲劇的な死を描けば、それは崇敬の念よりも憐れみを、戦没者たちを模範にすることへの情熱よりも嫌悪感を掻き立てる恐れがある。「英雄」の肖像が若い来館者に衝撃と畏怖を感じさせることはあるかもしれないが、こうした悲劇の人物のあとに続こうという欲求を多くの人にいだかせるか否かを考えると、それはどうも疑わしい。ふたたび命を捧げるだけの価値を国家に与えるような抜き差しならない状況にもなければ、明らかな理由もないように思える現代にあってはなおさらである。

文化的記憶について考察したドイツの研究者アライダ・アスマンによると、二一世紀はじめの現在は、戦争をめぐる歴史の記憶が公共圏における文化的記憶に移行し、いわば翻訳されていく重要な時期である。(7) 戦中世代が減っていくにつれ、この世代の記憶とともに「決して忘れてはならない」という使命感をもつ戦後世代が増え、多数派になった。この翻訳作業は博物館や文化メディア、教材のなかで現在進行している文化的作業で、その過程で国民の語りは記憶され、設定しなおされ、再生産されている。悔恨の文化への転換をめざす戦後ドイツとは違って、日本の場合、戦争記憶の継承においては敗戦の文化を平和の文化に変換することがめざされている。そこには文化的トラウマの遺産が色濃くあらわれていて、自国民が味わった苦しみについての感傷的な記憶のほうが、アジアの植民地や占領地の人々にもっとひどい苦難を強いた罪よりも重視されることが多い。これまでに論じてきた英雄／被害者／加害者の語りという三和音が、この翻訳作業のなかで、博物館の展示や教科書、子供向けのアニメ映画・漫画の形をとりつつ展開されている。この章では、そうした文化資料に考察を加える。

社会にはトラウマとなった過去についての多様な記憶が重層的に共存している。多くの日本人は、過去の戦争について自分たちを侵略の加害者として記憶すると同時に原爆などの被害者としてもとらえていて、なおかつ勇敢な戦士だったとも考えている。一家族について、さまざまな記憶が重なり合っていることもある。たとえば、他国への軍事侵略を支持した一家が無差別爆撃の被害にあい、空襲のさなかに命がけで隣人を救ったというような場合には、その人たちについての記憶が加害、被害、英雄の語りという形で、同時に矛盾なく共存することもありうる。一個人についての記憶に関しても、同様のことがいえる。たとえば、侵略には加担したが軍隊内では虐待されていて、捕虜殺害の命令をうけたときに意図的に失敗したという日本兵がいるなら、その人についての記憶も加害、被害、英雄の語りという三つの形のままで矛盾なく共存することになる。一つの家族のなかにまったく違う戦争体験をした人たちがいて、戦犯、傷痍軍人、戦没者、思想犯、兵役拒否者などの記憶が不協和音を織りなしているという場合もあるだろう。このように、英雄／被害者／加害者の記憶の共存関係は切り口を変えても不安定で、単純な分類を拒むような道徳的不確定性を残している。この混沌とした記憶の共存関係が、「あの戦争」の道義的意味についての判断基準を曖昧で流動的にしているのは明らかである。

ただし分断された記憶はこのように相矛盾するものであっても、共同体をつなぐ一定の役割を果たしている。多種多様な記憶でも、「平和」や「悔恨」などの包括的概念のもとに共通の土台として構築されれば、それなりの社会的絆も築くことができる。[8] この力学のもとでは、各々の主張する史実が記憶作業の進行とともに変化するのではなく、特定の語りが時間や場所に応じて優勢になり、ほかの語りよりも突出する。そうした語りが他の語りに影を投げることはあっても、それらがすべて見えなくなるわけではない。つまり「過去と折り合いをつけること」とは整然と進められる直線的な仕事などではなく、波のように寄せたり引いたりする多様な歴史物語――両立不能で相矛盾し、状況に左右される多様な物語――の影響をうけながらおこなわれる複雑な取り組みなのである。

上からの歴史――教科書のなかの戦争と平和

歴史認識問題を抱えているのは日本だけではなく、世界にも例は多い。アメリカにおけるヴェトナム戦争や中国の文化大革命、ロシアのスターリニズム、イスラエルにおけるラビン首相暗殺のように、思い出すのもつらい過去、語るのもむずかしい歴史は山のようにある。[9] トラウマを残した過去に関する語りをどう組み立てるかという問題はたいていい議論を引き起こすが、これは解釈自体が分裂しているからというだけでなく、優位に立った語りが次世代への遺産に枠をはめることになるからでもある。教育分野では、政府が学習指導要領を定めるときに、歴史問題がいっそう複雑になる。トルコやフランス、ギリシャなどの国でも、社会科や歴史の教育は国が成し遂げた偉業を前面に押し出し、国家への積極的な自己同一化を進める役割を果たしてきた。[10] アメリカで過去に出版された歴史教科書も、たとえば冷戦時代などには道徳談を記載した代理イデオロギー戦争の舞台だった。[11]「教科書問題」は、どこの国においても長いあいだ政治や教育制度の変化に左右されてきた。[12]

日本では、そもそも社会科教育という科目が取り入れられたのが占領期（一九四五－五二年）であること、それがアメリカの介入で始められたということが、問題をさらに複雑にしている。社会科の導入は占領軍にとって、日本人を再教育し、日本をアメリカのような国に再構築する戦略の一環だった。戦前の歴史と地理、修身は国家主義や戦意の高揚のために使われていたことから、全面的に禁止となった。皇国への忠誠という古い権威主義的規範は民主国家における人権という新しい理想に取って代わられ、それは新しい社会の新しい市民がもつべき「正しい」理念とされた。こうして一九四七年に、日本の子供たちは戦前の国家主義的な教育に代わり、社会科でアメリカ型民主主義を学びはじめることになる。(13)

社会科はこのように不運な始まり方をし、主権回復後には政治論争を生んだ。(14) この教科は戦前の権威主義的教育と決別したいと思っていた人からは歓迎されたが、自分たちの重んじる政治的権威が顧みられなくなることを恐れる人たちからは疎まれ、イデオロギー闘争の焦点になった。アメリカの学校での進化論教育をめぐる対立のように、この論争は何十年ものあいだ文化戦争として戦われてきた。日本近現代史の学習をめぐる対立は、決まって政治性を帯びてしまう。社会科は教師のあいだでも「いやな学科(15)」だと言われている。

ここで問題になるのは、「望ましい国民意識」を育むために、(戦時中の政権や米占領軍がしたように)国が歴史教育をどこまで統制していいのかということである。統制賛成派――主として国家や文部官僚――にとっては、日本史の教育と学術研究とは別で、国の成し遂げた偉業の物語を大いに語り、未来の公民のなかに自国への帰属意識や誇りを涵養することも、それが歴史教育のなかでおこなわれるなら大きな問題はない。(16) その一方で統制反対派――主として教員や教員組合――は、教育の拠って立つべきは歴史学の学術的成果以外になく、国家は勝手に日本史教育に介入してはならないと弁じる。さらに、歴史教育では真実を教えることへの教員の権利、真実を学習することへの子供の権利が保障されなければならず、[17]したがって植民地支配や戦時中の残虐行為、戦争犯罪など（それが南京虐殺であれ七三一部隊の生体実験であれ、あるいは従軍慰安婦や三光作戦であれ）、日本の暗い過去をきちんと教えなければならないとの立場をとる。[18]つまり、社会科をめぐる問題で争点となっているのは歴史記述の正確さだけではない。これは、汚点も含めた歴史の重要な出来事を未来の世代に教える意味をめぐっての代理戦争でもある。

ここでは、次世代の日本人に戦争の加害の歴史をどう教えるかが、当然ながら大きな問題となる。教科書のなかで日本を間違った戦争の加害者として描くことは、まさにそのこと自体が国民の自己認識や自負心に傷をつけると言われ、長きにわたって論争の主因となってきた。一九六〇年代に始まった家永教科書裁判の核心には、加害の語りをどう明確に記すかという問題があった。すでに述べたように、家永は侵略行為に関する記述の変更を求める国家を相手取って、訴訟を起こした。九〇年代まで三〇年以上続いたこの訴訟は、日本の近現代史を通じてもっとも長い訴訟である。加害行為の批判的描写をめぐる問題は、八〇年代に始まった国際的な教科書論争の焦点でもある。論争をうけて、八二年には「近隣諸国条項」、具体的には教科書の検定に際し、戦争の被害にあった近隣諸国の懸念に配慮することを求める規定が設けられた。その結果、九〇年代後半には加害についての記述が増える。これがまた反発を招き、主として戦後世代の教育関係者や評論家のあいだで教科書論争が再燃。ネオナショナリストは、新たに出現した加害の語りを批判する書籍や記事を次々と発表して議論を巻き起こし、さらには『教科書が教えない歴史』（藤岡信勝・自由主義史観研究会）のなかで、負の歴史を正の歴史に転換するべく英雄の語りをつくり出した。こうした何十年かにわたる振幅運動は、「評価、反動、挑発、硬化」のプロセスを反復する振り子のような動きであるが、これも汚れた戦争の遺産や罪責と折り合いをつけるという、今も進められている作業の一環といえる。[19]

教科書が避けて通れない政治性という点以外に、教材に歴史解釈を助ける効果がどれだけあるのかという問いの存在も、これまで指摘されてきた。日本の高校教科書の記述はほとんどが「事実の羅列」で、解釈や視点、判断や評価を示すことを極力避けようとしているのがはっきりわかると、アメリカの人類学者トーマス・ローレンは三〇年前に述べている。それらは事実の一覧を掲載した古い型の教科書にすぎず、出来事についての有意義な解釈を引き出すような明確な語りの枠組みが欠けているという。[20] しかしそのころから、現代史をあつかった部分の量は確実に増え、戦争に関する記述ではかなりはっきりした表現が使われるようになった（学習指導要領は守られている）。だから現在日本で刊行されている教科書を全部同じようなものと考えることはできない。たしかに判型やページ数、造本、レイアウト、語句の意味、あつかう範囲、価格といった点では大差がみられず、一見したところは似ているが、記述にはそれぞれに違った視点が認められる。戦争の記述で使われている語句を注意深く見れば、強調点が異なること、主要人物の意図や動機、また権力や責任の所在についてのとらえ方が違うことがわかる。「誤った戦争」の遂行についての解釈を示すにあたって、それぞれが違う枠組みを使っており、各々に独自性がみられる。

たとえば、いずれの教科書も「満州事変」と日中戦争、太平洋戦争をあつかっているが、アジアの近隣諸国に対する侵略や占領の背後にあった国家の意図をどう描くかという点は異なる。領土拡大の目的は戦争遂行を可能にする戦略物資の確保にあったとする教科書もあれば、世界恐慌による経済危機を克服するためとするものもある。中国に軍部隊が配備されたのは領土獲得のためだったとする教科書がある一方で、日本に対する攻撃を防ぐためとみなすものもある。関東軍部隊が中央からの命令や政府の方針、国際合意などを無視した理由を植民地拡大という目的に求める教科書もあれば、国境防衛のためとするものもある。力のおきどころや物事の正否の判断がまちまちなので、戦時中の日本を侵略戦争に結びつけるうえでどの程度の違法性を認めるのかが違ってくる。それによって、日本の責任や罪の大きさにも違いが生じる。しかもアジア太平洋戦争に割かれる紙幅は少なく、視点の違いは事実上、そこで選択されるわずかな語句にあらわれているということができる。したがって、テキストを計量的に分析したのでは、こうした違いを見過ごしやすい。しかし、戦争と平和についてそれぞれが異なる解釈を若い読者に伝えているということは、間違えようがない。(21)

ここで五つの出版社から刊行されている歴史および公民教科書一五点を分析の対象として選んだが、いずれも高校生向けの教科書として広く流通しているものである。日本史A、日本史B、現代社会、政治・経済、倫理の五つの科目につき、採択冊数の多い上位三点ずつを選んでサンプルとした。(22) すべて二〇一四年版を使用する。この五科目については一一の出版社から総計五九点の教科書が刊行されている。(23) 一五点にみられる傾向をしかるべき文脈に位置づけ、確認する助けとして、二次サンプル(同じ教科書の古い版、および同じ出版社から刊行されている同じ科目の別種の教科書)とも比較する。この二次サンプルとして使用した三一点も合わせ、合計四六点を検討の対象とする。(24)

教科書は通常六人から一二人ほどの研究者や教員が執筆にあたり、後続の版でも、また学習指導要領が改訂されても同じ「型」がよく使われる。したがって教科書の表現形式にはたいてい、それぞれの出版社に特徴的な方向性が強くあらわれるようになる。同じ会社が出版する全社会科科目の教科書に同じ方向性が認められることもままある。学校では教科書を書名や著者名でなく、出版社の名前で呼ぶことが多いので（たとえば「うちのクラスでは山川を使っています」のように）、ここでもそれにならうことにする。日本史Aは近現代史を主体とし、日本史Bは通史をあつかうこととされている。二つとも選択科目で、高校生はどちらを選んでもよいが、両方を履修することはない。[25]

高校歴史教科書のなかの戦争と平和

歴史家のヘイドン・ホワイトは、歴史の語りのなかにはいつも倫理判断が含まれると述べているが、学校教科書における歴史の語りにもまさに同じことがいえる。[26]歴史の教科書は、あたかも道徳や倫理とは無関係であるかのように、経験的「真実」を生徒に伝えるものとみなされているが、どんな言葉や枠組みが選択されるかが、意識的、無意識的を問わず、読者の解釈に影響を及ぼす。そうした選択がもつ政治的意味や影響力が認識され、教科書のなかでは表現や言葉（code word）が慎重に選ばれる。教科書の倫理判断を読み解くには、それらの言葉に特別な注意を向けることが大切である。「侵略」「進出」「占領」「植民地化」などの言葉には、政治的、倫理的、法的な意味合いが加わっているので、著者も出版社も区別には注意を払っている。戦争への責任を匂わせるような箇所ではより細かい注意が払われていて、道徳的な意味合いはそれぞれに異なる。たとえば「軍部は……戦争以外に道はないと主張した」とか「当初の……予想をはるかにこえて全面戦争に発展した[27]」といった表現は、国家としての日本の側に悪意がなかったことを意味する信号を送っている。他方「日本は宣戦布告をしないまま、戦争を拡大していった[28]」とか「関東軍は計画的に戦線を拡大し[29]」という文言は正反対のことを伝えている。

大半の歴史教科書は一九二〇年代と三〇年代を、日本が戦争の道へと転がり落ちた、暴力と波乱に富んだ時代として、以下のように描いている——日本は誤った判断、誤った行動、誤った希望、誤った野心に導かれて転落に向かい、結局は欧米諸国との危険な対決に追い込まれた。二〇世紀前半の世界では、革命（中国とソ連）や戦争（日清、日露、第一次世界大戦）、各国の合従連衡など予想外のことが起き、日本の戦略は用をなさなかった。政策のレベルでも、政府の指導層が変わり、政治対立が強まり、国家主義者による暴力事件が増えるなど、きわめて不安定だった。全世界に人種偏見や抑圧、脅威、猜疑心、植民地主義的野心が横溢していたが、これは日本のせいばかりとはいえない。とはいえ、日本が一九二二年の九カ国条約（中国の領土的保全を保障する条約）に署名した事実、一九二八年のパリ条約（不戦条約、あるいはケロッグ＝ブリアン協定）に署名した事実、そしてアジア太平洋地域で戦争を始め、条約に違反したという事実は否定できない——。

アジア太平洋戦争の起源

では、アジア太平洋戦争を始めた理由について、生徒はどんなことを教わっているのか。高校教科書の示す枠組みは大きく二つに分けることができる。一つは、日本が自主的に戦争を選択したとするもの。帝国主義的野心が誘因となり、間違った軍事侵略によって実行に移された意図的な侵攻で、ついには血みどろの消耗戦になったというとらえ方である。二つ目は、選択肢がないなかでやむをえず戦った、必要な戦争だったとするもの。経済的・政治的圧力をうけてやむなくおこなった大陸の占領の延長線上にあるもので、長期にわたる大規模な戦争となったのは予想外のことだったというとらえ方である。[30] 生徒に示される枠組みがどちらになるかは、使用する教科書や補助教材、また担当の教員によって違ってくる。しかしいずれにしても、日本という国家が歴史の最重要な局面で多くの国民の命を犠牲にする、あるいは見殺しにする道を歩んだということが、行間からは読み取れる。

採択部数の多い教科書六点のうち四点は、一つ目の「選択による戦争」(war of choice) の枠組みを使っている。[31] そのなかの一点によると、日本は権力掌握と戦略物資獲得という確固たる目的のために中国と戦争を始めた無謀な国家である。中国に対する政治的影響力と資源をめぐって欧米列強としのぎを削っていた日本はこうした植民地主義的行動を、大国になるためにとるべき正しい道と信じていた。つまり日本はやむをえず戦争を起こしたのではない。東アジアの植民地化、土地と資源の搾取を積極的に進めていたのだ。[32] 別の一点も、この議論に共鳴している。「新秩序建設の真意は、アジアの平和ではなく、なによりも域内で日本の覇権を確立することにあったのであり、日本は戦争遂行のための資源を求めてアジアへの侵略をいっそう広げていった[33]」。中国に対する戦争は、戦略物資と領土を獲得するためにおこなわれた一五年に及ぶ(一九三一－四五年)侵略戦争である。このタイプの教科書は日中戦争をこのようにとらえる立場を堅持してきた。

ほかの二点は、やむをえず戦った「必要な戦争」(war of necessity) が結果として長期化し、拡大したと説明する。日本史Bの市場で多くの採択部数を誇る教科書によれば、一九二〇年代の日本は機能不全状態にあり、政党間対立や軍部内の抗争、あるいは戦略やイデオロギーの競合、社会運動から生じた危機を解決することができなかったのだという。統治機構の欠陥という問題も抱えていて、それが軍部に対する文民統制を大きく阻害していた。国家の指導層は一触即発の国際的危機に有効な行動をとることができず、国際主義者と国家主義者、進歩派と反動派、あるいは共産主義者、天皇主義者、平和主義者／国際協調主義者といった勢力のあいだで調整を図り、統制する能力もなかった。また、これらの教科書は国際社会、とくに中国やソ連、アメリカを日本が脅威ととらえていたことを重視する。この説明によると、日本が植民地を獲得したのはそもそも自国を守るためだったことになる。つまり、日本に敵対的な帝国主義列強が支配する世界では「戦争以外に道はない[34]」。

採択部数の多いこれらの歴史教科書のうち、第一のグループは日本が戦争加害国だったことを述べている。これに対して第二のグループは、日本が不本意ながら戦争を遂行することになったと語っているように読めるが、ここからもわかるように、いずれのグループも英雄の語りはいっさい使っていない。後者は採択部数で前者を上回ってはいるが、二つの「陣営」は歴史教科書の市場でほぼ互角の勢力を保っている[35]。アジアの「解放のための戦い」（war of liberation）という英雄の語りを打ち出しているのはネオナショナリストの教科書だけで、日本史Bの市場における同書の採択部数は微々たるものである[36]。

これまで、欧米メディアは日本の歴史教科書をひとまとめにして、単純に「醜い過去を封印しようとしている日本」というステレオタイプをつくってきた[37]。そうしたメディアになじんでいる読者には意外かもしれないが、最近の歴史教科書をよく読んでみると、実際には内容や主題の扱い方に多様性があることがわかる。そうであれば、高校の日本史A・Bで使用されているさまざまな教科書によく目配りする必要がある。以下では採択部数上位の教科書のなかから、「選択による戦争」という立場をとる教科書三点と「必要な戦争」説をとる一点を調査し、アプローチや戦争の意味づけにみられる違い、またそれぞれが若い読者に伝えているメッセージにも評価を加える。

(一)『高校日本史B』(実教出版)

中国に対する戦争は大陸の資源と土地を獲得するための侵略戦争だった、という立場を長年にわたりとっている。アジア太平洋戦争は一九三一年に始まり四五年をもって終わった一五年に及ぶ戦争で、第一次世界大戦後に主要軍事大国と締結した国際条約に抵触する。中国に対する政治的影響力と資源をめぐって欧米列強としのぎを削っていた日本は、植民地主義的行動を大国になるためにとるべき正しい道と信じていた。つまり日本はやむをえず戦争を起こしたのではなく、東アジアの植民地化、土地と資源の搾取を狙っていたのだ。この教科書はさまざまな人的要因に具体的に触れつつ、戦争へと突き進んでいった国家と軍の行動を説明している。たとえば天皇については、日米開戦の最終決断を下し、戦争の終結を遅らせる考えだったとするなど、戦争への関与を明確にする。また、主として満州や東南アジア、中国を舞台とする数々の加害行為(たとえば南京虐殺、毒ガスの使用、七三一部隊による実験)のこともくわしく述べている。アジア各国、具体的には中国、朝鮮、台湾、ヴェトナム、インドネシア、フィリピン、インド、マレー、シンガポール、ビルマの死者数の推計値も掲載している。[38]

(二)『高等学校日本史A』(第一学習社)

日本史Aの教科書のなかでもっとも採択数が多い。個々の人物を加害者として名指しすることには慎重である一方、日本軍の違法行為は具体的に説明し、現在アジアの被害者が補償を求めていることにも触れるなど、比較的バランスのとれた記述となっている。特筆すべきは、オリンピックの水泳選手・前畑秀子や研究者の朝河貫一、漫画家の手塚治虫、反骨の国会議員・斎藤隆夫、異端の外交官・杉原千畝といった著名人が戦時下にどんな経験をしたかを紹介していることだ。囲み欄を有効に使いながら、戦争に対する民間人の反応は完全に一色だったわけでも、誰もが満足していたわけでもないことを若い読者に伝えている。二〇一四年版では、日本がアジアにもたらした惨禍に触れた箇所でいくらか穏やかな表現を使っているが、重慶爆撃や南京虐殺、毒ガスの使用、強制連行、従軍慰安婦、七三一部隊など、民間人に対する日本の犯罪には触れている。しかし実教出版の教科書とは違い、大きな見取り図を示していない。同書に死者の推計総数が示されていれば、生徒は戦争による破壊の規模をよりよく理解できただろう。[39]

(三)『日本史A 現代からの歴史』(東京書籍)

日本を外から眺める視点をとっているという点で、独創性がある。戦争がもたらした途方もない損害と犠牲、長期にわたる影響を考察しながら、こんにちの日本と東アジアにとっての意味を問いかけている。著名な外国人研究者の文章が囲み欄に掲載されているのも目を引く。帝国主義戦争が現代に残した遺産について、アンドルー・ゴードン（アメリカ人）、孫歌（中国人）、テッサ・モリス＝スズキ（オーストラリア人）、イ・ヨンスク（韓国人）、ブリジ・タンカ（インド人）、ヴォルフガング・ザイフェルト（ドイツ人）、マフディ・エルマンジェ《〔ママ〕》ラ（モロッコ人）などの人々が批判的な見解を述べている。愛国心や自民族中心主義、植民地主義、戦後補償、第三世界の植民地化が何をもたらしたのか、その問題について考えることを、執筆者たちは読者に呼びかけている。この斬新な教科書は——実教出版と第一学習社の教科書もそうだが——日本が中国と東アジアの資源に対する統制を目論んでいたことを指摘するとともに、一握りの関東軍首脳部だけでなく、関与していたすべての者に責任を共有させている。(40) つまり「日本は戦争遂行のための資源を求めてアジアへの侵略をいっそう広げていった」のであり、「戦地では［日本兵が］激しい戦闘・病気・飢餓を味わうだけでなく、虐殺や捕虜への虐待、非戦闘員への暴行などを体験することもあった(41)」。この教科書は戦争責任の問題や、とくに一九九〇年代から二〇〇〇年代にかけて国際的な争点となった戦後補償に触れているという点でも注目に値する。(42)

（四）『詳説日本史B』（山川出版社）

大学の入試問題は同書の記述をもとにしているとも言われ、日本史Bの教科書のなかでは圧倒的シェアを誇ってきた。山川の教科書は戦争についての批判的記述を抑制する傾向があり、採択部数の多い教科書のなかではその点で際立っている。戦争の正否に関しては慎重に言葉を選び、国家の行動に過大評価も与えなければ批判も加えない。二〇一四年の版は一九二〇年代から三〇年代にかけての日本を機能不全状態にあったとしている。統治機構の欠陥という問題を抱えていた国家の指導層は器用に立ち回ることができず、複雑な国際問題に場当たり的に対処したのだという。満州に駐留していた好戦的な部隊が、日本の戦略的利害と安全を守るという名目のもと、単独で行動をとった。これが日中戦争の原因である。関東軍の軍事行動により占領地は拡大。その後も挑発行為が続き、ついには全面戦争に突入した。日本は当時、自国が国際社会、すなわち列強から重圧をうけていると認識していた。同書はこのことを強調したうえで、日中戦争はあらかじめ計画されていたものではなく、重なる不手際のせいで激化した紛争なのだと述べている。戦時中に日本がとった行動や死者の数、アジアの人々がうけた甚大な被害に関する記述は、ほかの教科書に比べると控えめである。(43)

アジア太平洋戦争でおこなわれたこと

ここに紹介する歴史教科書は戦時下にとられた行動とその結果を、似たような論点をあげて説明している。「選択による戦争」説をとる教科書の大半は、三光作戦（焼きつくし、殺しつくし、奪いつくす）のほか、従軍慰安婦や強制徴用者、捕虜の虐待、あるいは生体実験など、上海や南京、重慶、ハルビン、マニラ、シンガポールその他の場所で日本軍が民間人におこなった加害行為について述べている。たとえば日本史Aでもっとも採択部数の多い教科書は、重慶爆撃、南京虐殺、毒ガス使用、強制連行、従軍慰安婦、七三一部隊の問題など、民間人に対する違法行為を具体的に取り上げる。(44)「選択による戦争」説の教科書はそうした記述に続き、戦後補償や戦争責任にも簡単に触れている。しかし死傷者の推計値を載せてアジア太平洋戦争の全体像を示している教科書はごく少数にとどまる。[45]

「選択による戦争」説の教科書は、日本の加害や弾圧行為を視覚的に伝える写真も活用している。たとえば、砕石場で働く朝鮮人や、占領下の広東で検問をうけている中国の民間人の写真を掲載している教科書がある。[46] 別の教科書は、徴用された占領地の住民が泰緬鉄道の建設現場で働かされている様子をとらえた写真を載せているほか、植民地下の朝鮮に建てられた神社の写真のそばに、住民たちが参拝を強いられたことを説明する文章を添えている。[47] また、かつて七三一部隊が使っていた建物の写真を載せ、そこで三〇〇〇人もの中国人やロシア人が殺害されたことに触れる教科書もある。[48]

日本自身が殺戮の被害をうけたことを伝える図版も、若い読者の目に触れる。たとえば国外の戦場としてガダルカナル島が、国内については空襲をうけた東京や大阪、原爆を投下された広島や長崎が取り上げられている。[49] 日本国民が自身の国家と軍に隷属させられていたことが、市井の人々に対する抑圧の記録をたどる過程で浮き彫りにされる。新兵いじめ。[50] 沖縄県民の集団自決。[51] ソ連軍侵攻の際に軍部が満州開拓民を置き去りにしたこと。[52] 多くの若い命を奪った特攻命令。[53] 果たして日本国民は官憲を信じ、保護を頼ってもよかったのか。そんな問いを、これらの教科書は行間ににじませている。

これに対し、やむをえず戦った「必要な戦争」説の教科書は歴史を高所から語り、外交官や閣僚、軍首脳といった政治エリート、つまり国際政治の担い手を物語の中心に据える傾向がうかがえる。加害行為を示す図版をあまり目立たせず、日本軍の戦時下における行為と人的被害を批判的に語らないようにしている。ある教科書では、図版としてはおびただしい数の民間人が殺害された「南京事件」、シンガポールやマレーシアの民間人殺戮だけを取り上げ、説明もごく簡単に済ませている。[54] 朝鮮人強制徴用者や七三一部隊については写真もなければ言及もされていない。別の教科書は、アジアの人々の生命を奪い、生活を破壊したことよりも、人民戦線事件のような国内における抑圧のほうに的を絞って、国家に批判を加えている[55]。

加害の歴史——とくに何千万人ものアジアの犠牲者がうけた損害——に関する記述が中途半端だと日本史教科書を批判する人たちは、日本史教育のもつ内向きな性質を指摘する大事な役割を果たしている。たしかに、歴史教科書はいろいろな面で欠点を抱えている。ただ、それでも教科書は若い読者に大切な教訓を残すことができることを見落としてはならない。国家は敗北への道を突き進んだだけでなく、人々の命を犠牲にした。日本臣民の目前で起きたこの重大な裏切りのことを、読者はこれらの教科書を通して把握することができる。生徒の耳にする語りが日本のどんな点を問題にしているものであろうと——つまり、国家が無謀だったのか機能不全だったのかとは関わりなく——自分たちの国が近代史の重大局面で国民を守らなかったということを、日本の若者は必ず学ぶことになる。「臣民」たる男性も女性も、また子供も、自らの運命を国家に託したが、国家は最後の局面で人々を犠牲にすることも厭わず、たいへんな裏切りを犯した。背筋も凍るような話だが、つまりここで学ばれる道徳談、教訓とは、いよいよというときに国家が国民を見捨てたということである。国家と国民のあいだの信頼が壊れた。このメッセージは、歴史の教訓のなかでももっとも力強いもので、それは平和を希求する戦後日本人の国民アイデンティティを生み出した土台でもある。日本が平和であるかぎり、国家が国民の命を賭けに使うようなことは二度とできない。被害者の語りに埋め込まれているこの深い不安感は、日本の戦争記憶を文化的トラウマに変換しつづけている一要素である。教科書の再生産する文化的トラウマは、知識を伝え、教育する役割を担っているだけでなく、深いところから警告を発し、疑いを投げかける役目も果たしている。

公民教科書のなかの戦争と平和

高校歴史教科書とは対照的に、公民教科書の大半は、戦後日本社会の成り立ちや公民としての人々の性格という面に光を当てている。平和という道徳的価値観は公民教科書のなかに色濃くあらわれているが、戦争と敗戦の所産として平和主義に言及する箇所や、戦後の政治改革の成果として民主政治に触れる箇所では、その傾向がいっそう強くなる。平和主義と民主主義は戦後日本の核となる公民的価値とされていて、とくにそれ以前の負の歴史を否定する形で説明される。過去の日本とは異なる、現代の日本に格別の肯定的意味と正統性が与えられている。過去は権威主義的で軍国主義的、抑圧的で暴力的なものとして、「戦争の悲惨な体験」、あるいは「戦争の惨禍[56]」をもたらしたものとして描かれている。したがって、公民教科書が語る現代日本の物語は、軍国主義の暴力的な歴史の否認の上に打ち立てた平和国家の話である。

この「平和国家」は、状況や目的によってその内容が多様に変化する。それが市民意識を指すこともあれば、憲法の基本理念や道徳秩序、安全保障政策、反原爆思想、軍事力否定、悔恨表明、あるいは過去の過ちを繰り返さない決意を意味することもある[57]。公民教科書が定める「平和」にも、さまざまな意味が込められている。たとえば現代社会の教科書の一つは、日本が「徹底した平和主義を採用し……全世界の国民が平和のうちに生存する権利……を有することを確認した[58]」と述べ、平和を普遍的権利ととらえている。別の教科書は平和を悔恨の象徴とし、「こうした戦争への反省から、悲惨な戦争を二度と起こしてはならないと誓い、他国を侵略してはならないと決意した」と述べる。[59] 平和主義は、原爆の被害をうけたことへの間接的非難を意味することもある。たとえば日本国民について、このような主張がなされている。「世界唯一の被爆国の国民となり、戦後一貫して国際平和のメッセージを世界に発信してきた」。[60] 力点はそれぞれに異なり、時とともに変化したが、戦争のトラウマの記憶が、次世代に伝えたい道徳談の源泉、いわば指示対象（referent）になっていることは間違いない。[61]

平和主義に関するさまざまな定義の基底には日本国憲法第九条があり、公民教科書では当然ながら、その重い意味をかみくだいて説明している。戦争放棄と戦力の不保持、また紛争を解決する手段としての交戦権の否定を定めた第九条は、「世界史的な意義をもつ」「数少ない例」であると、その徹底した内容が評価されている。[62] 平和に関する規定のおおまかな説明は、現代社会であれ政治・経済であれ、いずれの教科書も十分に明快である。ところが平和と戦力保持、交戦権などの解釈をどのようにつなぎ合わせるかという複雑な問題については、それぞれに違う取り組み方をしている。この問題は自衛権や集団的自衛権、国民主権の行使をめぐる日本の政治的ジレンマの核心を貫いている。[63] どんな場合なら自衛といえるのか。どういう文脈なら自衛隊の配備を正当化できるのか。国家と軍部にふたたび軍隊の指揮を任せていいのか——記述の対象となっているのが自衛隊の配備であれ、あるいは米軍との協力や国連の平和維持活動への参加であれ、その行間からは戦略や戦術の次元をこえた「平和国家」の道徳的正否という問いが立ち上がってくる。

この数十年のあいだにアジアの地政学が変化し、それとともに憲法の解釈は議論を巻き起こしつつ発展してきた。第九条はもともとアジア太平洋戦争当時のような軍国主義を抑え込むために米占領軍が日本に導入したものだが、その後ほどなく自衛隊を正当化できるよう解釈が変更された。それは冷戦が発生し、朝鮮戦争が起きたときから六〇年以上、再軍備に関する論争の核でありつづけた。そこから生じた亀裂は、二つの政治陣営間の闘争という形になってあらわれた。アメリカは日本に戦略的基地を構え、自衛隊が軍事的役割を果たすことを全面的に認めているが、「武装平和」を主張する側は、たいていアメリカとの強い同盟関係を維持すべきだと唱える。こうした現実主義者は――その多くは戦争を最後の手段、必要悪と主張する反動派だが――ロシアや中国、北朝鮮といった核保有国に囲まれている日本の弱点を強調する。現実主義者にとって、自衛のための武力行使は正当かつ適切な行動にほかならず、憲法の認める範囲内にある。これに対し、「非武装平和」を唱える側はたいてい第九条の厳密な解釈を支持し、日本が安全保障面でアメリカに依存することに警鐘を鳴らすとともに、自衛隊のような軍隊の指揮権をふたたび日本政府に委ねることに不信感を募らせている。こうした理想主義者は――その多くは戦争を絶対悪と考える進歩派だが――国際的な安全保障秩序を保ちつつ、近隣の軍事大国と平和な関係を維持することは可能と考えている。憲法を厳格に解釈するなら、武力行使という発想は、たとえ自衛のためであっても疑問符がつくというのが理想主義者の考えである。しかしどちらの側も、根底にある政治的矛盾を解決できていない。近隣諸国に核兵器が蓄積されている現在、日本の平和追求は武装・非武装を問わず、アメリカの安全保障やなんらかの安全保障協定のないところには成立しえない。(64) このように、冷戦後の世界情勢の変化にともなって生じた一九九〇年代から二〇〇〇年代までの政策転換――有事法制やテロ対策特別措置法、ＰＫＯ協力法の成立など

――に関する多様な見解は、この二大陣営の対立によってほぼ説明できる。(65)

公民――現代社会と政治・経済

平和維持という概念はつねに流動的かつ難解なものである。これを説明する公民教科書は中立性を標榜しているが、前記のような対立を避けて通ることはできない。二つの公民科目（現代社会と政治・経済）のなかで採択部数の多い教科書はいずれも(66)、平和国家として道徳的に正当化できる「自衛」とは何かという大きな問題に取り組むより、特定の政策や法律、法解釈をめぐる論争を説明する形をとり、立憲平和主義の枠からはみ出さないよう注意深く議論を進めている。日本の平和をめぐる語りを構成するのは過去の戦争の記憶だが、それらをつなぎ合わせているのは憲法の短い条項で、その形態が崩れずに維持されているのは、核兵器を保有する世界最大の軍隊に依存しているためだ。つまり、この枠組みは矛盾をはらんだ、不安定なものである。そして、この矛盾を前提に市民意識を説明せねばならない教科書もやはり、「武装平和」（現実主義）と「非武装平和」（理想主義）の両方を紹介している。たとえばある教科書は武力による自衛の合憲性について、このように述べる。「こんにちの自衛隊にいたる日本じしんの軍事力の増強は、戦争放棄・戦力の不保持を定める第9条との関係で、はげしい論争の的となってきた。……最高裁判所が合憲・違憲について確定的な判断をしたことは、まだない(67)」。別の教科書は、自衛のために武力が行使される際に、国家権力を抑制することの重要性を説く。「有事法制の整備については、緊急時に政府がむやみに人権を制限することがないよう、その限界を定めるものであると歓迎する意見もある一方、基本的人権を侵害するものであり、憲法の平和主義と相容れないとの批判もある」[68]。ほかの国の公民教科書と同じように不偏不党であろうとしているにもかかわらず、「武装平和」への不信感がありありと読み取れる[69]。

公民でグローバル化した現代世界における日本と東アジアの関係をあつかう場合にも、戦争の長い影が見えてくる。広く使用されている政治・経済の教科書を見ると、いずれも東アジア諸国とのあいだに抱える戦後補償問題を取り上げ、過去との決別を議論の出発点にしている。とはいえ教科書は二〇〇から二二〇ページほどで日本と世界の政治・経済を概観できるようにつくられるものなので、従軍慰安婦や強制徴用者などによる権利主張の根拠、つまり戦時中に日本がおこなったことについてくわしく説明することはせず、基本的なことがらを簡単にあつかうにとどめている。ある教科書は未来の関係維持には和解が必要と説くなかで、「かつてアジア・太平洋地域を侵略し、大きな被害を与えた日本は……平和国家としての理念を明確にし……第二次世界大戦中に日本が与えた被害に対する戦後補償をめぐる問題などにも、真剣に応えていかなければならない」と、その根拠に触れる[70]。別の教科書はさらに慎重で、このように述べている。「政府はこの戦後補償問題は、国家への賠償により決着済みとしているが、旧連合国捕虜や従軍慰安婦など、戦時中に日本により非人道的な扱いをうけた人々に対して、人道上の問題として誠意ある対応が求められている」[71]。こうして若い読者はアジア諸国とのあいだに積み残された仕事があることを知るようになるのだが、それが負の歴史と具体的にどう関係していて、「大きな被害」がなぜもたらされたのかについての情報は書かれていない。論争になっていることがらの描写に抑制をきかせるという公民教科書に共通する手法は、記述が領土問題に及ぶとさらに際立つ。中国（尖閣諸島／釣魚群島）、韓国（竹島／独島）、ロシア（北方領土／クリル列島）

との領土問題に関する記述のなかで、帝国主義の過去と敗戦には触れているが、問題が発生した経緯を明確にしていない。

公民――倫理

倫理も高校の公民科目で、倫理的価値と社会思想の入門書として戦争と平和、社会正義を取りあつかう。[72] 倫理の教科書は東西文明の倫理思想や社会思想の歴史、心理学、宗教、文明などの分野から鍵となる概念や価値などを取り出して説明している。こうした内容を簡略化、圧縮し、二〇〇ページ前後の限られた紙幅のなかで、驚くような量（一二〇から一五〇人ほど）の思想家を紹介している。そのため要点がごく短く記されるにとどまり、踏み込んだ説明は極端に少ない。

教科書は、平和と民主主義に対する理解を深めるという公民教育の大きな目標設定のなかで倫理的価値と規範の歴史を概観できるようにつくられている。[73] カリキュラムではあつかう範囲や分量が決められているため、倫理の教科書間の違いはどちらかといえば小さいが、それでも取り上げられている人物、その思想に割いている文字量、説明のニュアンスなどに目を向けると、それぞれの教科書が何を優先しているか、その傾向を把握することができる。たとえばある教科書は、主流に属する思想家だけでなく、職業人生や命を賭して当時の支配的な見方に異議申し立てをした人物にも光を当てている。[74] また、日本は七世紀にわたる武家社会だったにもかかわらず、その中核だったはずの武士道の精神について驚くほどわずかな情報しか伝えていない。その代わり、平和主義者やヒューマニストの紹介に多めのスペースを割いている。[75] 戦前から戦時中にかけて権威主義的軍国社会を支えていた特定の超国家主義思想の具体的説明を少なめにする一方で、植民地主義的抑圧という形をとったアジアに対する日本のオリエンタリズムについての説明に一ページを割く教科書もある。[76]採択部数上位三位に入る倫理教科書――三点を合計した市場占有率は三分の二――もやはり「あの忌まわしい戦争」を否定し、そこを起点として戦後社会における倫理規範の大転換を語っている。しかし生徒から見ると、一〇〇〇年にわたる東洋思想史を学ばされたあとに突然、一九四五年の断絶と再出発という語りを読むことになるために倫理的遺産の連続性が感じられず、現代社会の平和主義と民主主義の理念が民族の伝統的自己理解から切り離されたままになるという問題が残る。

下から見た歴史――「学習漫画」のなかの戦争と平和

大衆メディアが日常生活の隅々にまで浸透している日本にあっては、メディアの代表格である漫画が長く歴史教材の分野に定着していることも、当然といえば当然である。出版物の四割を漫画が占めるといわれている日本には、日本史をあつかった漫画がふんだんにあり、補充教材として利用することもできる。学校図書館や公立図書館、書店などでよく目にするこうした学習漫画は、子供に戦争を認知させ、戦争記憶の継承を促すという点ではテレビやアニメ映画に引けを取らない。新聞や雑誌、書籍、小説、テレビ番組、映画などのメディアも子供の道義観や道徳心を育むという点では大きな役割を果たすが、学校や家庭で気軽に楽しみながら抵抗なく読めるという点では、学習漫画は特段の注目に値するだろう。[77]

あらすじや登場人物、個々の台詞やナレーションなどをよく見ると、学習漫画というものが戦争と平和の歴史の何を強調し、それをどう評価しているのかがよく見えてくる。学習漫画のジャンルにはいくつかのタイプがある。学者の監修した「学習用」歴史漫画、人気漫画家の手になる「大衆的」歴史漫画、受験生の「参考書」としてつくられる歴史漫画のほか、「ダイジェスト版」歴史漫画、「伝記的」漫画、「ノベライズ」歴史漫画などがある。以下では「学習用」の日本史漫画と「大衆的」な日本史漫画のうち、過去二〇年間に版を重ね、とくに広く読まれている六点を取り上げる。よく知られる以下の六点のうち、三つは歴史家が監修したもので、学習研究社、集英社、小学館から刊行されている。残り三つは戦後漫画界の大御所、藤子・F・不二雄、水木しげる、石ノ森章太郎らのプロダクションが手がけた歴史漫画シリーズである。

よく読まれている学習漫画は、ダイナミックなストーリー展開と親しみやすい登場人物、ユーモアによって、陰鬱な歴史をうまくオブラートに包んでいる。教科書にはない手軽さとストーリー展開の速さも手伝って、読者は登場人物に自分を投影し、遠い過去にタイムスリップすることができる。政治家から庶民にいたるすべての登場人物が、現代とは異質の世界をわかりやすく、身近なものにつくり変えている。登場人物の表情や身振り、台詞などが当時の空気や道徳心などを幼い読者に伝え、善玉に対する親しみや、悪玉に対する反発を呼び起こす。たとえば、軍人の顔に暗い影などがあれば、それは軍人がよからぬことをたくらんでいることを意味し、読み手はその人物を警戒するようになる。絵を媒介にして善玉と悪玉をはっきり区別できる学習漫画は、程度の違いはあれ、負の歴史をわかりやすい形で教え、道徳観を培う役割を担っている。教科書とは違ってたくさんの「庶民」が登場する

msz

みすず 新刊案内

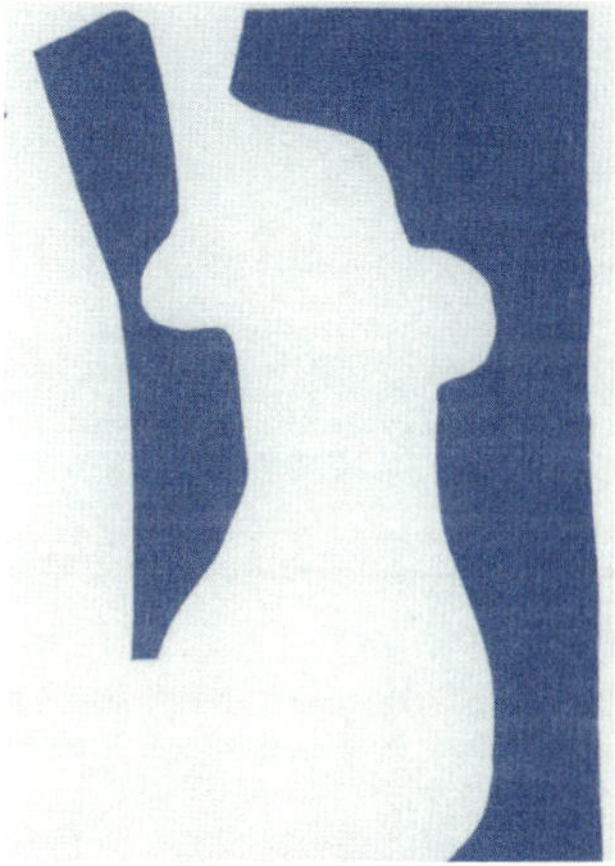

2017. 6

一枚の切符

あるハンセン病者のいのちの綴り方

崔 南龍（チェナムヨン）

ハンセン病患者の強制収容、隔離、撲滅政策が始まって百年。「なぜ生きているかと問われれば、そこに抵抗があるからだ」「いま、百年の間、いえなかったことをいいのこしておかねばならない」

太平洋戦争直前に瀬戸内海の国立療養所邑久光明園に収容され、いまもそこで暮らす在日韓国人二世の魂と生活の記録。

収容時に歩かされたのは消毒液まみれの黒い道だったが、譲られた「一枚の切符」で家に帰りながらまた療養所に戻ったのは自ら選んだ道だった。この切符をともしびとして暗闇を生きぬき、書き続けてきた癩《らい》の語り部が、視力を失った今もなお、瀬戸内海の孤島から現代社会へと投げかける人生の光芒。

国民年金からの排除、隔離法廷、指紋押なつ、胎児標本問題などで独自の立場をつらぬき、病と民族による二重の差別と闘ってきた記録であると同時に、療養所の歴史的な実態と生活を詳細に語りのこす貴重な証言である。

四六判　三一二頁　二六〇〇円（税別）

精神分析再考

アタッチメント理論とクライエント中心療法の経験から

林もも子

行動科学に基づく心理療法が盛んになったいま、精神分析はもはや「過去の遺物」なのだろうか？

著者はクライエント中心療法の訓練を受けて心理療法家としての道を歩みはじめ、精神分析を学び、さらにアタッチメント理論に基づく心理療法へと活躍の場を広げてきた。本書は、長年さまざまなスタイルで心理療法を行ってきた著者が、精神分析がいかに心の理解に役立つのかを詳説するものである。

飛躍的に進歩する発達理論、実証研究の不足、男性中心主義の限界……。伝統的な精神分析の概念を臨床経験をもとに再考し、ときに不要なものは切り捨て、描きなおしてゆく。精神分析理論を細部まで再点検していく筆致は、心への新たな接近法を示すだろう。

心の専門家に本当に必要なものとは何か。精神分析理論を見つめる著者のまなざしは、心という形なきものを探求しつづける心理療法家としての矜持に満ちている。

Ａ5判　二一六頁　三六〇〇円（税別）

いかにして民主主義は失われていくのか

新自由主義の見えざる攻撃

ウェンディ・ブラウン
中井亜佐子訳

いまや新自由主義は、民主主義を内側から破壊している。新自由主義は政治と市場の区別を取り払っただけでなく、あらゆる人間活動を経済の言葉に置き換えた。主体は人的資本に、交換は競争に、公共は格付けに。だが、そこで目指されているのは経済合理性ではない。新自由主義は、経済の見かけをもちながら、統治理性として機能しているのだ。

その矛盾がもっとも顕著に現れるのが大学教育である。学生を人的資本とし、知識を市場価値で評価し、格付けに駆り立てられるとき、大学は階級流動の場であることをやめるだろう。

民主主義は黙っていても維持できるものではない。民主主義を支える理念、民主主義を保障する制度、民主主義を育む文化はいかにして失われていくのか。新自由主義が民主主義の言葉をつくりかえることによって、民主主義そのものを解体していく過程を明らかにする。

四六判　三三六頁　四二〇〇円（税別）

トレブリンカの地獄

ワシーリー・グロスマン前期作品集

ワシーリー・グロスマン
赤尾光春・中村唯史訳

二十世紀ロシア文学の珠玉『人生と運命』の作家ワシーリー・グロスマン。第二次世界大戦の終結前後までに執筆、あるいは構想されたルポルタージュ・小説・戯曲を収載する。

グロスマンは市民として社会主義国家建設に参加し、そのために努力しながら、次第にスターリン体制批判に転じていった。

独ソ戦末期に赤軍記者としてナチの絶滅収容所を報じた表題作。故郷ウクライナを舞台に、ホロコーストを描いた世界最初の作品となった傑作小説「老教師」。男まさりの女性政治局員がユダヤ人集落で出産する日々をユーモラスに描く「ベルディーチェフの町で」。行きずりの情事を経験した兵士の二日間「女」。革命の空洞化と官僚主義、同じことをくり返す人間の業を目の当たりにして、歴史は進歩するのか循環するのかと、登場人物が問う戯曲「ピタゴラスを信じるなら」。

『システィーナの聖母　ワシーリー・グロスマン後期作品集』（齋藤紘一訳）と全二巻。

四六判　三九二頁　四六〇〇円（税別）

ので、とくに負の感情を描く際には共感を喚起しやすい。また「普通の家族」や「普通の老若男女」といった市井の人々を中心に据えているため、大きな権力をもつ「威圧的な権力者」や「利己的な統治者」に対する反発を呼び起こす。

「学習用」歴史漫画

歴史学習のための漫画は、多くの国で親しまれており、日本では一九七〇年代から広く子供たちのあいだで読まれるようになった(78)。日本の歴史漫画はたいてい何十巻にもなるシリーズ物で、大手出版社から刊行され、造本は上製である。学校図書館や公共図書館が購入しているだけでなく、親や祖父母も子供の家庭学習用に買い求めている。よく知られているのは『学研漫画　日本の歴史』で、現在流通している版〔本稿執筆時。以下同〕は全一八巻、一九八二年の初版刊行時から六〇刷を数える。小学館の叢書は全二三巻で、一九八三年の初版から四九刷が刊行されている。集英社のものは全二〇巻で、一九九八年の初版刊行以来、九刷を数える。いずれの漫画も歴史家が監修し、学齢期の子供、主として小中学校生を対象にしている(79)。

大半の学習用漫画は、日本に人が定住するようになってから現代までの二〇〇〇年を時間軸に沿って簡潔に、なおかつ彩り豊かに描いている。アジア太平洋戦争には、ふつう一巻分、一五〇ページほどを割いている。ここでは敗戦に向かう破壊的な戦争を描いているので、勇気凜々たるリーダーなどはあまり出てこない。むしろ、政治の分断と国民経済の悪化を社会不安や政府の混迷、軍隊の暴走、テロ、犯罪、貧困の蔓延といった負の要素を織りまぜながら描いている。

日本が戦争へと突き進んでいく過程は、二度としてはいけないことを教える真面目な道徳談として描写される。平和主義の枠組みが一貫して使われていて、好戦的な人物や行動は批判的に描かれ、平和を愛する人物や反戦的な言動は好意的に描かれる。とくに「庶民」の言葉に込められた反戦感情は印象深い。応召前の若者が口にする苦悩のつぶやき(「戦争をにくむ」)[80]。うろたえた母親がため息混じりに漏らす言葉(「戦争……いやだね　戦争は」)[81]。戦場に孫を送り出す祖母の心の叫び(「みんな戦争をのろい、子供が無事に帰ることだけをいのっていたのです」)[82]。飼っている犬でさえも「戦争なんて大きらい!」と語気を強める[83]。本の前づけや後づけも、読者の家族に向けた注意書きなどで、「中国に対する加害の事実をしっかり見つめさせましょう」[84]と、倫理的な判断を伝えている。負の歴史は漫画のなかで文化的記憶として根づき、読者はこれに共感して反戦平和主義へ、つまり継承されるべき望ましい倫理規範へと傾斜していく。もっとも、反戦平和主義は戦時中、非国民の考えとして非難の対象となっていたのだが。

子供向けのこうした戦争物語に凜々しい英雄が出てくることはあまりないが、粗暴な悪者は必ず何人か登場する。悪者はアメリカ人や中国人、ソ連人などの敵国人ではなく、日本人のみ。主戦論を唱え、あるいは開戦の火蓋を切り、戦争を推し進め、失敗を犯した勢力が「悪者」としてあつかわれる。日本軍の将校、なかでも満州の関東軍将校や悪しき軍隊を支え保護した軍民の首脳が、「好戦派」の大半を占める。こうして幼い読者は、日本による大陸での植民地戦争について特定のとらえ方をするようになる。「日本の歴史には、何かとてつもない間違いが起きたことがある」という倫理的認識を、幼いころに教えられることになる。

正確には、とてつもない間違いとは植民地の搾取や軍事的敗北だけを指すのではない。アジアで二〇〇〇万を超える人が死亡したことも含まれる。しかもその多くは非戦闘員だった。三社の歴史漫画のうち二点（集英社版と小学館版）は、日本が植民地政策を推し進めていた時代や戦時中に東アジアや東南アジアの民間人を虐げたことを具体的な形で示し、加害の語りをはっきり打ち出している。そのなかの一点は「南京事件」における日本の残虐行為、中国の村での民間人虐殺、占領地での強制徴用、七三一部隊による生物兵器開発と生体実験を描いている。[85] もう一点は、南京における民間人殺害や、三光作戦がおこなわれた中国農村での殺戮を具体的に取り上げている。[86] 東アジアと東南アジアへの日本軍の侵略についてもくわしい説明があり、シンガポールでの民間人の殺害には一ページ分が割かれている。[87] 捕虜や占領地の住民を日本兵や日本軍が虐待したことについても、それぞれが一ページ分を割いている。[88]

　戦争の多面性も描かれていて、アジアの人々に日本兵がおこなった暴力や非人間的なあつかいと同じように、軍部から日本兵がうけた暴力や非人間的なあつかいも描写されている。苦難の舞台は主として戦場である。インパール作戦のように、無能な幹部が立案した勝算のない戦闘で、生死のはざまを経験させられる（「くそっ。こんな無謀な作戦をたてた上官たちがうらめしい…」）。[89] ガダルカナル島その他の場所で、補給をうけられずに病死あるいは餓死する（「マラリアと栄養失調で戦えません」）。[90] 捕虜になるよりはと自決を選ぶ（「もううごけん　うってくれ[91]」）。空襲や原爆、沖縄戦で命を落とした民間人のことも真正面からとらえ、日本人に殺害されたアジア人とほぼ同じ紙幅を割いている。

　つまり二点の漫画には、戦争について最低限の概要が示されている。これらの本によると、戦争での死者は二〇〇〇万から二三〇〇万人にのぼるという。しかし、幼い読者に残虐行為の根本原因がくわしく説明されることはない。起きたことの概略を示すだけで、一連の出来事を結ぶ因果関係はつまびらかにされない。概念の理解よりも知覚させること、理性にもとづいた理解よりも情緒を通しての理解をめざしている。ここでは、正しい戦争という発想を排除する素朴な平和主義の感情が教え込まれる――戦争は悪いことで、正しいことではない。なぜなら戦争とは人を殺すこと、苦しめることだからだ。戦争はよくない。なぜなら読者のみんなやその家族、お友だちのような普通の人たちが痛めつけられるから。戦争を仕掛ける政府は悪い。政府が助けてくれたり守ってくれたりすることをあてにはできない――幼い子供に提示される簡略化された歴史が消毒ずみの文化的製品であることは否定しないが、それでも倫理観の涵養に大事な役割を果たすことができる。

ここまで紹介してきた二点に比べると学研版の描く戦争にはやや明るい雰囲気が漂う。童顔に描かれた無害な登場人物が、国際的な危機を突破しようと戦争に打って出る。大雑把な言い方をすると、こちらは政府や軍の首脳が下した決定について語る「薄口の戦争物語」で、血も死体もいっさい見せない。長いこと危機が解消されず、その間に日本軍は力をつけ、日本を抑圧的な軍事国家にしてしまった。戦争を引き起こしたのはこの好戦的な日本軍である。日本軍は悪い戦争を仕掛け、悪い社会をつくったとされるが、物語が進行して庶民の暮らしが苦しくなっていったことは描かれているものの、日本やアジアの犠牲者が経験した苦難にはあまり紙幅が割かれていない。そうした苦しみがいっさい描かれていないため、責任を問われる人はいない。苦しみに対する責任を誰も問われないので、戦争や植民地での抑圧については罪悪感をいだかせない、微温的なアプローチをとることができる。この点は集英社版や小学館版とは違うが、戦争を「のろった」という「みんな」の道徳感情[92]は物語に組み込まれていて、読者にもはっきり伝わる。大幅に単純化された歴史物語のなかでは、子供に恐怖を与えないようにとの配慮がなされているが、だからといって、戦争に格好のいいところはまったくない。歴史の記憶を耐久性ある文化的記憶に変換しているのが、罪悪感をいだかせないこのような歴史漫画なのだとしても、育まれる道徳感情には好戦的な部分も親軍的な部分もいっさいない。

「大衆的」歴史漫画

藤子・F・不二雄、水木しげる、石ノ森章太郎。戦後漫画界に数々の名作を残した、この代表的な漫画家たちを知らぬ人はほとんどいない。彼らが生み出したキャラクターは長年のあいだに人々に親しまれるようになった。たとえばドラえもんの姿は、テレビ番組やCMだけでなく、数々のキャラクターグッズにも見られる。戦後日本で何世代もの子供たちを夢中にさせ楽しませてきた人気キャラクターたちはまた、歴史漫画で活用するのにうってつけでもあった。人気漫画作家たちの手になるドキュメンタリー歴史漫画は、複雑な歴史を若い世代向けに簡略化し、物語に変えてきた。架空の語り手が、ブレヒトの演劇さながらの異化効果を使って物語を進行させる。物語のなかで物語を語って、一歩離れた場所から批判的にその物語を見られるようにしている。ドラえもんやのび太、ねずみ男などの愛すべきキャラクターが進行役に据えられているおかげで、負の歴史は感動やユーモアと風刺の詰まった、読みやすい道徳談へと変えられる。

漫画家の手になる、あるいは漫画家のプロダクションの許可のもとに制作されたこのような歴史物語はシリーズの形をとっていて、造本は並製である。内容は学者が監修した学習漫画に比べると堅苦しさがなく、学習指導要領などの影響もうけていない。柔軟な想像力を使いながら、暗い戦争の話を、若い世代への訴求力をもつ娯楽性の高い文化製品につくり変えている。もっとも、このような方向性を追求すれば、重層的な歴史は描きにくくなる。英雄と被害者と加害者の物語を融合したような複雑な表現は使われない。それでも読者は、現代日本の歴史には消し難い汚点があり、日本人であることはその汚点を担うことなのだと認識するようになる。

藤子・F・不二雄による「ドラえもん」シリーズ

数々の賞を受賞し、商業的大成功を収めているドラえもんほど、小学生の興味を負の歴史の学習へ向けさせるのにうってつけのキャラクターはないだろう。日能研の指導のもと制作された社会科の学習シリーズで、第二次世界大戦をあつかった箇所は二二三ページ中のわずか一八ページ分にすぎない。そのなかで昭和恐慌や満州事変、戦争の拡大と社会の抑圧、壊滅的な敗北までをあつかっている。幼い読者は主要な出来事を追いながら、その出来事がもつ意味をドラえもんとのび太から、道徳感情を通して教わる。戦争や戦時下の社会についてのコメントを発するのはいつものび太で、「うわっ、また戦争!? もう見たくないよーっ」「〔政府にさからうやつをタイホするなんて〕ひどい法律だ」「ぼくは、戦争なんか行きたくないや」「学生まで戦争に行かされる」「だれか〔原爆投下を〕やめさせてよ」と、動揺をさらけ出す。(93) 漫画のなかで語られている暴力や権威主義の抑圧に、のび太が思わず吐露した反戦の心情である。第二次世界大戦に割かれているページ数は少ないものの、ここでは学ぶべき道徳がまっすぐに伝わってくる——政府も軍も産業界も戦争を始めて利益を得た。自分たちのような市井の人々は戦争に引きずり込まれ、痛めつけられる。庶民を傷つける権力者は信用できない。

ただし、庶民への共感共苦は、日本国外には拡大されていない。また戦争の恐怖とおびただしい戦死者を出したことへの罪を問われるのは敵の中国軍やアメリカ軍ではなく、戦争を始め、推進した好戦派の日本人である。広島と長崎の原爆についての責任も、アメリカ人ではなく、早い段階で降伏せずに原爆の悲劇を招いたと思しき日本の首脳に負わせている。[94] つまり、この内向きの戦争観では、日本人は加害者と犠牲者の両方となる。[95]

水木しげるの『コミック昭和史』

水木しげるのメッセージは直截で一貫している——国のために軍隊で戦うなど、まことに愚かしい。水木勝ち目のない戦争を戦い、死ぬことになど、一片のヒロイズムもない。この力強いメッセージは、水木自身の戦争体験に根ざしている。戦闘と爆撃、飢え、マラリアのために死ぬような経験をしたこと。そして左腕を失ったこと。そのすべてが、このシリーズのなかで語られている。水木の切実なメッセージはまた、同世代の兵士に植えつけられていた「玉砕せよ」というスローガンの対極にある。水木しげるは一九二二年生まれ。二〇歳のときに補充兵役に編入され、その後現在のパプアニューギニア、ニューブリテン島にあるラバウルに派遣された。ここは当時、陸海軍の南洋方面における重要拠点だった。日本軍は装備も補給も著しく貧弱だったが、水木は戦闘や爆撃の雨のなかをなんとかくぐり抜け、現地の親切な人たちに助けられ、戦後復員することができた。一九六〇年代後半に『ゲゲゲの鬼太郎』で大きな成功を収め、七〇年代に戦争体験を描きはじめる。以来、反戦の声をあげつづけたが、水木をつき動かしていたのは無駄死にした戦友に対する忠誠心と、十分な補給も戦略もない状態で無情にも兵士を戦場に置き去りにした——防ぐことができたはずの惨事を招き、いたずらに戦死者を出した——軍や国家の首脳に対する憤りである。[96] 水木は兄の宗平ともども死を免れたが、同世代の多くの人と同じく、人生を一変させるトラウマを引きずることになった。水木は左腕を失い、宗平は捕虜を殺害したかどでB級戦犯として巣鴨プリズンに収容された。

軍隊生活の底辺に光を当てた水木の戦争物語には、若い読者の共感を掻き立てるほど強く訴えかけるものがある。しかし物語のなかで国のために戦い、死んでいった若者たちには、子供があこがれるような英雄的なところはない。運に恵まれず、体もやせこけている彼らは打ちのめされ、ついには敗北する。実のところ、太平洋戦争開始後の六カ月についていえば、この作品にも派手な戦闘シーンがたくさんある（たとえば、真珠湾攻撃など）。それは一九六〇年代の少年漫画雑誌でさかんに描かれた戦争ものにも似ている。[97] しかし敗北が重なり、前途が暗くなるにつれて、戦争はスリルよりも恐怖をはらむものに、兵士は勇敢というより哀れな存在へと変わっていく。レイテ島やガダルカナル島、インパールなどで倒れ、死んでいく男たちの描写が何百ページも連なり、延々と続く絶望的状況が読者の意識にも届く。血わき肉おどる要素はいっさいない。[98]

おおまかに言って、水木しげるの話も本書で見てきた三類型の一つ、「悲劇の国」の語りに分類できるだろう。日本兵に対してなされた悪——その生存率の低さは戦慄を覚えるほどである——は、侵略した日本兵によってアジアの人々になされた悪を見えにくくする。[99] 特定の経験について一個人の語

読者カード

郵便はがき

料金受取人払郵便

本郷局承認

1258

差出有効期間
平成30年11月
1日まで

113-8790

東京都文京区
本郷5丁目32番21号

505

みすず書房営業部
行

通信欄

（ご意見・ご感想などお寄せください．小社ウェブサイトでご紹介させていただく場合がございます．あらかじめご了承ください．）

りを展開することは、局所的な出来事だけを取り上げて遠く離れた場所の人々の苦難を無視することにもなりかねないが、作者が自身の苦難に焦点を絞っているのは、加害の歴史を歪曲するとか注意を逸らすためではない。むしろ、国民に不要な戦争を経験させ、いたずらに死なせ、信頼を踏みにじった日本の国家と軍部に対する力強い告発の書として、水木の物語をとらえることが大事だろう。この痛ましい物語には非道徳的な軍部の裏切りに対する怒りが見え隠れする。何十年ものあいだ水木しげるのような生存者を苦しめてきた「あの戦争へのやり場のないいかり」〔強調は引用元〕が、戦争の記憶に輪郭を与えている。[100]最終巻では水木しげる自身が饒舌な語り手として過去を振り返る。ここではもはや、加害者たる日本国家に対する批判を隠してはいない。若い読者に伝える言葉は、まぎれもなく反国家的、反軍的なメッセージである。

〃軍国主義〃これはぼくはいやだったネ
なんでも勇ましいのが運がひらけるのだとカン違いされ　口をひらくと〃忠君愛国〃……〃自分〃をもっていてはいけないのだ　〃赤紙〃がくれば喜んで死ぬのが良き〃国民〃だとされ〔た〕
昭和初期の人はあれやこれやで　なんだか〃国〃にいじめられているみたいだった……〃軍部〃などというものは　外科手術をしなければいけない一種のガンだった[101]

石ノ森章太郎の『漫画日本の歴史』

『漫画日本の歴史』のなかで、アジア太平洋戦争の時代は三〇〇ページ近くを占める。一連の政治的策動が失敗に終わり、数々の誤った決定が下され、日本が破滅的な戦争に向かって転落していく時代として描かれる。紙幅の多くが、権力エリート層内の激しい政治闘争の話に費やされている。好戦的な軍首脳が権力を掌握し、短慮を起こして国家を世界大戦に引きずり込み、ついには破壊させる。対立陣営間の論争や不信、誤算、調整不足といった要素が物語の中心を占め、くわしく描写されている。首脳たちは警告を無視し、交渉の機会を見過ごし、戦略的力量を失い、希望的観測から根拠なき自信をもち、不適切な決定を下す。軍部は非常事態法制と全体主義的抑圧を通じて徐々に力を蓄積してゆき、日本は警察国家になる。つまりこれは、迷妄に陥った悪者に率いられた国についての気が滅入るような話で、悪者の行く手を阻む賢明な英雄も登場しない。

石ノ森の作品は前記の二点とは違い、人気キャラクターを語り手に使う形はとっていない。その代わり、歴史的な出来事を描写した絵とナレーターの語りだけで物語を進行させている。大衆主義的な手法を使っていて、市井の人を七、八人登場させ、その主要登場人物に一連の出来事に関する考えや思いを語らせている。発言は、たとえば食堂の店主一家が食卓を囲みながら、あるいは店で客たちが飲み食いしながら交わす何気ない会話のなかに織り込まれる。彼らは戦時下の日本に居合わせた想像上の目撃者である。人情にあつい店主とさまざまな常連客。国家の検閲に圧迫を感じている新聞記者。学生。召集された落語家。国際政治の複雑さに当惑する外務官僚——。戦争が拡大し激化していくと、彼らは次第に懸念と葛藤、驚きと歓喜、疎外感と無力感、恐怖と混乱、憤りと倦怠感をいだくようになり、ついには戦争のせいで日本が終わりの見えない深い淵に転落したことに絶望し怒りを覚えるにいたる。

日本人はあわれな被害者ではなく、侵略者としてはっきりと描かれている。しかし、この戦争がかくも凄惨なものになった理由、あるいは満州やサイパン、沖縄で日本軍が民間人を見殺しにし、集団自決に追い込んだ理由については、十分な説明はどこにも書かれていない[102]。この戦争は回避することができたしそうすべきだったという考えが若い読者の前に示される一方で、実際にどんな代替案がありえたかを考える際の道徳的あるいは思想的な手がかりは与えられない。

漫画界の大御所の手になるこうした歴史漫画が成功を収めたことは、国家の教育制度の領域外でつくられる文化的な記憶の力強さを示している。学術研究では見過ごされることが多いが、漫画は若者への訴求力が非常に強く、世代交代の波も乗り越えて新しい若者にも受け入れられている。漫画は今も、テレビやインターネットと同様、若い世代にとって欠かせないメディアであり、情報の源泉である。だから漫画を使って日本史を伝えるという記憶の継承方法は、戦後世代にはうってつけといえる。これを最初に積極的に受容したのは、それまでの文学や演劇や詩などと一線を画する新しい表現を求めた団塊の世代で、戦中世代による説教じみた「真面目な」作品が幅をきかせていた時代に漫画を歓迎し、そうした作品から離れていった。当時の若者は、戦中世代の大人たちが「何かとてつもなくひどいこと」をした張本人であることを感じとっていた。だから彼らが戦争記憶の伝統的な継承方法を嫌ったのももっともである。こうして漫画は若者の物語になり、彼らは漫画を通じて権威主義的な物の見方を嘲笑し、仲間との絆を深めることができた。であれば、国家の権威に対する不信感が大衆的歴史漫画に色濃く出ているのも当然といえる。こうした歴史漫画のなかでは、戦争責任を負う者たちに、少しも格好のいいところは見つからない。若い読者は、「何かとてつもなくひどいこと」があったことを彼らなりに確認し、日本人が担う戦争の遺産は自分たちをかなり惨めな気分にさせるものだと実感する。

子供世代向けの教訓としての文化的トラウマ

イギリスの歴史家、ティモシー・アッシュプラントはかつてこう述べた。「過去は放っておいても後続世代に継承されるというものではなく、積極的に意味あるものとして伝えてこそ、受け入れられる」[103]。敗戦国では過去の汚点《スティグマ》をとらえなおすことに意味を見いだし、それを道徳規範に仕立てなおして歴史の修復に役立てている[104]。日本の場合、二度と戦争をしてはいけないという感覚を若い世代のなかに育むことが道徳的責任ととらえられ、過去の修復作業はしばしばその枠組みのなかでなされる。ただし、それはなるべくなら戦争を始めた親や祖父母の世代の誇りを傷つけないように進めるのがよいと考えられている。戦争を知らない世代は、「人類のもっとも古く、もっとも忌むべき業を幸いにも知らない[105]」世代であるので、戦中世代がきちんと、何を記憶するべきかを決め、どういう教訓を学ぶべきかという指示も含めて「戦争の現実」を伝えなければならないと言われている。こうしたロジックによって、戦中世代は戦争の記憶を統制してきた。「日本の歴史には、かつて何かとてつもなくひどいことがあったらしい」という情動記憶は、世代間のこうした力学のなかで後続世代に伝達されてきた。だから後続世代は、恐怖と好奇心、懸念、さらに自身と家族の体面を守りたいという願望の入り混じった気持ちで、この負の歴史を受け継いできたのである。

この章では、日本の子供の育つ日常の環境に世代をつなぐ記憶が暗号のように埋め込まれていることを見てきた。その記憶はしばしば子供に働きかけ、戦争に関する負の道徳感情の発達を促す。その「働きかけ」は婉曲な形をとることも、あからさまな形のこともあるが、いずれにしても、子供は「何かとてつもなくひどいことがあったらしい」という本能的直感を育む――それが何なのか、またなぜそういうことが起きたのかを十分に理解してはいないにしても。多くの場合、輪郭はぼんやりしていても情緒的に次のことは理解できる。これはビデオゲームやテレビ番組の世界ではなく、本当におじいちゃんやおばあちゃんが子供のとき、起きたことなんだ。私みたいな子供が家族や友だちや家をみんな失くして、挙げ句の果てに、逃げることもできなくて死んでしまったんだ。本当にひどかったんだ。過去の継承は一種の「脅し」効果をもって子供のなかに本能的な恐怖心を呼び起こす。こうして子供は、アニメ映画や教科書の写真、平和教育、学校教育、漫画などから学ぶ戦災孤児や栄養失調の子供の話、空襲の被害にあった子供や負傷した子供の話、棄てられた子供や置き去りにされた子供の話に共感し、自分を重ね合わせることを覚えていく[106]。自己保存本能を掻き立てるこのような情緒教育は「感情の決まりごと」(feeling rules) として固定化し、子供は平和国家で望ましいとされる戦争への感情を内面化していく[107]。ここで使われている方法は、ドイツのような悔恨の文化とは違って、自分の父親や祖父の世代がおこなった過去の非道を批判し、それに対する責任を担う信念を育んでいるわけではない。それよりも、将来またあの忌まわしい戦争を始めるような日本人を育まないことに狙いを定めている。

本章では世代をつなぐ戦争記憶が子供の情緒面での社会化と社会規範の習得に及ぼす影響について

考えたが、これを数的な指標などで簡単に測ることはできない。周囲の環境に暗号のように埋め込まれたメッセージに子供がどう反応し内面化するかはいろいろな要因によって変化しうるし、時間とともに変わることもあるかもしれない。横断的な態度調査は社会化やアイデンティティの代替指標として機能する場合が多いが、本書では縦断的データなど経験的情報を得られる多様なデータを取り込んで、多角的な調査方法（トライアンギュレーション）を試みた。そのため本書の各章では、調査やインタビュー、フォーカスグループ、一般討論会、ブログ、ウェブサイト、評論、新聞投書などから、戦後世代によるものやこの世代に向けたもの、あるいはこの世代についてのものなど、多様な資料を集めてコラージュをつくることをめざしている。だから本書で示した推察は、記憶が道徳的自己認識の形成にどう役立っているかを間接的に分析する試みともいえる。

いろいろな社会調査を見ると、戦争の記憶とその文化的トラウマの継承が日本人の戦争に関する意識に深く影響していることが十分推し量れる。世論調査では軍事力の行使に反対する人の割合は過去数十年間、一貫して高い。これはとくに若い人に顕著である。たとえば、国のために戦う意思のある人の割合でいうと、日本は五九カ国のなかで最下位に位置する。調査によって幅はあるが、その意思のある人は一五から三三パーセントにすぎない。この数字は二〇代や三〇代の若い世代ほど小さく、また男性より女性のほうが小さい。[108] 非核三原則を支持する人の割合もやはりつねに高く、中高生では実に八〇から九〇パーセントが支持している。[109] 特筆すべきは、過去一〇年間に北朝鮮や中国の核の脅威が強まり、戦争に巻き込まれることへの危惧を表明する人の数が倍増したにもかかわらず、[110] 軍事力の行使に反発を覚える人の割合がほとんど変化していないことだ。武力行使への反感は根強く、道徳的自己認識の核心部分になっており、それは戦争の記憶によって広まったのだということを、ここで述べておくべきだろう。

「何かとてつもなくひどいことがあったらしい」ということを感づかせる強力な文化コードは、国家権力に対する潜在的懸念、つまり殉国の名のもとに無数の死者を出し、「自発的に」死ぬことを臣民に求めさえした国家に対する懸念を知らしめる警報信号にもなりうる。だから軍事力に対する反発が、国家への服従を連想させるような愛国心への警戒や猜疑心に発展したとしても驚くにあたらない。自国に誇りを感じている日本人は五四・二パーセントで、これは七四ヵ国中で七一位と非常に低い[111]。やはり二〇代と三〇代、また男性に比べて女性にこの傾向が強く認められる[112]。軍国主義国家を思わせ、今も論争を呼んでいる国歌と国旗に誇りを覚える高校生は一握りにすぎない。国家の核心的象徴であるこの二つに愛着を表明する高校生は一一-一三パーセントで、アメリカの五四-五五パーセント、中国の四八-五〇パーセントに比べると著しく少ない。国に誇りをもっていない高校生も、アメリカ(三七・一パーセント)、中国(二〇・三パーセント)に比べて非常に多い(四八・三パーセント)[113]。国家に対する突き放した見方や猜疑心は、敗戦後社会が経験した信頼の揺らぎと共振関係にある。愛国心や忠誠心に対する不信感は世代をつなぐ記憶のなかに暗号のように埋め込まれていて、多くの場合、日常的な文化、つまりこの章で見てきたような子供向け教材の枠組みなどから、英雄の愛国的な語りを締め出した結果でもあった。「あの戦争」にいたる日本の道のりを説明する際に愛国的な英雄の語りを切り離す。これは被害者の語りや加害の語りをする人たちが長らく実践してきたことでもあった。

子供に不戦の誓いを促すために、戦争に対する強力な恐怖心を植えつけるという手法に対する批判は当然あるだろう。子供の健全な成育には安心感が不可欠であり、逆に恐怖心は子供のなかに情緒不安を芽生えさせる。また、暴力がもたらす被害の一面だけを心情に訴える形で教えることは、加害という側面の理解を妨げる恐れもある。もっと大事なのは、日本人のこうむった苦難がどんなに大きなものだったとしても、それは日本人自身が始めた戦争の結果であり、自然災害のように降りかかったものではないということを子供に深く認識させることである。その過去への向き合い方が消極的で真実性に欠ける点は、日本がよく「ドイツモデル」と引き比べられながら、批判されるところだ。[114] もう一方では、恐怖を植えつける反軍的な言説は子供を誤った方向に導くとの批判もある。子供は勇敢な兵士や近親の愛国的な人々が払った尊い犠牲をも含め、戦争にまつわるものはすべて悪しきものだと考えるようになる、と。日本の子供が加害の語りに過度にさらされれば、日本人としての誇りや自信や安心感を育てられない。日本が「悪しき」戦争を仕掛けたという語りは勝者の欺瞞に満ちており、子供が日本人としての「健全な」意識を伸ばせるよう、修正せねばならないという。[115] こうした両極からの政治的批判は戦争の記憶と継承について、膠着状態をつくり出している。この状態を打開する方法は見当たらず、今は一進一退が繰り返されている。

この章で見てきたように、こんにち子供たちの目に触れる博物館の展示や教科書、子供向け歴史書は、実際には被害の語りに全面的に席巻されているわけではなく、加害の語りが犠牲にされているわけでもない。むしろ数十年にもわたり加害の語りが広がっていたからこそ、博物館の展示や教科書の説明、歴史読み物が一様に保守派の標的となった。第3章でも触れたが、一九九〇年代から二〇〇〇年代にかけ、政治的揺り戻しが起き、右翼のネオナショナリストが問題を「正そう」とした。このような状況下、地方公共団体の平和博物館では、圧力をうけて展示の記述のなかにある加害の語りを削るようになった[116]。小林よしのりの『戦争論』シリーズのような新しい漫画も登場。愛国的な英雄の語りに勢いを取り戻させる狙いで描かれた同作品は、新保守主義に賛同する人たちやポピュリストのあいだで圧倒的な人気を得た[117]。ほどなく「つくる会」の政治運動が始動し、中国や韓国に「土下座する」ことに不満を感じ、疎外感をいだいている社会階層に受け入れられた。こうして振り子は新たに動きだし、三つの語りのあいだで揺れ動く戦争の記憶は次の段階に移っていった。

平和国家という文化的な大前提はあるものの、その下では負の歴史をめぐる複数の語りが国民の政治意識に影を落としつづけている。今の若い世代についても、政治意識の形成は負の歴史とのかかわりなくして考えられない。有事に国が自衛隊を出動させたら、自分たちは何をしなければならないのか。今、国はどういう権限で自分たちに愛国心を要求しているのか——軍隊による暴力の記憶という文化的トラウマのある倫理空間で、若者たちも、自分たちなりに答えを見いだそうとしている。『朝日新聞』の投書欄から若い人たちの意見を拾ってみよう。

たとえば二〇〇六年に投書した一八歳の男子高校生は怒りを込めながら、上の世代の反戦と反国家の言説を反復している。

もし改正で「愛国心」を強制するということになれば、戦前の「軍国主義」を教えることにつながるのではないでしょうか。現憲法には戦争放棄が記されていますが、教育基本法が改正されると、私たち高校生も、やがて戦場に赴かされるようなことになるかもしれません。[118]

一八歳の女子学生は学校で習ったことに直接触れ、同様の懸念を示している。

「つよい日本」「日本の力を」「再生」。最近の政界のこんなフレーズに接すると疲れてきます。……なんだか教科書で読む戦前の軍国主義を連想してしまいます。

それに「つよい」とは、一体どういう意味なんでしょう。何に対して、何のために、どんな風に、「つよく」ありたいのでしょう。[119]

このような懸念に現実主義者は反駁する。たとえば二二歳の男子学生はこう述べている。

感情的に「平和、平和」と唱えるだけで、平和が訪れるわけではない「のです」。……今の日本は明治憲法下の大日本帝国とは違うのです。民主主義、平和主義が定着しつつあるこの日本で、戦争を起こしたがっている政治家がいるとは思えません。

しかし、世界には他国の平和を乱そうとする国があるといわざるをえません。もし日本が侵略されようとしている時、どう対処すればよいのでしょうか。

その時のための有事法制です。……

平和という理想を実現するために、また日本が国家の主権を維持するために……法整備をするの

は当然でしょう。(120)

これまで見てきたように、戦争を「絶対悪」とみなす道徳観の根元にはつねに負の感情がある。それは必ずしも社会正義についての批判的思考や理性的考察にもとづく判断ではなく、苦い経験から生まれてくる心情に由来していることが多い。戦争についてのそうしたアプローチには、人々の反戦感情を持続させる効果があるかもしれないが、憎しみの感情や強欲、協調心、自己保存欲が複雑に入り混じった世界、白黒のはっきりしない現実によってわかりづらくなった世界への理解を妨げもする。皮肉にも「戦争反対」を推進するあまり、良心や罪責、不正義などにまつわる感情や判断を明確に、かつ白黒の区別をつけずに表現できる語彙を培っていくことができなかったともいえる。人の行動はいつも正邪に分けられるとは限らないかもしれない、しかしだからといって責任が発生しないともいえないのではないか――そのことを伝えられるような語彙が育たなかった。そうした表現が豊かになってこそ、他者と苦しみを共にしようという人の輪が広がり、戦争と平和の俯瞰的な理解が可能になる。それに向けた私たちの取り組みは緒に就いたばかりである。

第5章　敗戦からの回復とは何か――他国との比較から

「仕事は平和」「守りたい人がいる」。こんな言葉の書かれたポスターが、埼玉県の自衛隊朝霞駐屯地のビジターセンターを訪れる人の目を引く。この「陸上自衛隊広報センター」は、広々とした軍事テーマパークに展示室、図書室、広報・人員募集機関を合わせたような施設である。イメージキャラクターにちなみ「りっくんランド」とも呼ばれるこのセンターは、二〇〇二年の開館以来、家族連れや催し物の参加者、課外授業で訪れる子供など、何百万もの来館者を迎えてきた。大展示室は若い来館者に軍隊の「かっこよさ」をアピールし、自衛隊の頼もしいイメージを与えることに主眼がおかれている。私が調査でセンターを訪れたときに3Dシアターで上映されていたのは、過酷な訓練をうける若いレンジャーの日常を描いた迫力あるドキュメンタリー映画だった。大ホールでは子供たちが自衛隊の制服を身に着け、ヘリコプターや戦車に搭乗したりフライトシミュレーターで遊んだりしていた。この大ホールや屋外の展示場には、暴力や危険、死を実感させるようなものはいっさい見当たらない。この施設内で戦争の歴史や記憶に気づかされることはないと言っていいだろう。

かつてこの場所に帝国陸軍の重要な訓練施設があったこと、その後はキャンプ・ドレイクというアメリカ陸軍部隊の駐屯地だったこと、そしてその米軍駐屯地が占領期だけでなく、朝鮮戦争やヴェトナム戦争のころにも使われていたことなど、ここを訪れる若い人たちに知るすべはない。事実、二階にある展示室の年表にも、自衛隊が創設された一九五〇年以前に日本の軍隊がどんなことをしていたのかをうかがわせる要素はいっさい見つからない。(1) むしろ自衛隊が近年成し遂げた業績のほうが前面に押し出され、誇らしげに紹介されている。二〇一一年の東日本大震災での救助活動や、カンボジア、モザンビーク、イラク、ハイチでの平和協力業務などの人道支援活動である。展示は、自衛隊が国民の安全を守る最後の砦で、日本の「平和」は自衛隊の軍事力によって維持できるのだと伝えている。しかしここでいう「平和」、つまり軍事力によって守られる「平和」の意味は、第2章で取り上げたような戦争放棄によって得られる「平和」とは大きく異なる。

長年にわたり論争の対象となってきた自衛隊を通常の軍隊に格上げするという命題は、戦後七〇年が経った今、新しい意味合いを帯びている。二一世紀初頭に東アジアの政治、経済情勢が大きく変化し、中国や韓国、北朝鮮といった近隣諸国と日本との摩擦が激しくなった。日本がおこなった戦争と帝国支配の過去をどう語るべきかという懸案をめぐって激しい論争が交わされ、摩擦を悪化させている。(2) この拮抗する「歴史問題」を打開するにはどうすればいいのだろうか。反日感情が膨れ上がっている今、日本は中韓とのあいだに抱える領土問題も含めて、負の遺産を再考し、「平和国家」という認識を評価しなおすことを余儀なくされている。(3)

結びとなる本章では、日本が「普通の国」——完全な戦争遂行能力を備えた国——になるか否かの岐路に立っていることについて考えてみたい。この問題は平和憲法についての考え方という問題もからみ、今の日本政治において賛否が真っ二つに分かれる、最大の問題の一つである。以下では、武装権を軸とする平和憲法改正問題を、ここまで本書で論じてきた三つの記憶物語に関連づけながら省察する。注目したいのは三つの記憶物語の差異がそのまま、憲法改正支持派、現状維持派、反対派などを隔てる差異につながる点である。憲法改正問題に対する姿勢、アプローチには三つあり、やはり相互に対立している。ナショナリズム、平和主義、そして国際協調（和解）主義である。日本社会のさまざまな論者や団体が、それぞれ温度差はあるものの、三つのいずれかを支持し、提唱してきた。日本が歴史問題をどう克服し、長い戦後に終止符を打つにはどうすればいいかを考察するうえで、これらを掘り下げることは有益であろう。ここでは三つのアプローチについて考察を進めたうえで、ドイツをはじめとする他の敗戦国と比較しつつ、日本の敗戦文化のゆくえと東アジアに平和をふたたび醸成する方法について考えたい。

国際関係史の研究者、小菅信子は『戦後和解』（石橋湛山賞受賞）のなかで、平和を回復するために「過去の戦争を記憶にとどめる」ことは平和構築の手段として比較的新しい、近代以降のものであると説いている。近代以前の社会では「過去の戦争を忘却する」ことによって戦後和平が築かれると考えられてきたが、国際法が確立すると、次第にこうした考えは効力を失っていった(4)。第二次世界大戦の終戦時ともなると、戦勝国は「犯罪的行為を正式に記録し」、敗戦国の犯した戦争犯罪を裁く役割を担うようになった。ニュルンベルク（一九四五－四六年）と東京（一九四六－四八年）の国際戦犯裁判は戦勝国と敗戦国、加害者と被害者、有罪の者と無罪の者とを明確に区別し、「同じような犯罪行為がくりかえされることを防止」するように考えられたものだ。[5]占領軍によって起草された日本の平和憲法は、戦勝国のこうした戦略の一部だった。勝者にとって、この憲法は「四等国」[6]になりさがった日本をその地位に押しとどめ、ふたたび軍事大国にさせないという目的を達するうえで非常に有効だった。

だから日本の平和憲法が敗戦のトラウマを思い起こさせる痛みの象徴、負の遺産でありつづけているのも、当然といえば当然である。平和憲法のおかげで軍の無軌道な暴力から解放されたと感じた人も多かったが、他方でそれは尚武の長い伝統を誇る国を辱め、一種の去勢をしたも同然だと考える人もいて、反応はさまざまだった。[7]そうしたなかで一九五〇年には自衛隊の前身にあたる警察予備隊が設立され、朝鮮戦争の勃発と同時に朝鮮半島へ出動した米軍に代わって日本の警備を担当することになった。冷戦構造を背景に、勝者の目標は日本を弱体化させることから反共戦略に関わらせることへと変わっていった。日本を民主主義の資本主義国家の仲間に取り込み、アメリカをはじめとする西側諸国の軍事同盟国にするのである。皮肉にも平和憲法があったために、自衛隊の活動には制約が課せられていたが、冷戦が激化すると、自衛隊は日米安保体制のもとで事実上の常備軍へと変化していく。[8]

こうして日本の平和主義は、さまざまな思惑と政策が雑居する、複雑なパッチワークになっていった。「平和」について考えを異にするさまざまな利害関係者が平和主義を追求した結果である。矛盾が多いことは明らかだ。たとえば、日本は憲法で戦争を放棄したにもかかわらず、れっきとした軍隊として機能する陸海空軍を備えた自衛隊なるものを保持している。また、平和国家ゆえ防衛費を国内総生産（GDP）の一パーセント以下に抑えていることを誇示するが、その総額は二〇一五年現在、世界第八位である。(9) 核兵器は非核三原則により禁じられているが、米軍核搭載艦船などの日本通過に関しては、それが形骸化している。日米安保条約にもとづき、平和国家日本には全国に一三〇を超える米軍の軍事施設がある（その多くは沖縄に集中している）。こうして日本は朝鮮戦争やヴェトナム戦争など、アメリカの戦争に間接的に加担し、それにより高度経済成長を成し遂げたのだった。

改憲派は、非武装平和という理想と武装平和という現実とのギャップや矛盾が、冷戦が終わりグローバル時代となった現在、もう限界点に達したと考えている。これに対し護憲派は、日本が二度と軍拡に走らないことを世界に対して保証するには憲法がつくられた当初の理想を守らなければならない、と主張する。改憲派と護憲派とのあいだにある根深い不信感は膠着状態をもたらし、両者の対立は戦後の防衛体制のなかで、多様な取り組みと妥協からなるパッチワークを縫い上げる結果となった。

憲法を改正するには、国会で衆参両院の総議員の三分の二以上の賛成を獲得し、その後国民投票をおこなわねばならない。戦後、この高いハードルを越えられた政権はない。歴代の自民党政権は一九五〇年代以来、日本をアメリカとの戦略的同盟関係に適合させるべく、再軍備をめざしている。しかし何十年ものあいだ、社会党を筆頭とする「非武装中立」派の反対勢力が、改憲に向けた自民党の行動を阻止してきた。法律家や学生、活動家は第九条をよりどころに、日本に軍隊が存在することの合憲性をいくども問うてきた。たとえば、砂川訴訟（一九五九年）では在日米軍、百里基地訴訟（一九五八－八九年）、長沼ナイキ訴訟（一九六九－八二年）では自衛隊の合憲性が争われており、もっと近いところではイラクへの自衛隊派遣についても、名古屋その他の地方で訴訟が起こされた（二〇〇四－〇八年の自衛隊イラク派兵差し止め訴訟）。ここにあげた歴史的法廷闘争は、名古屋高等裁判所の判決を除くといずれも原告の敗訴で終わっている。

世論も、長年にわたり二分されている。改憲に賛成する人は二五－四五パーセントの幅のなかで変動していて、六〇パーセントを超えたことはない。[10] 賛成派は二〇〇〇年代に入ってから増加しているが、それは北朝鮮のミサイル発射実験[11]によって危機意識が高まったこと、中国・韓国とのあいだで領土問題が先鋭化したこと、再軍備の合憲化に向け安倍政権がいっそうの努力を払っていることによる。政府は二〇一四年、憲法九条の解釈をふたたび変更し、集団的自衛に日本の自衛隊が加わることを制限つきながら容認する決定を下した。[12] 国民のあいだでは、政府の言う「積極的平和」を支持しない人が大半を占めている。[13] このように賛否の分かれる集団的自衛権の行使も、二〇一五年に安全保障関連法として法制化された。[14]

敗戦の文化を乗り越える――道義的回復に向けた三つの展望

本書では、文化というものが過去の暴力的な紛争の記憶によって形づくられるという推論を進めてきた。敗戦国の社会における記憶の作業からは、合意に根ざした盤石な言説ではなく、分断された文化がつくられる。本書で取り上げた戦争記憶では、過去の紛争についてそれぞれ異なる解釈がなされているが、いずれも語り手にとって語りやすいものになっている。多様な記憶の語り手はまた、次世代を啓発し、それぞれの自己認識を正当化しながら、認知を求めて競い合っている。敗戦後の社会にとって経済復興が至上命令だったように、道義的な復興もそれに匹敵するくらい大切な作業であろう。

そして、本書で論じてきた三つの敗戦の語りは、その回復作業の一端を担う。[15] 未来の展望が一様でなくても、挫折から立ちなおりたいという欲求が共有されれば、敗戦の文化は定着する。英雄、被害者、加害者を中心にした敗戦の語りにみられるように、日本人が描く未来の展望のあいだには齟齬があり、道義的、道徳的な回復のために優先すべきことについても一致点はない。そうしたことから、日本の長い戦後は、負の烙印から立ちなおり、喪失感を癒し、不正を正すための自己回復のプロセスだといえる。憲法を改正して「普通の国」になるべきか否かをめぐるにらみ合いは、「自己回復」の方法をめぐる根深い対立構造をあらわしている。

冷戦終結後の政治では、「左派対右派」「保守対リベラル」「タカ派対ハト派」のような党派にもとづく二分法が次第に有効性を失ってきた。記憶の政治も党派の枠を超え、政党のイデオロギーに頼るのではなく、総合的な政治文化のなかで道義的、道徳的回復を図る方向へ向かっている。[16] 以下に示す三つの視点は、平和憲法や「歴史認識問題」で日本が進むべき方向性について、それぞれ異なる選択肢を示している。ナショナリズム、平和主義、国際協調主義である。本書で論じた三つの記憶物語の延長線上にあるこれら三つのアプローチは、長い戦後を打開し、乗り越えるための道筋と考えられている。懸念や展望はそれぞれに異なるが、日本はいずれ三つのあいだになんらかの妥協点を見いだすことが必要になるだろう。

ナショナリズム（国家主義）の視点は、国際協調ではなく国威発揚によって過去を克服することを重視する。国への帰属意識や歴史を共有する者どうしの結束を強調し、伝統的遺産を社会的アイデンティティのよりどころとしている。このアプローチを支持する人は、国家の品格というような表現を使い、威信の喪失や敗戦国日本がおかれた国際的地位に強い怒りを感じていることが多い。その傾向に濃淡はあり、他国に敬意を払わせようと強硬な態度をとる人もいれば穏健に説得しようとする人もいるし、東アジア諸国などとの競合関係を現実的にとらえる人もいれば、観念的にとらえる人もいる。このアプローチでは「美しい国」の語りを強調するが、そのことは過去に押された烙印を消し去り、欧米から対等な国として認知されることによって長い戦後を「克服」しようという一大目標と軌を一にする。

平和主義の視点はアジア太平洋戦争の償いの証として、反軍・反戦精神と非暴力の精神を重視する。戦争を敵視し、紛争を平和裏に解決する機関としては国家に信をおいていない。平和主義は人間らしさの基盤であり、誤っていた過去からの回復を可能にする自己認識の源泉でもある。権威や権力でなく人間を中心に据えたこのアプローチでは、戦争のあらゆる被害者、核の被害にあったすべての人々を視野に含めており、軍事行動は人間を苦しめ安寧を脅かすという言い方がされる。そうした傾向に濃淡はあり、武力行使へ頑強に反対する人もいれば穏健派もいるし、戦争被害者として原爆や空襲による死者などを思い浮かべる国内指向の人や、シリア難民などを含める国際指向の人もいる。

国際協調（和解）主義の視点は、日本が加害行為を償い、アジア諸国に歩み寄ることを重視する。日本の近隣諸国との関係改善と国際協調に重きをおいており、そのために党派を超えることもよくある。程度の差はあれ、このアプローチを支持する人のあいだでは、前に進むには過去の罪を認めねばならないということ、また過ちを正すことは日本と国際社会の相互信頼関係を築くための唯一の道だということが共通認識となっている。和解主義者は人権や移行期正義、友好、多元主義などの言葉を使い、東アジア諸国と友好関係を結ぶことの必要性を強調する。支持者は政界や財界、学界、市民運動など広い領域にまたがっているが、頑強に補償と正義を求める人もいればもっと柔軟な人もおり、また和解について現実主義的な考えをする人もいれば理想主義者もいる。[17] 国際協調主義的、コスモポリタンなこの視点から見ると、正義は普遍的なものである。それは国際機関の宣言でうたわれている、普遍的人権にもとづく正義のことで、キリスト教徒やフェミニスト、社会主義者なども同じように考えている。

二〇〇〇年代から二〇一〇年代にかけて、世界では衝撃的な事件が相次いで起こり、軍事的脅威の感覚や不安、敵対心が強まった。たとえば、中国や北朝鮮のミサイル実験。湾岸戦争（一九九〇－九一年）で日本が多国籍軍に加われなかったこと。アメリカ同時多発テロ事件と「テロとの戦い」。日本が国連安保理常任理事国に昇格できなかったこと（二〇〇五年）。平和外交の理想が地政学上の変化という現実と衝突し、日本は外交における優先順位を見なおさざるをえなくなった。クウェート支援では、「小切手外交」と蔑まれて平和外交に対する確信が揺らぎ、また東アジアにおける反日感情の高まりによって、和解外交への確信も揺さぶられた。このような状況下、同時多発テロを契機に有事関連法が成立（二〇〇三、〇四年）、ほどなく北朝鮮と中国を潜在的脅威と規定する新しい「防衛計画の大綱」が決定した（〇四年）。[18] イラク南部での「人道復興支援活動」（二〇〇三－〇九年）のため一〇〇〇人規模の自衛隊員を派遣することも国会で承認された。[19] このような大きな変化が起きたことから、憲法第九条にもとづく日本の平和戦略はいっそうむずかしい課題を抱えることになり、過去の清算を推進する動きに水をさす結果となった。

ナショナリズムの視点――名誉と愛国心、国への帰属意識

ナショナリストには戦前のような頑強な国家主義を唱える人から、文化的な伝統回帰を掲げる人まいるが、共通するのは日本第一という概念で、日本の国益を伸ばすことが「歴史認識問題」に対する最善の解決法だと考えている点である。このナショナリズムは国への帰属意識や歴史の共有という感覚をよりどころにしていて、コスモポリタニズムに対する文化的抵抗の特徴が認められる。[20]終戦記念日に靖国神社を公式参拝する近年の首相たちも、国歌や国旗という伝統的象徴の尊重と「美しい国」を唱える人たちも、このカテゴリーに入る。そして安倍晋三首相のように、ナショナリストは憲法改正を支持する。たとえば二〇一四年に『産経新聞』の新年特別インタビューで、安倍は東京オリンピックが開かれる二〇二〇年の展望を訊かれ、こう答えた。

「(憲法は) 改正済みですね」……

「その段階で日本は完全に地位を回復し、地域や世界の平和と安定に大きく貢献し、尊敬のまなざしで見つめられる国になっていいたい。日本が地位を高めていくことで、アジア地域もバランスを回復する」[21]

安倍は、敗戦によって失墜した日本の地位を回復し、世界の尊敬を得ることを重んじている。安倍がしばしば口にする「戦後レジームからの脱却」とは、まさに長い戦後を終わらせることであり、戦

後の政治文化の底流をなしていた「弱い日本」という文化的トラウマを克服することであり、世界で政治的にも主要国として認められることである。具体的には、日本の軍事的無力化に終止符を打ち、「属国」としてアメリカへ一方的に依存する状態を終わらせることを意味する。こうしたナショナリストの未来図を示す一例が、二〇一二年四月に自民党が発表した憲法改正草案である。この草案は伝統と愛国主義、国家への義務を強調している。注目すべきは軍事力の放棄を定めた第九条を変更し、国防軍の保持を提起している点である。(22)

ここ数十年、日本で伝統の重みが減じ、その影響力も薄れていることを考慮すれば、国への誇りと愛国主義を取り戻そうという思いや焦燥感がナショナリストを駆り立てているのも理解できる。ある調査によると、日本に自信をもつ人は一九八三年時点で五七パーセントだったのに対し、二〇〇八年には三九パーセントにまで減っている。日本に自信をもつ若年世代も一貫して少ない。(23)たとえば愛国心のある高校生の割合は日米中の三カ国中、日本がもっとも低い。(24)団塊の世代より若い人々は仏教や神道などの宗教を信仰しておらず、天皇にも特別な感情をもっていない。(25)ナショナリストが「国を愛する態度」を教育政策の一環として唱えるのも、若い世代のあいだで自分たちの権力基盤が失われていくという懸念があるからだろう。だから中国との摩擦や挑発の応酬が日本への脅威を高めていることも、国への帰属意識や連帯感を強めるには「都合のいい」展開だといえる。

だが過去の清算という作業は、とくにナショナリストから見ると不愉快かつむずかしい作業である。「戦争責任を十分認識していない」という日本への批判は、欧米がつくる世界体制の中枢から日本が締め出されているという文脈で理解される。たしかに日本が負の烙印を消し去り中枢の国と同等の地位を築くのは、ドイツに比べて明らかにむずかしい。国際社会には序列があり、非西欧・非白人国家でありながら認知を得るのは二重のハードルを越えるに等しい。[26] ゆえにナショナリストの語りは国際協調というよりも、国際秩序のトップ、強者をめざすことに向けられている。[27] だから長い戦後からの道義的、道徳的回復は、和解ではなく、烙印を押された歴史認識を修正し、覆すことで達成される。

　こうしたナショナリストの観点からすると、謝罪して過去の暗い歴史に対する責任を担うことは、気高く立派な行為などではまったくない。むしろこれは、か弱い者がする自虐的な行為であり、いつまでも日本の名誉を傷つける許可を敵に与えることを意味する。[28] 第2章で紹介した世代間の近接性がこのナショナリズムの継承に及ぼす影響も容易に推察できる。それは戦時中のエリートの子や孫が謝罪に強く抵抗していることにもあらわれている。祖父の政治的地位と家族の記憶を受け継いだ安倍首相の例はよく知られるところだ。[29]

平和主義の視点――心の癒しと人間の安全保障

　平和主義は戦後日本で、長きにわたりナショナリズムに対抗する重要な役割を果たしてきた。たとえば、日本がイラク南部に自衛隊を派遣し、初めて「人道復興支援活動」に参加した数カ月後の二〇〇四年六月に、九人の知識人が東京に集い、国家による改憲に向けた動きから憲法を守るため「九条の会」を発足させたこともその一例である。呼びかけ人はそうそうたる顔ぶれで、いずれも戦中世代に属し、戦後は平和主義者として著名な人々だった。ヴェトナム反戦運動を牽引した小田実と鶴見俊輔。ノーベル文学賞受賞者の大江健三郎。平和主義者の大江は、国家に対しドイツのギュンター・グラスを思わせるような歯に衣着せぬ批判をおこなっている。三木睦子は従軍慰安婦問題で積極的に活動し、一九九五年にはアジア女性基金の呼びかけ人も務めた。言論界の重鎮的存在だった加藤周一と、有名な憲法学者の奥平康弘も参加している。この会は発足時の「アピール」のなかでこう訴えた。

私たちは、平和を求める世界の市民と手をつなぐために、あらためて憲法九条を激動する世界に輝かせたいと考えます。そのためには、この国の主権者である国民一人ひとりが、九条を持つ日本国憲法を、自分のものとして選びなおし、日々行使していくことが必要です。それは、国の未来の在り方に対する、主権者の責任です。日本と世界の平和な未来のために、日本国憲法を守るという一点で手をつなぎ、「改憲」のくわだてを阻むため、一人ひとりができる、あらゆる努力を、いますぐ始めることを訴えます。[30]

「アピール」は大きな反響を呼んだ。一年半のうちに、全国各地の市民による四〇〇〇もの「九条の会」が発足。一〇年後にその数は七五〇〇にのぼり、領域も多岐にわたった。「映画人九条の会」「九条の会・詩人の輪」「女性「九条の会」」「障害者・患者九条の会」「九条の会・医療者の会」「音楽・九条の会」「九条科学者の会」「マスコミ九条の会」のほか、子供のための九条の会や、漁業者、商社関係者、仏教者、環境保護運動家によるもの、共産党による運動などもある。県市町村単位の会も数千に及んだ。[31] さらに、青年組織ピースボートの働きかけにより、九条の理念を世界の人々に知ってもらい、広めていくための「グローバル9条キャンペーン」も始まった（二〇〇五年）。

日本は新たな広島や長崎を生むことにつながる戦争の放棄を誓ったが、そのことで集団的自己憐憫状態に陥っている――そうした批判が欧米側からなされることは多い。しかしそこでいつも見落とされるのは、七〇〇年に及ぶ尚武の歴史を有し、しかも日清、日露、第一次世界大戦という三つの対外戦争で勝利を収めた国にとって、非武装を唱えるにはいかに重い決意が必要かという点である。[32]「悲劇の国」としての過去との根本的決別を誇りに思う市民の気持ちは強く、それは二〇一四年に市民団体がノーベル平和賞候補に憲法九条を推薦したことにもあらわれている。[33]

九条に表象されるこうした平和意識が広く大衆に共有されるようになるまでには長い年月がかかった。歴史家の赤澤史朗によると、国家の決めた「正義」がかつて大勢の犠牲者を出し、不当な暴力行為を生み出したことから、日本の戦後平和主義には、その正義に対する不信感が深く根づいているという。[34]戦争の記憶から軍隊への深い嫌悪感や政府の軍隊統制能力に対する抜きがたい不信感をもつ国民は、九条という方法で政府に歯止めをかけることによって、安心感を得ている。そして、過去の暴力への反省と人間の安全保障を追求し、模範的な地球市民になりたいという希望をいだく。つまり日本の平和主義は市民の悔恨の気持ちと、世界における道義的地位を高めたいという希望の混じった、道義的回復のための方法・道筋でもある。ゆえに日本の平和主義は、戦争責任への問題意識に立脚した反戦平和主義とは根本から違うものといえる。

九条の会は、二〇〇〇年代にナショナリズムが再燃したことに対抗するためにつくられたものだった。会は平和主義に対する矜持を改めて表明した。この平和主義は学校で学ぶものと同様の標準的道徳観であり、歴史上にもこれを体現したロールモデルが何人もいる。たとえば、新渡戸稲造、矢内原忠雄、内村鑑三などのキリスト教平和主義者、バートランド・ラッセル、アルベルト・アインシュタインら無神論の平和主義者である。[35]しかし九条の会発足からわずか六カ月後、日本政府は新しい防衛大綱（〇四年）を発表した。自衛隊の活動範囲を拡大・整理し、国内外での緊急事態に即応性と機動性をもって対応するためのもので、北朝鮮と中国を「潜在的脅威」と規定している。[36]

二〇一四年七月一日には政府が閣議決定により憲法解釈を変更し、一定の範囲内ながら集団的自衛権の行使を許容した。それをうけ、新しい市民団体やネットワークも活動を始めた。主な担い手は戦後生まれの研究者や言論人、活動家などで、立憲主義と立憲民主主義を守るよう政府に抗議し、政府に対する監視活動を呼びかけている。そうした団体の一つに「立憲デモクラシーの会」があり、新たな九条改正へ向かう勢力を跳ね返すべく、広く支持者を集めようとしている。[37]この観点からすると、多くの人々の民主的選択に支えられた立憲平和主義とは、長い戦後からの究極の道義的回復を象徴するものといえよう。[38]

国際協調（和解）主義の視点——正義と道義的責任

過去を克服するための和解主義のアプローチでは、国際対話を通じて敵対関係にあった近隣諸国とたがいに尊重し合い、究極的には信頼し合える関係を築くことを何よりも重視する。そのため、日本は侵略の過去を認識して罪責を引き受け、それに対する補償をおこなうことも不可欠とみなす。西ドイツの例を見ると、歴史理解を隣国と共有しようという動きは、早くも終戦から数年のうちに始まっている。西ドイツは国際連合教育科学文化機関（ユネスコ）の仲介によってフランスとの対話を始め

（一九五一年）、その後東方外交が開始されるとポーランドとも話し合いを始めた（一九七二年）。和解に向けた西ドイツの共通歴史教科書委員会の仕事は高い評価を得、今もこの活動は政府から制度面や資金面での支援をうけつつ、継続されている。[39] これに対し日本が韓国・中国と共同歴史研究をおこなうようになったのはようやく一九九〇年代に入ってからで、制度の充実度や各国政府からの支援もドイツの例に比べ限定的である。この時期には、日本と中韓との共同研究が官民両方でおこなわれた。[40] その成果の一つが、三国共通歴史教材『未来をひらく歴史』である。二〇〇五年刊行のこの本には、日中韓の研究者、学校教員、市民活動家ら五四人が寄稿している。三言語で書かれた東アジア初の歴史教材だった。[41] 序文として掲げられた「読者のみなさんへ」にはこう書かれている。

『未来をひらく歴史』は、日本・中国・韓国の三つの国を中心とした東アジアの歴史を扱っています。

過ぎ去った一九―二〇世紀の東アジアの歴史には、侵略と戦争、人権抑圧などの洗い流しがたい傷が染み付いています。……

［しかし］東アジアは交流と親善の長い伝統を［も］もっており、国家の垣根を越えて明るい未来のためにともに努力している人々もたくさんいます。

過ぎ去った時代の肯定的な面は受け継ぎながらも、誤った点は徹底的に反省することによって、私たちはこの美しい地球で、より平和で明るい未来を開拓することができるはずです。

平和と民主主義、人権が保障される東アジアの未来を開拓するために、私たちが歴史を通じて得ることができる教訓は何でしょうか。
この本を読みながらみんなでいっしょに考えてみましょう。[42]

ここに書かれているように、共通歴史教科書づくりの作業が前提とするのは、歴史認識の共有は平和や民主主義、人権という普遍的価値の共有によって可能になるという考えである。そのために必要なのは、三国で意味を共有できる言葉、そして三国で使用できる理解と解釈の枠組みを可能なかぎり見つけることだ。『未来をひらく歴史』は、日本帝国主義による侵略の歴史と近代東アジアのうけた被害を一貫した表現で描いた。ここでもちいられている語りは三国の歴史を一つに束ね、「歴史問題」の起源を明らかにしている。また侵略した加害者（日本）と侵略に抵抗した英雄（中国と朝鮮）、苦汁をなめた被害者（中国、朝鮮、日本）を明確に分ける。そして、東アジアが真の癒しと正義、恒久的な和解に達するには、「やましい国」としての日本が帝国主義と侵略、搾取について「はっきりと謝罪し、被害者に補償をすること」が必要であると、解決策を見いだすための青写真を示している。[43]

和解に向けた取り組みには三国で意味を共有できる言葉を見つけることがきわめて大切だが、現実にはむずかしい。[44] アメリカ在住の韓国人社会学者シン・ギウクは、東アジアにおける和解に大きな意味をもつ四つの領域として、謝罪、共同歴史研究、戦後補償訴訟、アジア地域の交流をあげ、前に進むにはここに共通の土台を探すことが必要だと述べている。[45] 実践の次元では、これはかつての敵と加害者と被害者が積年の憎しみと偏見をひとまず棚上げして、善意の源を忍耐づよく探し出さなければならないことを意味する。イデオロギーの面で複雑なのは、「普遍性をもつ」国際的規範の応用である。人権や民主主義、平和に対する罪や人道に対する罪という共通表現は国際的規範となっているが、紛争後の国々ではこうした「正義」についての共通理解が得られないという問題が起きる。[46] 日韓・日中の場合、政府主導の歴史共同研究委員会が二〇〇〇年代にはかばかしい成果をあげなかったのは、一つにはそれが原因だっただろう。[47]

最近の世論調査でも、日本が平和主義的であるとか国際協調主義的であると考える人は中国人や韓国人の一握りにすぎず（一一パーセントを下回っている）、軍国主義的だと考える人のほうがはるかに多い（回答者の三分の一から二分の一）。また、関係改善を阻むものとして多くの中国人や韓国人が歴史問題と領土問題をあげている。[48] 同じように、中国と韓国に親しみを感じる日本人も激減しており、近年は一貫して少ない。中国に好感をもつ日本人は一九八〇年（七八・六パーセント）をピークに減少に向かい、二〇一二年に最低水準に落ち込んだ（一八パーセント）。天安門事件（一九八八年）や反日暴動（二〇〇五年）、尖閣諸島／釣魚群島問題の緊迫化（二〇一〇年）などの出来事のあとには、とくに大きく下落した。韓国に対する日本人の好感度については、金大中《キム・デジュン》大統領が日本大衆文化の輸入開放措置を宣言してから（一九九八年）、ＦＩＦＡワールドカップ日韓共催（二〇〇二年）やＫポップなど韓国大衆文化の流行（韓流ブーム）が追い風となって着実に上昇し、韓国に親しみを感じる日本人は二〇一一年には六二・二パーセントに達した。ところが二〇一二年に李明博《イ・ミョンバク》大統領が竹島／独島に上陸し、領土問題が先鋭化すると一気に減少に転じ、三九・二パーセントとなった。[49]

二〇一〇年代には、三カ国の研究者が相互理解をめざして新たな国際対話を再開したが、周囲の政治的・社会的環境は二〇〇〇年代に比べ明らかにかなり悪くなっていた。各国史の橋渡し役を担い、東アジア地域史をつむぐという野心的な目標を掲げていた『未来をひらく歴史』の後続書[50]からは、当時のむずかしい雰囲気が漂ってくる。「正義」の共通土台を見つけることがいかに困難だったか、それは集団的記憶についての記述がまとまりを欠いていることに如実にあらわれている。しかしどれほど困難であっても、こうした民間レベルの対話を進める活動を粘りづよく続けてこそ、東アジアにおける和解という仕事を成し遂げるための道をひらくことができる。内海愛子や大沼保昭など多くの活動家・研究者が、アジアで移行期正義を実現するため、何十年にもわたって粘りづよい活動を続けていることも特筆すべきだろう[51]。

ドイツの例が示しているように、和解はつまるところ、罪を認めること、明確な形で謝罪すること、正義についての考えを共有することが前提となる。こうした見方からすると、謝罪は誇るべき立派な行為であり、自分の罪を受け入れるだけのたいへんな勇気があることの証である。自らの犯した罪の深淵を見つめ、責任を受け入れることは人を卑小に見せるどころかむしろその人の懐の深さを示すことになる。自らを省みたうえで誠実な謝罪をすることは、負の烙印を消し去ることにつながる。勇気をもって深く内観することが高く評価される社会では、思い切った謝罪と反省が広い意味で益をもたらすことが多い。しかし、「反省なき人生は生きるに値しない」という考えがあまり共有されていない社会では、和解のために謝罪することが自己省察ではなく自己卑下とみなされ、狭い意味での益をもたらさないと思われているのだろう。

ナショナリズム、平和主義、国際協調(和解)主義のアプローチはこの数十年、信念や感情、政策、政治手法などさまざまなところでぶつかり合い、競合関係にあった。過去を克服するための戦略としても、政治的正統性を獲得するための戦略としても、また社会連帯をうながす政治手法としても、この三つのアプローチは相容れない関係にある。そのなかでも平和主義のアプローチが、とくに家庭と学校における戦争の語りと連動して優位に立ち、今にいたっている。しかし歴史の深い傷を癒すには、そして過去の間違いを償って乗り越えていくには、平和主義を唱え、不戦を実践する以上のことが必要だろう。今の地政学的環境においては、過去の敵と被害者から尊敬を得られなければ、道義的回復を達成することはできない。日本と中国、韓国の関係が緊迫化したことで、この課題はむずかしさを増している。

和解のグローバル・モデルはあるのか

記憶の文化についての理解が深まるなか、悔恨政策にもとづくドイツの和解モデルは世界に広まっている。紛争後に各地で設けられた真実和解委員会はその成果でもあり、今や一種の「グローバル・スタンダード」になった。ホロコーストは地球規模で文化的トラウマとして認識されるようになり、今では普遍的道義を説く際の象徴と化した感もある。[52] 過去の過ちを正し、和解を促す最善の方法・手本として標準化されつつあるこの「グローバル・スタンダード」――罪は認識され、悔い改められ、赦され、救済されるものだという信念体系に起源をもつ――がユダヤ・キリスト教文明があまり浸透していない国々でも通用し、深い共感を得られるようになるかどうかは問われるところである。わけてもヨーロッパの反ユダヤ主義に起因するホロコーストに対する償いのモデルは、アジアその他の地域で有効にはたらくのだろうか。世界各国の多様な記憶を仲介する「普遍的モデル」がそもそもありうるのかという問いも含めて、さらなる考察が必要な問題である。

しかし「グローバルな規範」とは、要するに「西欧自由主義の規範」にほかならない。「西欧自由主義の規範」に沿うことが文明的で優れているという感覚、西欧側の優越感がここに存在することは否定できない。これはまた、この規範に沿わない者は遅れた野蛮な者だという序列意識のあらわれでもある。それは、真実の追求と告白、謝罪と赦しにもとづかずに過去の過ちに対処することは非文明的で、狭量かつ利己的だということを意味する。また、そのようなことをする者は西欧的体制の正規会員になるにふさわしくない、という含意もここにはある。戦後補償運動の急拡大を可能にしているのは、このグローバルな規範を土台とする人権や自由という理念の普及である。それは欧米的世界観、道義観の普遍化でもあり、強いて言うなら覇権主義の浸透としても理解できる。[53] 歴史の清算が「不十分」という理由で日本を道義的劣位に押し込めれば、必ず反発を招く。戦争や内戦を経た国が「遺憾の政治」(politics of regret) を進めることは今や世界では必須となっているが、[54] ここには「文明度」にもとづく明確な序列が含まれていることを、十分考慮しなければならない。

政治学者のアイシェ・ザラコルはトルコとロシア、日本における敗戦の文化を論じるなかで、非西洋圏の「アウトサイダー国家」が存在論的安心 (ontological security) を求めて中枢の国々と同等な地位を得ようとするのと、西洋圏の「インサイダー国家」が同じことをするのとでは構造的に異なるということを強調している。ザラコルは敗戦が日本やトルコに与えた試練について世界の序列構造という観点から精巧な説明を加え、東洋は西洋と違って二重の烙印を押され、二重の承認要求を抱えていると述べる。アウトサイダー国家は、自国が世界の主要国として受け入れられていないことに対し、つねに強い懸念をいだいてきた。日本やトルコをはじめとする非西洋圏の敗戦国は西洋から認められたいという欲求が強く、戦後は西洋のようになるべく努力を重ねた。日本やトルコが戦争犯罪について謝罪に前向きでないのは、西洋の仲間入りという目標を長年にわたって掲げてきた自国にとって、謝罪することはその目標と相容れない国として自らを再定義することになるからだ。そういう自国の「野蛮さ」、さらには不当な暴力を行使したことを認めれば、国家の理想像がほころんでしまう。さらに皮肉なことに、西洋的な進歩や合理性、科学に関する基準を満たしていない、遅れた国ということにもなる。(55)

日本のナショナリスト、平和主義者、和解主義者は、自国を「グローバル・スタンダードを満たした文明国」として認めてほしいという願望と、「野蛮な行為をはたらくことのない文明国」として見てもらいたいという願望との板挟みになっている。グローバル・スタンダードを満たせば国際社会から承認を得ることができるが、同時に白人社会を脅かす「黄禍」という西洋の固定観念を補強することにもなる。こうしたなか、日本に謝罪を求める中国や韓国の声は次第に強まっている。

ドイツとの比較

コンラート・ヤーラオシュとマイケル・ゲイヤーは『打ち砕かれた過去』〔未邦訳〕のなかで、悔恨政策がとられているドイツでも、過去についての認識が一つにまとまっているわけではないことを浮き彫りにしている。二人はヒトラーの戦争やナチ政権、ホロコーストについて東西統一（一九八九年）以降のドイツで語られてきた多様な記憶に検討を加え、加害者や被害者、傍観者の視点からさまざまな語りがあること、また記憶と記憶がたがいに対立し、別々の教訓を引き出していることを示した。加害者、被害者、傍観者の戦争物語は日常生活のなかで共存しているが、その土台には異なる認識や経験、利害があり、国民全体の一つの物語という形にはなっていない。[56] こうした記憶の分断の背景にはドイツに特有の社会的・政治的条件がある。冷戦時代における東西ドイツの分裂。戦後世代、とくに団塊世代のもつ歴史認識の違い。戦場と銃後の体験についての記憶の多様性。悔恨意識を広めた社会民主党への支持。[57] 記憶が分断されているドイツの状況は、日本やフランス、オーストリアなど、むずかしい過去をかかえた他の国とまったく違うというわけでもないのである。[58]

とはいえ、ホロコーストの過去についての公式な取り組みは、一九七〇年代以降は悔恨にもとづく政策に貫かれていた。悪しき歴史を見つめ、自らの罪と責任を引き受け、そうした過去と決別しながらもそれを忘れずに、ドイツ人としての新しい自己認識を形成するという政策である。[59] 伝統回帰を求める人たちは一九六八年世代がつくり上げた悔恨政策を嫌悪してきたし、戦争映画ではドイツ人が悲劇の勇士や犠牲者として描かれてきたし、ドイツ人が悲惨な目にあったと私的な場で語る人もいるが、公的な悔恨の政治と対立する声は制御され、隅に追いやられてきた。[60] 戦後西ドイツで悔恨の政策がとられたのには、和解が経済的・政治的にどうしても達成しなければならない至上命題だったという事情も大きく作用している。西ドイツが経済的・政治的に生き残るには、ヨーロッパへの統合を確立せねばならなかった。もっとも重要なフランスとのあいだに協力関係を築いたのを皮切りに隣国と関係を結び、ヨーロッパの一員となり、北大西洋条約機構（NATO）に参加し、欧州統合に協力した。そして深い疑いの目で見られていたドイツ人とは違うヨーロッパ人としてのアイデンティティをつむぎ出した。それを可能にした国内の政治状況もあった。とくに二〇年ものあいだドイツ社会民主党が政権を担い（一九六九―八二、一九九八―二〇〇五年）、外交（東方政策）と教育（ホロコーストや第三帝国に重点をおいたカリキュラム）の分野でいくつもの重要な政策を実施したことも、有利にはたらいた。こうした構造的条件は、戦後日本の場合と大きく異なる。とくに日本の隣国が中国、北朝鮮、ソ連という共産主義国に、つまり和解してはならない国になったことは、和解の政治的可能性を凍結してしまった。[61]

第二次世界大戦後のドイツの悔恨政策はまた、第一次世界大戦後の政策と大きく異なる。第一次世界大戦後のドイツでは英雄や戦没兵の語りが広がり、国民を癒して結束させることが優先された。敗戦は本当の敗戦ではなく、左翼やユダヤ人の「裏切り」のせいでもたらされたという語りもはびこった。[62] 悔恨にもとづくアプローチは二度目の敗戦後に生まれたもので、これは二〇世紀前半のさまざまな歴史的失敗から引き出した総合的な教訓ともいえる。つまり残虐なホロコースト、第三帝国の失敗、二度にわたる大戦での敗北、ワイマール民主主義の挫折から学んだことがらを融合させた教訓だった。[63] 戦後の議会制度の改革により、国家主義や共産主義といった「過激なイデオロギー」に対する積極的な統制が可能になったことも、悔恨の政策を支えた（国家主義政党も共産党も、一九五〇年代に禁止されている）。[64] また議席獲得に必要な最小限の得票率（五パーセント）を設けることで、「泡沫」の乱立を防止した。[65] これ以外にも民主主義を安定させるための制度はあるが、いずれも民主政治を安定させ、過去を克服するための政策を極左や極右の反対意見から守る役割を果たした。一九六〇年代までは元ナチ党員を保護したり社会復帰させたりという動きもみられたが、七〇年代に社会民主党や若者世代が主導してドイツの罪責を明確化する加害の語りを形づくるに及んで、元ナチ党員の影響力が排除されるようになった。

過去数十年のドイツでは、市民の日常生活のなかでも、加害者と被害者のあいだに道徳的・社会的な境界線が引かれるようになっている。[66] 戦後、子供たちが敬うべきとされてきた模範的人物は、命を賭して第三帝国に抵抗した人たちだった。ヒトラー暗殺を試みた軍人クラウス・フォン・シュタウフェンベルクや白バラ抵抗運動を率いたハンスとゾフィのショル兄妹、反ナチ運動をおこない収容所で処刑された牧師のディートリヒ・ボンヘッファーなどである。こうした英雄の語りに比べると、戦争の犠牲になったドイツ人についての被害の語りはあまり表立ってなされることはない。引き揚げ者の数は日本に比べて多く、また日本と同じように激しい空襲をうけた人や、戦線で死線をさまよう経験をした人が数多くいるが、そうした人々の記憶は日本のように継承の対象として重視されていない（一九四五年以降、何百万人ものドイツ人がポーランドとチェコスロヴァキアから追放され、戦争中はハンブルク、ボーフム、マインツ、カッセルなど多くの都市が空爆をうけて万単位の死者が出た。東部戦線では何十万というドイツ兵が飢えや病気で命を落とした）。むしろ、一般市民の言説のなかで加害者の範囲は徐々に広がり、ホロコーストの実現を可能にした人々、つまり傍観者としての「普通の」ドイツ人を含めるまでになった。ドイツ国家はナチ時代の犯罪に対して時効を撤廃している（一九七九年）。それに加え、ネオナチ的な感情や見解の表明、いわゆる「アウシュヴィッツの嘘」も犯罪として規定している（一九八五年）[67]。だから、加害者が起訴される可能性は、今も残されているのである。

ドイツ人は、ヨーロッパ主義と立憲愛国主義をよりどころにした新しい自己認識をつくり上げることができた[68]。とくに戦後世代のあいだで、過去に対する悔恨と償いは一種の国民目標ととらえられ、時とともに市民アイデンティティの一形態となった。それを体現したのがワルシャワのゲットー英雄記念碑でひざまずいたヴィリー・ブラント元首相と、連邦議会における演説でドイツの戦争責任を明確にした（一九八五年）リヒャルト・フォン・ヴァイツゼッカー元大統領である。戦後世代の市民は悔恨能力に対する誇り（Sühnestolz）をもつようになったと言われており、これは新しい愛国心を生み出す源泉でもある[69]。二〇〇〇年代に入ると、戦争言説の振り子が逆の方向に振れはじめ、被害の語りがより多くの人々の注意を引くようになった。たとえばベストセラーとなったイェルク・フリードリヒの著作『ドイツを焼いた戦略爆撃』〔原書刊行二〇〇二年〕はドイツに対する空爆がもたらしたトラウマを綴っているし[70]、テレビドラマ『ジェネレーション・ウォー』〔二〇一三年制作。原題 *Unsere Mütter, unsere Väter*〕は悲惨な戦争に巻き込まれた清廉潔白なドイツ兵と一般民間人の姿を描いている。こうした語りのなかで、加害者と被害者の区分は徐々に流動的になり、境界がぼやけはじめている。それは加害者であり被害者でもある日本人を語るという、第3章で触れた「灰色」の語りにも似ているかもしれない。普通の人間がひとたび戦場に行くと次々と人を殺せるようになるのはなぜかという難解な問題は、ドイツにも残っているのである[71]。

「普通の国」として世界に返り咲く

第二次世界大戦後の七〇年間に、多くの国を巻き込む戦争がいくども起きた。朝鮮戦争、ヴェトナム戦争、アフガン戦争、湾岸戦争、コソヴォ紛争、イラク戦争、等々。民間人の被害はますます深刻となり、テクノロジーの破壊力も想像を絶するほど強大化している。それゆえ、私たちはポスト冷戦期の二一世紀に見合うよう、戦争と平和の語りを考えなおし、つくり変える必要がある。「良い」戦争と「悪い」戦争の違いはもはや明確でなく、誰が正義の味方で誰が悪者なのかがわかりにくくなってきた。白黒のはっきりしていた道徳規範もぼやけて、灰色の影になっている。戦時行為のなかには「灰色の領域」に含まれる事例が数多くある。[72] たとえば、強制収容所内でナチに協力し、ホロコーストに手を貸したユダヤ人の監視員《カポ》。第三帝国の首都を解放しながらも、おびただしい数のドイツ人女性をレイプしたソ連軍兵士。ヴェトナムで民間人の住む村を破壊し尽くしたアメリカ兵。グアンタナモのアブグレイブ刑務所に収容されたイラク人を拷問したアメリカ人。灰色の領域が広がるにつれ、戦争の道徳的枠組みが次第に弱くなっている。善悪を区別する規範をしかるべく設けることができてこそ、社会のなかに道徳的枠組みを構築できるとジェフリー・アレグザンダーは述べているが、だとするなら、さまざまな規範の適否自体を問わねばならない。[73]

帰するところ、道徳規範を社会に構築するのは、「葛藤をはらむ企て」である。善と悪、無罪と有罪の境界線そのものが流動的で、議論の余地をつねに残している。[74] この章で示してきたように、日本の長い戦後に終止符を打ち「歴史問題」を打開するための三つの選択肢は、言い換えるなら規範を構築する企ての選択肢である。善悪を区別する線を引き、罪を定義するのはむずかしい。日本にとってさらに複雑なのは、グローバル・スタンダードを満たすよう期待が向けられていることである。憲法九条をどうするか、「普通の国」になるべきか否かをめぐる言説は、詰まるところ境界線を引く行為と消す行為のあいだの緊張関係、日本の社会を引き裂きかねない軋轢を映し出している。この手詰まり状態はこれからも続き、長い戦後に終止符を打つことを阻むだろう。

戦後に進歩を遂げた、という感覚が日本にあるのは、豊かさと繁栄の実感によるところが大きい(75)。この尺度は父母や祖父母の世代には役に立ったが、記憶の営みを受け継がねばならない若年世代にはあまり意味がない。二〇〇〇年代以降、経済がとくに不安定になり、若年労働者が雇用不安にさらされている。今や製造業の多くは新興国に流出し、若者は一世代前の親たちに与えられていたような雇用をあてにすることはできない。厳しい求人市場に直面している日本の若者は消耗し、警戒心を強め、将来に不安を感じている(76)。約束を反故にされたような、あるいは裏切られたような感覚をもつ人もいれば(77)、実入りのよい仕事のありそうな外国に活路を求める人もいる(78)。悲観的な論調も目立つが、起伏の乏しい生活に若者たちがまったく不満というわけでもないということを示す報告もある。これを若者が現状に満足しきっていることのあらわれと考えるか、被支配者が誤った認識にとらわれていることのあらわれと考えるかは別として、調査のなかで、意外なほど多くの若者が自分を幸せだと回答している(79)。

日本の若年層はまた、身近に人生を教え導いてくれる人もあまりなく、めざしたいような歴史上のロールモデルもみつけられないまま自らの存在意義を探している。そのなかには、インターネット上で自分たちの鬱憤と外国人憎悪を「人種的他者」（racialized other）にぶつける者もいるだろう。小熊英二と上野陽子によると、二〇〇〇年代に登場した大衆迎合的ナショナリズムにはいくつかの新しい特徴があるという。その支持層は愛国主義に賛同しつつも、天皇にはどちらかというと無関心だ。大半が団塊の世代よりも若い二〇代から三〇代の男性で、左翼や『朝日新聞』、中国、日教組に激しい憎悪を向けているが、自民党は支持していない。こうした人々は政治的コミットメントに消極的で、不定形の中間地帯に漂っているようだと小熊は述べる。自分たちのアイデンティティを確たるものにするため価値を共有できる仲間を探し、また、小泉純一郎や石原慎太郎のような強い政治家と自分を重ね合わせることで厳しい経済状況から逃げ込める場を求めている。[80] 二〇一〇年代にはヘイト集団も目立ってきた。こうした集団は、若者たちに癒しと仲間意識を提供しているという。[81]

今、日本の若い世代は、経済的にも地政学的にもいっそう不安定になった世界と向き合わされている。そして、過去数十年のあいだに起きた地球規模の経済的・政治的変化は、日本を含む東アジアの人々に深い影響を与えている。急拡大する中国経済は二〇一〇年代に日本を追い抜き、日本人の自信を揺さぶるとともに、将来中国が君臨することへの恐怖を呼び起こした。同時に中国はアメリカを抜き、日本にとって最大の貿易相手国となった。年間貿易額は三四五〇億ドルに達する。[82] 日本の経済界の反応も一様でなく、階層によって異なる。機を見るに敏な投資家は、急拡大する市場に喜んで資本を投じるし、製造業者は中国の台頭を利用する戦略を立てるだろう。しかし多くの労働者にとって、経済の重心の変化は生活の糧を新興国に奪われることを意味する。反日感情の高まりも、中国に対する日本の投資に影響する。このような変動がそれぞれの人に異なる影響を及ぼしていることは明らかだろう[83]。

国際政治学者の小菅信子と藤原帰一は、中国が一九四五年の対日戦勝を上回る成功を収めないかぎり、つまり脱工業化した先進国社会に「キャッチアップ」し、世界の主要国への仲間入りを果たしたという感覚が中国に広まらないかぎり、日中関係に真の「和解」が訪れることはなく、緊張状態が続くだろうと考えている[84]。当面のあいだ、中国側の「愛国主義」政策、国民の団結を促す目的での反日感情の利用、「恥辱の一世紀」を克服するための試み、防衛費の増大や核戦力の増強などが、日中間の緊張を高めることになるだろう[85]。日本は日本で、迎撃システム搭載のイージス艦をすでに六隻保有するうえ、さらに二隻を追加配備し[86]、軍用飛行機や戦車の近代化も推し進めている。その一方で米軍との協力関係を強化して、有事に備えた訓練も実施している。政府が二〇一四年七月に平和憲法の解釈を変更し、集団的自衛権の行使を容認したことが、こうした動きを加速させた。日本は「普通の国」への道を歩んでいる。

二〇一四年に実施された世論調査で、日本に軍事的脅威を感じる中国の成人は回答者の半分以上(五五・二パーセント)に達した。アメリカ(五七・八パーセント)に次ぐ二番目の多さである。主な理由は、日本の過去の軍事行為と、現在の軍事力に対する強い不安だ。現在の日本の軍事力に脅威を感じる人が半数以上(五八・二パーセント)で、「歴史問題」が将来の脅威を暗示していると考える人もほぼ同じ割合(五二・四パーセント)を占めた。他方、日本人回答者の三分の二(六四・三パーセント)が中国を軍事的脅威ととらえていた。これは北朝鮮(六八・六パーセント)に次ぐ二番目の多さである。

将来の展望は、明るいとはいえない。日中関係が発展しても歴史問題の解決は困難と回答した人は日本では半数近く（四二・七パーセント）にのぼり、中国人（二六・九パーセント）に比べて悲観的な見方を示している[87]。

東アジアでの緊張は高まっているが、自国が侵略をうけた場合に自衛隊に参加して戦うと答えた日本人は一貫して少なく、五パーセントから六パーセント程度にすぎない（一九七八―二〇一二年）。とはいえ「何らかの方法で自衛隊を支援する」と回答した人は徐々に増えている（一九九四年の三九・三パーセントから二〇一二年の五六・六パーセントに増加）。回答者の年齢が若いほど、侵略に対して軍事的に対抗する意志が弱くなる。同時に、日本が戦争に巻き込まれる危険性があると感じている人の割合は若年層のほうが比較的高い[88]。

突き詰めていくと、日本の道義的回復は国民としての新しい自己を形成し、日米同盟の次元を超えた政治的アイデンティティを構築することなしには達成できない。これまでの日本は、国連という世界政府のなかで新しい政治的アイデンティティを形づくろうとしてきた。日本の目標は国連安全保障理事会の常任理事国になって道義的回復を果たすことで、この目標ならばナショナリストも平和主義者も国際協調主義者も共有できる。常任理事国入りを果たした暁には、日本は長い戦後を乗り越え、戦勝国や世界にも受け入れられるようなアイデンティティを獲得することができる（このことは、EUやNATOへのドイツの加盟に匹敵するといえる）。同時にこれは、安全保障理事会で拒否権をもつ国、つまり第二次世界大戦の戦勝国（アメリカ、ロシア、中国、フランス、イギリス）による権力の独占構造を壊すことにつながる。しかし常任理事国入りは、おそらく中国の反対によって阻まれるだろう。

この問題は、中国が国内問題から注意をそらすなどの目的で反日感情や反日思想を利用する必要がなくならないかぎり、解決しないかもしれない[89]。

過ちを繰り返したくないという願望が、敗戦国にとっていちばん強い原動力になるとヴォルフガング・シヴェルブシュは述べているが[90]、第二次世界大戦後七〇年を経たいま、この見方をさらに更新すべきだろう。敗戦を克服する手立てとして、今の民主主義社会では、第二次世界大戦以前の敗戦国にはなかったような、幅広い選択肢がある。たとえば敵としてあつかってきた相手への憎悪と偏見を克服するための教育や、権威に対する不服従についての規範をつくり変えること、またかつての敵どうしが対話を続けられるような各国に通用する《トランスナショナルな》制度的枠組みをつくること、などがある。記憶の文化がグローバル化しつつある今は、戦争の記憶が越境せずにすむはずもないし、過去とは違い、忘却ももはや選択肢にならない。新しい世界秩序に必要なのは、歴史に起因する感情的わだかまりが事態を膠着させている現状を打破すべく、創意を生かして譲歩と妥協を実現することだ[91]。私たちにとってそれは、第二次世界大戦について日本を有罪とするか無罪とするかを曖昧にした、不定形の中間地帯にある快適な安全地帯から勇気をもって出ていくことを意味する。そしてその勇気に報いて、かつての敵や被害者は、日本を赦すという可能性を模索しなければならないだろう。

戦後文化は暴力的な紛争の記憶によって形づくられ、戦争の記憶は時を経ても国民生活に深い刻印を残す。とはいえ、そうした条件のもとで暮らす私たちは、それを乗り越えるために一様に同じ道を選ぶわけではない。世が代わり、世代も移り代わるうちに、数多あった戦争の物語にも次第にばらつきがなくなり、そのうち一つに定着することもあるだろう。しかし、それは道義的あるいは政治的な理解の相違が解消されるという意味ではない[92]。文化的トラウマは、多様な記憶や相容れないいくつもの物語によって再生産されるが、それらの記憶や物語はまた、相互につながっているともいえる[93]。このトラウマの記憶は、ばらばらなものを統合する可能性も、まとまっていたものを分断する可能性も宿す。解消されないまま、見えなくなることもある。しかしこうした形で文化的トラウマが残ることによって、国民としてのアイデンティティは刷新される。文化的トラウマは、次世代が国の歴史を完全に理解することをむずかしくしているが、人々はそのトラウマがあるからこそ国の未来像を描くための営みを積み重ねていくのであり、その営みのなかで記憶は生きつづけることになる。

訳者あとがき

本書の原題は *The Long Defeat* である。素直に訳せば、「長い敗戦」。文中に何度か登場するキーワードだが、本来「戦に負けること」を指す「敗戦」に「長い」という形容詞はなじまない。ただ、「敗北」を今も引きずっている日本社会の状態を的確にあらわしている。どのように訳すべきか翻訳作業中にいろいろ考えをめぐらした挙げ句、私は著者の橋本明子氏、編集者の栗山雅子氏と相談のうえ、「長い戦後」とすることにした。全体の文脈から、「戦後」に「敗戦」のニュアンスがあることはおわかりいただけるだろう。

「日本には一つにまとめ上げられた大きな物語があるというより、多種多様の記憶がさまざまな理由から並立しひしめき合っている」と著者は言う（五ページ）。「敗戦」が今も尾を引いているのは、ひとつにはそれらの記憶がいっさい交わることのないまま、ここまで来たためなのかもしれない。もちろん、多様な見方があること自体は健全なのだが。

本書では、投書欄を含む新聞記事やテレビ番組、映画、漫画、教科書その他の媒体で語られる戦争の記憶を「英雄」の語り、「被害者」の語り、「加害者」の語りに分類する。歴史認識の問題をめぐって社会の亀裂が深まっている現状に頭を悩ませていた私がはじめて原書を読んだとき、深く腑に落ちるものを感じたのは、本書が多種多様の記憶をこの三つに整理したうえで、戦争の包括的な全体像を描くことができずにいる社会の現状を解き明かしているためだ。さらに本書は現在日本で唱えられている過去の清算のためのアプローチを、「ナショナリズム」「平和主義」「国際協調（和解）主義」の三つに整理し、今後は戦争と平和の語りをつくりなおして新しい国民的アイデンティティを構築する必要があると説く。自分と異なる語りを信じる人とのあいだで対話が成立しにくくなった今の状況が何に起因するのか、そしてどの方向を目指せばいいのか、それを考えるうえでの手がかりを得られた気が私にはした。

本書の翻訳について打診されたのは二〇一五年冬。それから一年半のあいだにも、国内外の情勢は変動を続けている。日本社会では「英雄」の語りが目立つようになり、政府は「ナショナリズム」のアプローチに舵を切ろうとしている。それでも、いやそれだからこそ、三つの語りのあいだに走る深い溝を、何かしらの方法で埋める努力を重ねる必要があるのだろう。

二〇一七年初夏

山岡 由美

索　引

＊「1(15)」は「原注」の第1章注(15)の意．以下同様．

イ

ウ

エ

ク

ケ

コ

ス

セ

フ

ヘ

ホ

参考文献

＊ 邦訳に複数の版がある場合は最新の版を記載した.

英語文献

Alexander, Jeffrey C. 2012. *Trauma: A Social Theory*. Malden, MA: Polity Press.

——. 2010. *The Performance of Politics: Obama's Victory and the Democratic Struggle for Power*. New York: Oxford University Press.

——. 2004. "Toward a Theory of Cultural Trauma." In *Cultural Trauma and Collective Identity*, edited by Jeffrey C. Alexander, Ron Eyerman, Bernhard Giesen, Neil Smelser and Piotr Sztompka, 1–30. Berkeley: University of California Press.

——. 2003. *The Meanings of Social Life: A Cultural Sociology*. New York: Oxford University Press.

Ambrose, Stephen E. 1992. *Band of Brothers: E Company, 506th Regiment, 101st Airborne: from Normandy to Hitler's Eagle's Nest*. New York: Simon & Schuster.〔2002. スティーヴン・アンブローズ『バンド・オブ・ブラザース』上ノ畑淳一訳，並木書房〕

Anderson, Benedict. 1991. *Imagined Communities: Reflections on the Origin and Spread of Nationalism*. Rev. and extended ed. London: Verso.〔2007. ベネディクト・アンダーソン『想像の共同体』白石隆・白石さや訳，書籍工房早山〕

Antoniou, Vasilia Lilian and Yasemin Nuhoæglu Soysal. 2005. "Nation and the Other in Greek and Turkish History Textbooks." In *The Nation, Europe, and the World: Textbooks and Curricula in Transition*, edited by H. Schissler and Y. N. Soysal, 105–121. New York: Berghahn Books.

Arms Control Association. 2013. "Fact Sheet: North Korea's Nuclear and Ballistic Missile Programs," July, http://armscontrolcenter.org/publications/factsheets/fact_sheet_north_korea_nuclear_and_missile_programs/

Art, David. 2006. *The Politics of the Nazi Past in Germany and Austria*. Cambridge: Cambridge University Press.

Ashplant, T. G., Graham Dawson, and Michael Roper. 2000. "The Politics of War Memory and Commemoration: Contexts, Structures and Dynamics." In *Commemorating War: The Politics of Memory*, edited by T. G. Ashplant, Graham Dawson and Michael Roper, 3–85. New Brunswick, NJ: Transaction.

Assmann, Aleida. 2008. "Transformations between History and Memory." *Social Research* 75 (1): 49–72.

——. 2006. "On the (In)Compatibility of Guilt and Suffering in German Memory." *Journal: German Life & Letters* 59 (2):187–200.

——. 2006. *Der lange Schatten der Vergangenheit: Erinnerungskultur und Geschichtspolitik*. Munich: Beck.

——. 2004. "Four Formats of Memory: From Individual to Collective Constructions of the Past." In *Cultural Memory and Historical Consciousness in the German-speaking World since 1500*, edited by Christian Emden and David Midgley, 19–37. New York: Peter Lang.

Assmann, Jan. 2010. "Communicative and Cultural Memory." In *A Companion to Cultural Memory Studies*, edited by Astrid Erll and Ansgar Nünning, 109–118. Berlin: Walter de Gruyter.

Bar-On, Dan. 1999. *The Indescribable and the Undiscussable: Reconstructing Human Discourse After Trauma*. Budapest: Central European University Press.

——. 1995. *Fear and Hope: Three Generations of the Holocaust*. Cambridge, MA: Harvard University Press.

——. 1993. "Holocaust Perpetrators and Their Children: A Paradoxical Morality." In *The Collective Silence: German Identity and the Legacy of Shame*, edited by Barbara Heimannsberg and Christoph J. Schmidt, 195–208. San Francisco: Jossey-Bass Publishers.

Barkan, Elazar. 2000. *The Guilt of Nations: Restitution and Negotiating Historical Injustices*. New York: W. W. Norton.

Bartov, Omer. 2003. *Germany's War and the Holocaust: Disputed Histories*. Ithaca: Cornell University Press.

Berger, Thomas. 2012. *War, Guilt, and World Politics after World War II*. New York: Cambridge University Press.

——. 1998. *Cultures of Antimilitarism: National Security in Germany and Japan*. Baltimore: Johns Hopkins University Press.

Bessel, Richard. 1993. *Germany after the First World War*. Oxford: Clarendon Press.

Bhabha, Homi. 1990. *Nation and Narration*. London: Routledge.

Blee, Kathleen. 2002. *Inside Organized Racism: Women in the Hate Movement*. Berkeley: University of California Press.

Blight, David W. 2001. *Race and Reunion: The Civil War in American Memory*. Cambridge, Mass.: Belknap Press of Harvard University Press.

Bodnar, John E. 2010. *The "Good War" in American Memory*. Baltimore: Johns Hopkins University Press.

Browning, Christopher R. 1992. *Ordinary Men: Reserve Police Battalion 101 and the Final Solution in Poland*. New York: HarperCollins.〔1997. クリストファー・R・ブラウニング『普通の人びと』谷喬夫訳，筑摩書房〕

Bruner, Jerome S. 1990. *Acts of Meaning*, Cambridge, Mass.: Harvard University Press.〔1999. J・ブルーナー『意味の復権』岡本夏木・仲渡一美・吉村啓子訳，ミネルヴァ書房〕

Buchholz, Petra. 1995. "Tales of War: Autobiographies and Private Memories in Japan and

Germany." In *Memories of War: The Second World War and Japanese Historical Memory in Comparative Perspective*, edited by Takashi Inoguchi and Lyn Jackson. Tokyo: United Nations University Press.

Buckley-Zistel, Susanne. 2012. "Between Pragmatism, Coercion and Fear: Chosen Amnesia after the Rwandan Genocide." In *Memory and Political Change*, edited by Aleida Assmann and Linda Shortt, 72–88. New York: Palgrave Macmillan.

Bude, Heinz. 1992. *Bilanz Der Nachfolge: Die Bundesrepublik und Der Nationalsozialismus*. Frankfurt am Main: Suhrkamp.

Burchardt, Natasha. 1993. "Transgenerational Transmission in the Families of Holocaust Survivors in England." In *Between Generations: Family Models, Myths, and Memories*, edited by Daniel Bertaux and Paul Richard Thompson, 121–137. Oxford: Oxford University Press.

Burke, Peter. 1989. "History as Social Memory." In *Memory: History, Culture and the Mind*, edited by Thomas Butler, 97–113. Malden: Blackwell.

Buruma, Ian. 2013. *Year Zero: A History of 1945*. New York: Penguin Press.〔2015. イアン・ブルマ『廃墟の零年1945』三浦元博・軍司泰史訳，白水社〕

——. 1994. *The Wages of Guilt: Memories of War in Germany and Japan*. New York: Farrar Straus Giroux.〔2003. イアン・ブルマ『戦争の記憶』石井信平訳，筑摩書房〕

Caruth, Cathy. 1996. *Unclaimed Experience: Trauma, Narrative, and History*. Baltimore: Johns Hopkins University Press.〔2005. キャシー・カルース『トラウマ・歴史・物語』下河辺美知子訳，みすず書房〕

Cohen, Stanley. 2001. *States of Denial: Knowing About Atrocities and Suffering*. Cambridge, MA: Polity Press.

Cohen-Pfister, Laurel, and Dagmar Wienröder-Skinner. 2006. eds.*Victims and Perpetrators, 1933–1945: (Re)presenting the Past in Post-unification Culture*, Berlin: W. de Gruyter.

Confino, Alon. 2006. *Germany as a Culture of Remembrance: Promises and Limits of Writing History*. Chapel Hill: University of North Carolina Press.

Cook, Haruko Taya, and Theodore F. Cook. 1992. *Japan at War: An Oral History*. New York: New Press.

Currie, David P. 1994. *The Constitution of the Federal Republic of Germany*. Chicago: University of Chicago Press.

Diehl, James. M. 1986. *The Thanks of the Fatherland: German Veterans after the Second World War*. Chapel Hill: University of North Carolina Press.

Dierkes, Julian. 2010. *Postwar History Education in Japan and the Germanys: Guilty Lessons*. London: Routledge.

Dittmar, Linda, and Gene Michaud. 1990. *From Hanoi to Hollywood: The Vietnam War in American Film*. New Brunswick: Rutgers University Press.

Dower, John W. 2010. *Cultures of War: Pearl Harbor, Hiroshima, 9–11, Iraq*. New York: W. W. Norton.

——. 1999. *Embracing Defeat: Japan in the Wake of World War II*. New York: W. W. Norton.〔2004.

ジョン・ダワー『敗北を抱きしめて 増補版 上・下』三浦陽一・高杉忠明訳，岩波書店〕

Dudden, Alexis. 2014. "The Nomination of Article 9 of Japan's Constitution for a Nobel Peace Prize." *Japan Focus: The Asia-Pacific Journal*, April 20.

——. 2008. *Troubled Apologies Among Japan, Korea, and the United States*. New York: Columbia University Press.

Duus, Peter. 2011. "War Stories." In *History Textbooks and the Wars in Asia: Divided Memories*, edited by Gi-Wook Shin and Daniel C. Sneider, 101–114. New York: Routledge.

Eliasoph, Nina. 1999. "'Everyday Racism' in a Culture of Avoidance: Civil Society, Speech and Taboo." *Social Problems* 46 (4):479–502.

——. 1998. *Avoiding Politics: How Americans Produce Apathy in Everyday Life*, Cambridge, UK: Cambridge University Press.

——. 1997. "'Close to Home': The Work of Avoiding Politics." *Theory and Society* no. 26 (4): 605–47.

Eyerman, Ron. 2008. *The Assassination of Theo Van Gogh: From Social Drama to Cultural Trauma, Politics, History, and Culture*. Durham, N.C.: Duke University Press.

——. 2004. "The Past in the Present." *Acta Sociologica* 47 (2):159–169.

——. 2004. "Cultural Trauma: Slavery and the Formation of African American Identity." In *Cultural Trauma and Collective Identity*, edited by Jeffrey C. Alexander et. al., 60–111. Berkeley: University of California Press.

Eyerman, Ron, Jeffrey C. Alexander, and Elizabeth Butler Breese. 2011. eds. *Narrating Trauma: On the Impact of Collective Suffering*, Boulder, CO: Paradigm Publishers.

Field, Norma. 1997. "War and Apology: Japan, Asia, the Fiftieth, and After." *Positions* no. 5 (1): 1–49.〔2000. ノーマ・フィールド「戦争と謝罪──日本，アジア，50周年，そしてその後」『祖母のくに』大島かおり訳，みすず書房〕

Figal, Gerald. 1996. "How to Jibunshi: Making and Marketing Self-Histories of Showa among the Masses in Postwar Japan." *Journal of Asian Studies* 55 (4):902–933.

FitzGerald, Frances. 1979. *America Revised: History Schoolbooks in the Twentieth Century*. Boston: Little Brown.〔1981. フランシス・フィッツジェラルド『改訂版アメリカ』中村輝子訳，朝日新聞社〕

Friday, Karl. 2006. "Might Makes Right: Just War and Just Warfare in Early Medieval Japan." In *The Ethics of War in Asian Civilizations: A Comparative Perspective*, edited by Torkel Brekke, 159–184. London: Routledge.

——. 2004. *Samurai, Warfare and the State in Early Medieval Japan*. New York: Routledge.

Friedrich, Jörg. 2002. *Der Brand: Deutschland im Bombenkrieg 1940–1945*. Munich: Propyläen Verlag.〔2011. イェルク・フリードリヒ『ドイツを焼いた戦略爆撃』香月恵里訳，みすず書房〕

Frühstück, Sabine. 2007. *Uneasy Warriors: Gender, Memory, and Popular Culture in the Japanese Army*. Berkeley: University of California Press.〔2008. サビーネ・フリューシュトゥック『不安な兵士たち』花田知恵訳，原書房〕

Fukuoka, Kazuya. 2011. "School History Textbooks and Historical Memories in Japan: A Study of Reception." *International Journal of Politics, Culture, and Society*, 24 (3–4):83–103.

Fulbrook, Mary. 2011. *Dissonant Lives: Generations and Violence through the German Dictatorships*. Oxford: Oxford University Press.

Gibney, Frank. 1995. *Sensō: The Japanese Remember the Pacific War. Letters to the Editor of Asahi Shimbun*. Armonk, NY: M. E. Sharpe.

Giesen, Bernhard. 2004. *Triumph and Trauma*. Boulder: Paradigm Publishers.

Gillis, John. 1994. ed. *Commemorations: The Politics of National Identity*. Princeton: Princeton University Press.

Gluck, Carol. 2007. "Operations of Memory: 'Comfort Women' and the World." In *Ruptured Histories: War, Memory, and the Post-Cold War in Asia*. Sheila Miyoshi Jager and Rana Mitter, eds. 47–77. Cambridge, Mass.: Harvard University Press.

——. 1993. "The Past in the Present." In *Postwar Japan as History*. Andrew Gordon, ed. 64–95. Berkeley: University of California Press.〔2001. キャロル・グラック「現在のなかの過去」沢田博訳，アンドルー・ゴードン編著『歴史としての戦後日本 上・下』中村政則訳，みすず書房〕

Goffman, Erving. 1963. *Stigma: Notes on the Management of Spoilt Identity*. Harmondsworth, UK: Penguin.〔2001. アーヴィング・ゴッフマン『スティグマの社会学』石黒毅訳，せりか書房〕

Goldhagen, Daniel J. 1996. *Hitler's Willing Executioners: Ordinary Germans and the Holocaust*. New York: Alfred Knopf.〔2007. ダニエル・J・ゴールドハーゲン『普通のドイツ人とホロコースト』北村浩・土井浩・高橋博子・本田稔訳，ミネルヴァ書房〕

Gordon, Andrew. 1993. ed. *Postwar Japan as History*. Berkeley: University of California Press.〔2001. アンドルー・ゴードン編著『歴史としての戦後日本 上・下』中村政則訳，みすず書房〕

Green, Michael, and Jeffrey W. Hornung. 2014. "Ten Myths About Japan's Collective Self-Defense Change: What the Critics Don't Understand About Japan's Constitutional Reinterpretation." *The Diplomat*, July 10.

Haass, Richard. 2009. *War of Necessity, War of Choice: A Memoir of Two Iraq Wars*. New York: Simon & Schuster.

Halbwachs, Maurice. 1992. *On Collective Memory*. Edited by Lewis A Coser. Chicago: University of Chicago Press.

Hammond, Ellen. 1997. "Commemoration Controversies: The War, the Peace, and Democracy in Japan." In *Living With the Bomb: American and Japanese Cultural Conflicts in the Nuclear Age*, edited by Laura Hein and Mark Selden, 100–121. Armonk, NY: M. E. Sharpe.

Hashimoto, Akiko. 2011. "Divided Memories, Contested Histories: The Shifting Landscape in Japan." In *Cultures and Globalization: Heritage, Memory, Identity*, edited by Helmut Anheier and Yudhishthir Raj Isar. 239–244 London: Sage.

——. 2004. "Culture, Power and the Discourse of Filial Piety in Japan: The Disempowerment of

Youth and Its Social Consequences." In *Filial Piety: Practice and Discourse in Contemporary East Asia*, edited by Charlotte Ikels, 182–197. Stanford, CA: Stanford University Press.

——. 2004. "Power to the Imagination." *Woodrow Wilson International Center for Scholars Asia Program Special Report* 121:9–12.

——. 1999. "Japanese and German Projects of Moral Recovery: Toward a New Understanding of War Memories in Defeated Nations." *Occasional Papers in Japanese Studies 1999–2001*. Cambridge, Mass: Reischauer Institute of Japanese Studies.

——. 1996. *The Gift of Generations: Japanese and American Perspectives on Aging and the Social Contract*. New York: Cambridge University Press.

Hashimoto, Akiko, and Charlotte Ikels. 2005. "Filial Piety in Changing Asian Societies." In *Cambridge Handbook on Age and Ageing*, edited by Malcolm Johnson, 437–442. Cambridge: Cambridge University Press.

Hashimoto, Akiko, and John W. Traphagan. 2008. "The Changing Japanese Family." In *Imagined Families, Lived Families: Culture and Kinship in Contemporary Japan*, edited by Akiko Hashimoto and John W. Traphagan, 1–12. Albany: SUNY Press.

He, Yinan. 2009. *The Search for Reconciliation: Sino-Japanese and German-Polish Relations since World War II*. New York: Cambridge University Press.

Hecker, Margarete. 1993. "Family Reconstruction in Germany: An Attempt to Confront the Past." In *The Collective Silence: German Identity and the Legacy of Shame*, edited by Barbara Heimannsberg and Christoph J. Schmidt, 73–93. San Francisco: Jossey-Bass Publishers.

Hein, Laura, and Mark Selden. 2000. "The Lessons of War, Global Power, and Social Change." In *Censoring History: Citizenship and Memory in Japan, Germany, and the United States*, edited by Laura Hein and Mark Selden, 3–50. Armonk, NY: M. E. Sharpe.

——. 2000. eds. *Censoring History: Citizenship and Memory in Japan, Germany, and the United States*. Armonk, NY: M. E. Sharpe.

——. 1997. eds. *Living With the Bomb: American and Japanese Cultural Conflicts in the Nuclear Age*. Armonk, NY: M. E. Sharpe.

Hein, Laura, and Akiko Takenaka. 2007. "Exhibiting World War II in Japan and the United States since 1995." *Pacific Historical Review* 76（1）:61–94.

Herf, Jeffrey. 1997. *Divided Memory: The Nazi Past in the Two Germanys*. Cambridge, MA: Harvard University Press.

Hess, Robert D, and Judith Torney. 2005. *The Development of Political Attitudes in Children*. New Brunswick, NJ: Aldine Transaction.

Hirsch, Marianne. 2012. *The Generation of Postmemory: Writing and Visual Culture after the Holocaust*. New York: Columbia University Press.

——. 1997. *Family Frames: Photography, Narrative, and Postmemory*. Cambridge, Mass.: Harvard University Press.

Hochschild, Arlie Russell. 1983. *The Managed Heart: Commercialization of Human Feeling*. Berkeley: University of California Press.〔2000. A・R・ホックシールド『管理される心』

石川准・室伏亜希訳，世界思想社〕

——. 1979. "Emotion Work, Feeling Rules, and Social Structure." *American Journal of Sociology*, 85:551–575.

Hogan, Michael J. 1996. ed. *Hiroshima in History and Memory*. Cambridge: Cambridge University Press.

Huyssen, Andreas. 2003. *Present Pasts: Urban Palimpsests and the Politics of Memory*, Stanford, Calif.: Stanford University Press.

Ienaga, Saburō. 1978. *The Pacific War, 1931–1945: A Critical Perspective on Japan's Role in World War II*. Translated by Frank Baldwin. New York: Pantheon Books.〔1968. 家永三郎『太平洋戦争』岩波書店（原書）〕

Ienaga, Saburō, and Richard H. Minear. 2001. *Japan's Past, Japan's Future: One Historian's Odyssey*, Lanham, Md.: Rowman & Littlefield Publishers.

Igarashi, Yoshikuni. 2000. *Bodies of Memory: Narratives of War in Postwar Japanese Culture, 1945–1970*. Princeton: Princeton University Press.〔2007. 五十嵐惠邦『敗戦の記憶』五十嵐惠邦訳，中央公論新社〕

Ikegami, Eiko. 1995. *The Taming of the Samurai: Honorific Individualism and the Making of Modern Japan*. Cambridge, Mass: Harvard University Press.

Inoguchi, Takashi. 2004. "Social Capital in Ten Asian Countries." *Japanese Journal of Political Science* 5:197–211.

Iriye, Akira. *China and Japan in the Global Setting*. Cambridge, MA: Harvard University Press, 1992.〔1995. 入江昭『日中関係この百年』興梠一郎訳，岩波書店〕

Izumikawa, Yasuhiro 2010. "Explaining Japanese Antimilitarism Normative and Realist Constraints on Japan's Security Policy." *International Security* 35（2）:123–160.

Jarausch, Konrad Hugo, and Michael Geyer. 2003. *Shattered Past: Reconstructing German Histories*. Princeton, N. J.: Princeton University Press.

Katzenstein, Peter J. 1996. *Cultural Norms and National Security: Police and Military in Postwar Japan*. Ithaca: Cornell University Press.〔2007. ピーター・J・カッツェンスタイン『文化と国防』有賀誠訳，日本経済評論社〕

Kim, Mikyoung, and Barry Schwartz. 2010. eds. *Northeast Asia's Difficult Past: Essays in Collective Memory*. New York: Palgrave Macmillan.〔2014. 金美景，バリー・シュウォルツ『北東アジアの歴史と記憶』稲正樹・福岡和哉・寺田麻佑訳，勁草書房〕

Lagrou, Pieter. 2000. *The Legacy of Nazi Occupation: Patriotic Memory and National Recovery in Western Europe, 1945–1965*. Cambridge: Cambridge University Press.

Lebert, Norbert, and Stephan Lebert. 2001. *My Father's Keeper: Children of Nazi Leaders: An Intimate History of Damage and Denial*. Translated by Julian Evans. Boston, MA: Little Brown.

Levi, Primo. 1989. *The Drowned and the Saved*. Translated by Raymond Rosenthal. New York: Vintage.〔2000. プリモ・レーヴィ『溺れるものと救われるもの』竹山博英訳，朝日新聞社〕

Lifton, Robert Jay. 1973. *Home from the War: Vietnam Veterans: Neither Victims nor Executioners*. New York: Simon and Schuster.

——. 1967. *Death in Life: Survivors of Hiroshima*. Harmondsworth, UK: Penguin Books.〔2009. ロバート・J・リフトン『ヒロシマを生き抜く』桝井迪夫・湯浅信之・越智道雄・松田誠思訳，岩波書店〕

Lind, Jennifer M. 2008. *Sorry States: Apologies in International Politics*. Ithaca: Cornell University Press.

Link, Bruce G. and Jo C. Phelan. 2001. "Conceptualizing Stigma." *Annual Review of Sociology* 27:363–85.

Macleod, Jenny. 2008. *Defeat and Memory: Cultural Histories of Military Defeat in the Modern Era*. New York: Palgrave Macmillan.

Margalit, Avishai. 2002. *The Ethics of Memory*. Cambridge, MA: Harvard University Press.

Mark, James. 2010. *The Unfinished Revolution: Making Sense of the Communist Past in Central-Eastern Europe*. New Haven: Yale University Press.

McCormack, Jo. 2007. *Collective Memory: France and the Algerian War (1954–1962)*, Lanham, MD: Lexington Books.

Moeller, Robert G. 2001. *War Stories: The Search for a Usable Past in the Federal Republic of Germany*. Berkeley: University of California Press.

——. 1996. "War Stories: The Search for a Usable Past in the Federal Republic of Germany." *American Historical Review* 101 (4):1008–1048.

Morina, Christina. 2011. *Legacies of Stalingrad: Remembering the Eastern Front in Germany Since 1945*. New York: Cambridge University Press.

Morris-Suzuki, Tessa. 2005. *The Past within Us: Media, Memory, History*. London: Verso.〔2014. テッサ・モーリス-スズキ『過去は死なない』田代泰子訳，岩波書店〕

——. "Who Is Responsible? The Yomiuri Project and the Enduring Legacy of the Asia-Pacific War." *Japan Focus*, June 25, 2007.

Moses, A. Dirk. 2007. *German Intellectuals and the Nazi Past*. Cambridge: Cambridge University Press.

Mosse, George L. 1990. *Fallen Soldiers: Reshaping the Memory of the World Wars*. New York: Oxford University Press.〔2002. ジョージ・L・モッセ『英霊』宮武実知子訳，柏書房〕

Mukae, Ryūji. 1996. "Japan's Diet Resolution on World War Two: Keeping History at Bay." *Asian Survey*, 36 (10), 1011–31.

Müller, Jan-Werner. 2007. *Constitutional Patriotism*. Princeton, N. J.: Princeton University Press.

Neal, Arthur G. 1998. *National Trauma and Collective Memory: Major Events in the American Century*. Armonk, NY: M. E. Sharpe.

Niven, William John. 2006. ed. *Germans as Victims: Remembering the Past in Contemporary Germany*. New York: Palgrave Macmillan.

Noakes, Lucy. 2009. "The BBC's 'People's War' Website." In *War Memory and Popular Culture: Essays on Modes of Remembrance and Commemoration*, edited by Michael Keren and Holger

H. Herwig, 135–49. Jefferson, N.C.: McFarland.

Nora, Pierre. 1996. *Realms of Memory: Rethinking the French Past*. Translated by Arthur Goldhammer. New York: Columbia University Press.〔2002. ピエール・ノラ『記憶の場 1』谷川稔監訳，岩波書店〕

Nozaki, Yoshiko. 2008. *War Memory, Nationalism and Education in Post-war Japan, 1945–2007: The Japanese History Textbook Controversy and Ienaga Saburo's Court Challenges*. London: Routledge.

——. 2002. "Japanese Politics and the History Textbook Controversy, 1982–2001." *International Journal of Educational Research*, 37 (6–7):603–622.

Nozaki, Yoshiko, and Hiromitsu Inokuchi. 2000. "Japanese Education, Nationalism, and Ienaga Saburo's Textbook Lawsuits." In *Censoring History: Citizenship and Memory in Japan, Germany, and the United States*, edited by Laura Hein and Mark Selden, 96–126. Armonk, NY: M. E. Sharpe.

Okano, Kaori, and Motonori Tsuchiya. 1999. *Education in Contemporary Japan: Inequality and Diversity*. Cambridge: Cambridge University Press.

Olick, Jeffrey K. 2007. *The Politics of Regret: On Collective Memory and Historical Responsibility*. New York: Routledge.

——. 2005. *In the House of the Hangman: The Agonies of German Defeat, 1943–1949*. Chicago: University of Chicago Press.

——. 1999. "Genre Memories and Memory Genres: A Dialogical Analysis of May 8th, 1945 Commemorations in the Federal Republic of Germany." *American Sociological Review* 64 (June): 381–402.

Olick, Jeffrey K., Daniel Levy, and Vered Vinitzky-Seroussi. 2011. eds. *The Collective Memory Reader*. Oxford: Oxford University Press.

Orend, Brian. 2006. *The Morality of War*. Peterborough, Ont.: Broadview Press.

Oros, Andrew. 2008. *Normalizing Japan: Politics, Identity, and the Evolution of Security Practice*, Stanford, Calif.: Stanford University Press.

Orr, James Joseph. 2001. *The Victim as Hero: Ideologies of Peace and National Identity in Postwar Japan*. Honolulu: University of Hawai'i Press.

Park, Soon-Won. 2011. "A History That Opens the Future: The First Common China-Japan-Korean History Teaching Guide." In *History Textbooks and the Wars in Asia: Divided Memories*, edited by Gi-Wook Shin and Daniel C. Sneider, 230–245. New York: Routledge.

Pempel, T. J. 2014. "Why Japan's Collective Self-Defence Is So Politicised." *East Asia Forum*, http://www.eastasiaforum.org/2014/09/02/why-japans-collective-self-defence-is-so-politicised/. September 2.

Penney, Matthew. 2008. "Far from Oblivion: The Nanking Massacre in Japanese Historical Writing for Children and Young Adults." *Holocaust and Genocide Studies* 22 (1):25–48.

——. 2007. " 'War Fantasy' and Reality - 'War as Entertainment' and Counter-narratives in Japanese Popular Culture." *Japanese Studies* 27 (1):35–52.

Pharr, Susan J. 1997. "Public Trust and Democracy in Japan." In *Why People Don't Trust Government*, edited by Joseph S. Nye, Philip Zelikow and David C. King, 237–252. Cambridge, Mass.: Harvard University Press.〔2002. スーザン・ファー「日本における国民の信頼と民主主義」ジョセフ・ナイ，Jr.，デビッド・C・キング共著『なぜ政府は信頼されないのか』嶋本恵美訳，英治出版〕

Polletta, Francesca. *It Was Like a Fever: Storytelling in Protest and Politics*. Chicago: University of Chicago Press, 2006.

Posner, Gerald L. 1991. *Hitler's Children: Sons and Daughters of Leaders of the Third Reich Talk about their Fathers and Themselves*. New York: Random House.〔1993. ジェラルド・L・ポスナー『ヒトラーの子供たち』新庄哲夫訳，ほるぷ出版〕

Prinz, Jesse J. 2007. *The Emotional Construction of Morals*. New York: Oxford University Press.

Putnam, Robert. 2002. ed. *Democracies in Flux: The Evolution of Social Capital in Contemporary Society*. New York: Oxford University Press.〔2013. ロバート・パットナム『流動化する民主主義』猪口孝訳，ミネルヴァ書房〕

Rahimi, Babak. 2005. "Sacrifice, Transcendence and the Soldier." *Peace Review*, 17 (1):1–8.

Rohlen, Thomas P. 1983. *Japan's High Schools*. Berkeley: University of California Press.〔1988. トーマス・P・ローレン『日本の高校』友田泰正訳，サイマル出版会〕

Rose, Caroline. 2005. *Sino-Japanese Relations: Facing the Past, Looking to the Future?* London: RoutledgeCurzon.

Rosenthal, Gabriele. 1998. "Veiling and Denying." In *The Holocaust in Three Generations: Families of Victims and Perpetrators of the Nazi Regime*, edited by Gabriele Rosenthal, 286–294. London: Cassell.

——. 1998. "National Socialism and Anti-semitism in Intergenerational Dialog." In *The Holocaust in Three Generations: Families of Victims and Perpetrators of the Nazi Regime*, edited by Gabriele Rosenthal, 240–248. London: Cassell.

Rousso, Henry. 1994. *The Vichy Syndrome: History and Memory in France since 1944*. Translated by Arthur Goldhammer. Cambridge, Mass.: Harvard University Press.

Saaler, Sven. 2005. *Politics, Memory and Public Opinion: The History Textbook Controversy and Japanese Society*. Munich: Iudicium Verlag.

Saito, Hiro. 2006. "Reiterated Commemoration: Hiroshima as National Trauma." *Sociological Theory* 24 (4):353–376.

Sakaki, Alexandra, 2012. *Japan and Germany as Regional Actors Evaluating Change and Continuity after the Cold War*. Florence, KY: Routledge.

Samuels, Richard J. 2007. *Securing Japan: Tokyo's Grand Strategy and the Future of East Asia*. Ithaca: Cornell University Press.〔2009. リチャード・J・サミュエルズ『日本防衛の大戦略』中西真雄美訳，日本経済新聞出版社〕

Schissler, Hanna, and Yasemin Nuhoæglu Soysal. 2005. eds. *The Nation, Europe, and the World: Textbooks and Curricula in Transition*. New York: Berghahn Books.

Schivelbusch, Wolfgang. 2003. *The Culture of Defeat: On National Trauma, Mourning, and*

Recovery. Translated by Jefferson Chase. New York: Metropolitan Books.〔2007. ヴォルフガング・シヴェルブシュ『敗北の文化』福本義憲・高本教之・白木和美訳，法政大学出版局〕

Schmitt, David P., and Jüri Allik. 2005. "Simultaneous Administration of the Rosenberg Self-Esteem Scale in 53 Nations: Exploring the Universal and Culture-Specific Features of Global Self-Esteem." *Journal of Personality and Social Psychology* 89 (4):623–642.

Schoppa, Leonard J. 2006. *Race for the Exits: The Unraveling of Japan's System of Social Protection*. Ithaca, N.Y.: Cornell University Press.〔2007. レナード・ショッパ『「最後の社会主義国」日本の苦闘』野中邦子訳，毎日新聞社〕

Schwartz, Barry. 1982. "The Social Context of Commemoration: A Study in Collective Memory." *Social Forces* 61 (2):374–402.

Seaton, Philip A. 2007. *Japan's Contested War Memories: The 'Memory Rifts' in Historical Consciousness of World War II*. London: Routledge.

Seraphim, Franziska. 2006. *War Memory and Social Politics in Japan, 1945–2005*. Cambridge, MA: Harvard University Asia Center.

Shils, Edward, and Michael Young. 1953. "The Meaning of Coronation." *Sociological Review* 1 (2): 63–81.

Shin, Gi-Wook. 2014. "Historical Reconciliation in Northeast Asia: Past Efforts, Future Steps, and the U.S. Role." In *Confronting Memories of World War II: European and Asian Legacies*, edited by Daniel Chirot, Gi-Wook Shin and Daniel C. Sneider, 157–185.

Shipilova, Anna. 2014. "From Local to National Experience: Has Hiroshima Become a 'Trauma for Everybody'?" *Japanese Studies* 34 (2):193–211.

Sichrovsky, Peter. 1988. *Born Guilty: Children of Nazi Families*, Basic Books.〔1988. ペーター・ジィフロフスキー『お父さん，戦争のとき何していたの』マサコ・シェーンエック訳，二期出版〕

Smelser, Neil J. 2004. "Psychological Trauma and Cultural Trauma." In *Cultural Trauma and Collective Identity*, edited by Jeffrey C. Alexander et al, 31–59. Berkeley: University of California Press.

——. 1976. *Comparative Methods in the Social Sciences*. Englewood Cliffs, N.J.: Prentice-Hall.〔1996. N・J・スメルサー『社会科学における比較の方法』山中弘訳，玉川大学出版部〕

Smith, Anthony. D. 1991. *National Identity*. Reno: University of Nevada Press.〔1998. アントニー・D・スミス『ナショナリズムの生命力』高柳先男訳，晶文社〕

Smith, Philip. 2005. *Why War?: The Cultural Logic of Iraq, the Gulf War, and Suez*. Chicago: University of Chicago Press.

Sōka Gakkai Seinenbu. 1978. *Cries for Peace: Experiences of Japanese Victims of World War II*. Tokyo: Japan Times.〔以下の叢書の抄訳. 1974–85. 創価学会青年部反戦出版委員会『戦争を知らない世代へ 1–56』第三文明社〕

Sneider, Daniel C. 2011. "The War over Words: History Textbooks and International Relations in Northeast Asia." In *History Textbooks and the Wars in Asia: Divided Memories*, edited by Gi-

Wook Shin and Daniel C. Sneider, 246–268. New York: Routledge.

Soh, Chunghee Sarah. 2008. *The Comfort Women: Sexual Violence and Postcolonial Memory in Korea and Japan*. Chicago: University of Chicago Press.〔サラ・ソー『慰安婦問題論』山岡由美訳，みすず書房（近刊）〕

Spiegelman, Art. 1994. "Forward: Comics after the Bomb." In *Barefoot Gen 4: Out of the Ashes 'A Cartoon Story of Hiroshima'*, by Keiji Nakazawa, v-viii. Philadelphia: New Society Publishers.

Spillman, Lyn. 1997. *Nation and Commemoration: Creating National Identities in the United States and Australia*. Cambridge: Cambridge University Press.

Steinhoff, Patricia G. 2008. "Mass Arrests, Sensational Crimes, and Stranded Children." In *Imagined Families, Lived Families: Culture and Kinship in Contemporary Japan*, edited by Akiko Hashimoto and John W. Traphagan, 77–110. Albany: SUNY Press.

Sturken, Marita. 1997. *Tangled Memories: The Vietnam War, the AIDS Epidemic, and the Politics of Remembering*. Berkeley: University of California Press.〔2004. マリタ・スターケン『アメリカという記憶』岩崎稔・杉山茂・千田有紀・高橋明史・平山陽洋訳，未來社〕

Sutton, John. 2008. "Between Individual and Collective Memory: Coordination, Interaction, Distribution." *Social Research* 75（1）: 23.

Tamanoi, Mariko. 2009. *Memory Maps: The State and Manchuria in Postwar Japan*. Honolulu: University of Hawai'i Press.

Tsutsui, Kiyoteru. 2009. "The Trajectory of Perpetrators' Trauma: Mnemonic Politics around the Asia-Pacific War in Japan." *Social Forces* 87（3）:1389–1422.

Treat, John Whittier. 1995. *Writing Ground Zero: Japanese Literature and the Atomic Bomb*. Chicago: University of Chicago Press.〔2010. ジョン・W・トリート『グラウンド・ゼロを書く――日本文学と原爆』水島裕雅・成定薫・野坂昭雄監訳，法政大学出版局〕

United Nations Development Programme（UNDP）. 2013. *Human Development Report 2013*.

Vinitzky-Seroussi, Vered. 2002. "Commemorating a Difficult Past: Yitzhak Rabin's Memorials." *American Sociological Review* 67（1）:30–51.

Wagner-Pacifici, Robin. 2005. *The Art of Surrender: Decomposing Sovereignty at Conflict's End*. Chicago: University of Chicago Press.

Wagner-Pacifici, Robin, and Barry Schwartz. 1991. "The Vietnam Veterans Memorial: Commemorating a Difficult Past." *American Journal of Sociology* 97（2）:376–420.

Wakefield, Bryce, and Craig Martin. 2014. "Reexamining 'Myths' About Japan's Collective Self-Defense Change - What Critics（and the Japanese Public）Do Understand About Japan's Constitutional Reinterpretation." *Japan Focus: The Asia-Pacific Journal*, September 8.

Weinberg, Gerhard L. 2005. *A World at Arms: A Global History of World War II*. 2nd ed. New York: Cambridge University Press.

Welzer, Harald. 2006. "The Collateral Damage of Enlightenment: How Grandchildren Understand the History of National Socialist Crimes and Their Grandfathers' Past." In *Victims and Perpetrators, 1933–1945: (Re)presenting the Past in Post-unification Culture*, edited by Laurel Cohen-Pfister and Dagmar Wienröder-Skinner, 285–295. Berlin: W. de Gruyter.

Welzer, Harald, Sabine Moller, and Karoline Tschuggnall. 2002. *"Opa war kein Nazi": Nationalsozialismus und Holocaust im Familiengedächtnis*. Frankfurt am Main: Fischer Taschenbuch Verlag.

White, Hayden. 1987. *The Content of the Form: Narrative Discourse and Historical Representation*. Baltimore: Johns Hopkins University Press.

Winter, Jay. 1995. *Sites of Memory, Sites of Mourning: The Great War in European Cultural History*. Cambridge: Cambridge University Press.

Yamane, Kazuyo. 2010. "List of Museums for Peace in Japan" http://www.museumsforpeace.org/List_of_museums_for_peace_in_Japan.pdf

——. 2010. "List of Museums for Peace in the World" http://www.museumsforpeace.org/List_of_museums_for_peace_in_the_world_except_Japan.pdf

Yang, Daqing, and Ju-Back Sin. 2013. "Striving for Common History Textbooks in Northeast Asia (China, South Korea and Japan): Between Ideal and Reality." In *History Education and Post-conflict Reconciliation: Reconsidering Joint Textbook Projects*, edited by K. V. Korostelina, Simone Lässig and Stefan Ihrig, 209–230. New York: Routledge.

Yoda, Tomiko. 2006. "A Roadmap to Millennial Japan." In *Japan after Japan: Social and Cultural Life from the Recessionary 1990s to the Present*, edited by Tomiko Yoda and Harry D. Harootunian, 16–53. Durham: Duke University Press.

Yoneyama, Lisa. 2001. "For Transformative Knowledge and Postnationalist Public Spheres: The Smithsonian Enola Gay Controversy." In *Perilous Memories: The Asia-Pacific War(s)*, edited by T. Fujitani, Geoffrey M. White and Lisa Yoneyama, 323–346. Durham: Duke University Press.

——. 1999. *Hiroshima Traces: Time, Space, and the Dialectics of Memory*. Berkeley: University of California Press.〔2005. 米山リサ『広島──記憶のポリティクス』小沢弘明・小澤祥子・小田島勝浩訳，岩波書店〕

Yoneyama, Shoko. 1999. *The Japanese High School: Silence and Resistance*. London: Routledge.

Yoshida, Mitsuru. 1985. *Requiem for Battleship Yamato*. Translated by Richard H. Minear. Seattle: University of Washington Press.〔1994. 吉田満『戦艦大和ノ最期』講談社（原書）〕

Yoshida, Takashi. 2006. *The Making of the "Rape of Nanking": History and Memory in Japan, China, and the United States*. New York: Oxford University Press.

Yoshimi, Yoshiaki. 2000. *Comfort Women: Sexual Slavery in the Japanese Military During World War II*. Translated by Suzanne O'Brien. New York: Columbia University Press.〔1995. 吉見義明『従軍慰安婦』岩波書店（原書）〕

Zarakol, Ayse. 2011. *After Defeat: How the East Learned to Live with the West*, Cambridge: Cambridge University Press.

Zerubavel, Eviatar. 2007. "Generally Speaking: The Logic and Mechanics of Social Pattern Analysis." *Sociological Forum* 22 (2):131–145.

Zheng, Yongnian. 1999. *Discovering Chinese Nationalism in China: Modernization, Identity, and International Relations*. Cambridge: Cambridge University Press.

日本語文献

赤木智弘. 2007. 「「丸山眞男」をひっぱたきたい」『論座』140：53–59.

赤澤史朗. 2005. 『靖国神社』岩波書店.

——. 2004. 「戦没者追悼と靖国神社問題をどう考えるか」『世界』730：96–103.

朝日新聞社. 2012. 『戦争体験』朝日新聞社.

——. 2003. 『戦場体験』朝日新聞社.

朝日新聞取材班. 2006. 『歴史と向き合う 1 戦争責任と追悼』朝日新聞社.

——. 2007. 『歴史と向き合う 2「過去の克服」と愛国心』朝日新聞社.

朝日新聞「新聞と戦争」取材班. 2008. 『新聞と戦争』朝日新聞出版.

朝日新聞テーマ談話室. 1988. 『日本人の戦争』平凡社.

——. 1987. 『戦争——血と涙で綴った証言 上・下』朝日ソノラマ.

荒井信一. 1995. 『戦争責任論』岩波書店.

荒牧重人. 2003. 「自由・平和・民主主義を求めて——結びに代えて」大田堯・尾山宏・永原慶二『家永三郎の残したもの 引き継ぐもの』日本評論社.

家永三郎. 1986. 『太平洋戦争 第2版』岩波書店.

——. 1985. 『戦争責任』岩波書店.

井沢元彦・読売新聞論説委員会. 2001. 『読売 VS 朝日』中央公論新社.

石田雄. 1989. 『日本の政治と言葉 下「平和」と「国家」』東京大学出版会.

石ノ森章太郎. 1997–1999. 『マンガ日本の歴史 1–55』中央公論新社.

石山久男. 1993. 「戦後の国民の戦争認識と教科書裁判」歴史教育者協議会『あたらしい歴史教育 3』大月書店.

伊藤遊. 2006. 「「はだしのゲン」の民俗誌——学校をめぐるマンガ体験の諸相」吉村和真・福間良明『「はだしのゲン」がいた風景』梓出版社.

上野千鶴子・川村湊・成田龍一. 1999. 「戦争はどのように語られてきたか」川村湊ほか『戦争はどのように語られてきたか』朝日新聞社.

内海愛子. 1986. 『ぼくらはアジアで戦争をした』梨の木舎.

内海愛子・大沼保昭・田中宏・加藤陽子. 2014. 『戦後責任』岩波書店.

NHK 取材班. 2011. 『日本人はなぜ戦争へと向かったのか 上・下』NHK 出版.

NHK スペシャル取材班. 2011. 『日本海軍 400 時間の証言』新潮社.

NHK「戦争証言」プロジェクト. 2009–2012. 『証言記録 兵士たちの戦争 1–7』日本放送出版協会.

NHK 放送文化研究所. 2010. 『現代日本人の意識構造』日本放送出版協会.

大嶽秀夫. 2005. 『再軍備とナショナリズム』講談社.

大塚英志. 2001. 『戦後民主主義のリハビリテーション』角川書店.

岡部牧夫・荻野富士夫・吉田裕. 2010. 『中国侵略の証言者たち』岩波書店.

奥平康弘・山口二郎. 2014. 『集団的自衛権の何が問題か』岩波書店.

小熊英二. 2009. 『1968 上』新曜社.

——. 2002. 『〈民主〉と〈愛国〉』新曜社.

小熊英二・上野陽子．2003．『「癒し」のナショナリズム』慶應義塾大学出版会．

小沢真人・NHK 取材班．1997．『赤紙』創元社．

小田実．1969．『難死の思想』文藝春秋．

笠原十九司．2013．「市民からの東アジア歴史教科書対話の実践」『世界』840：45–55．

加藤典洋．1997．『敗戦後論』講談社．

加藤陽子．2009．『それでも，日本人は「戦争」を選んだ』朝日出版社．

――．2007．『戦争を読む』勁草書房．

唐澤富太郎．1956．『教科書の歴史』創文社．

――．1955．『教師の歴史』創文社．

かわぐちかいじ・惠谷治．2002．『叫べ！「沈黙の国家」日本』ビジネス社．

川崎泰資・柴田鉄治．2004．『検証日本の組織ジャーナリズム』岩波書店．

――．2008．『組織ジャーナリズムの敗北』岩波書店．

北原みのり・朴順梨．2014．『奥さまは愛国』河出書房新社．

金聖甫．2006．「東アジアの歴史認識共有への第一歩」『世界』757：225–234．

倉橋綾子．2002．『憲兵だった父の遺したもの』高文研．

言論 NPO．2014．「第 2 回日韓共同世論調査」．

――．2014．「第10回日中共同世論調査」．

河野啓．2008．「現代日本の世代」NHK 放送文化研究所『現代社会とメディア・家族・世代』14–38頁，新曜社．

河野啓・加藤元宣．2004．「『日本人の意識』調査にみる30年（1）低下する自国への自信」『放送研究と調査』54（2）：22–65．

河野啓・高橋幸市．2009．「日本人の意識変化の35年の軌跡（1）第 8 回『日本人の意識・2008』調査から」『放送研究と調査』59（4）：2–39．

河野啓・高橋幸市・原美和子．2009．「日本人の意識変化の35年の軌跡（2）第 8 回『日本人の意識・2008』調査から」『放送研究と調査』59（5）：2–23．

小菅信子．2005．『戦後和解』中央公論新社．

古関彰一．2002．『「平和国家」日本の再検討』岩波書店．

子どもの体験活動研究会．2000．「子どもの体験活動等に関する国際比較調査」子どもの体験活動研究会．

小林よしのり．2003．『新ゴーマニズム宣言 SPECIAL 戦争論 3』幻冬舎．

――．2001．『新ゴーマニズム宣言 SPECIAL 戦争論 2』幻冬舎．

――．1998．『新ゴーマニズム宣言 SPECIAL 戦争論』幻冬舎．

小室直樹．2001．『日本の敗因』講談社．

近藤孝弘．1998．『国際歴史教科書対話』中央公論社．

堺屋太一．2011．『第三の敗戦』講談社．

佐高信・櫛渕万里・熊谷伸一郎・高橋哲郎・渡辺美奈．2002．「敗戦特集座談会――若者たちに語り継ぐ戦争責任」『週刊金曜日』432（2002）：20–24．

坂本多加雄．1998．『歴史教育を考える』PHP 研究所．

桜井均．2005．『テレビは戦争をどう描いてきたか』岩波書店．

佐藤卓己．2005．『八月十五日の神話』筑摩書房．

――．2002．「降伏記念日から終戦記念日へ」津金澤聰廣『戦後日本のメディア・イベント』世界思想社．

澤地久枝・半藤一利・戸高一成．2011．『日本海軍はなぜ過ったか』岩波書店．

高橋三郎．2005．『共同研究・戦友会』インパクト出版会．

――．1988．『「戦記もの」を読む』アカデミア出版会．

高橋哲哉．2005．『国家と犠牲』日本放送出版協会．

――．2005．『靖国問題』筑摩書房．

――．2005．『戦後責任論』講談社．

高橋徹．2003．『日本人の価値観・世界ランキング』中央公論新社．

茶本繁正・小沢一彦・藤岡明義・小島清文．1997．「座談会――戦争世代の語る戦争」『世界』639：135–151．

鄭在貞．2007．「韓日につきまとう歴史の影とその克服のための試み」三谷博『歴史教科書問題』日本図書センター 248–271．

鶴見俊輔・上野千鶴子・小熊英二．2004．『戦争が遺したもの』新曜社．

豊下楢彦・古関彰一．2014．『集団的自衛権と安全保障』岩波書店．

内閣府．2014．「社会意識に関する調査」http://survey.gov-online.go.jp/h25/h25-shakai/index.html
――．2013．「国民生活に関する世論調査」．

――．2012．「外交に関する世論調査」．

――．2012．「自衛隊・防衛問題に関する世論調査」．

――．2009．「第 8 回世界青年意識調査――結果概要速報」http://www8.cao.go.jp/youth/kenkyu/worldyouth8/html/2-1-1.html
――．2007．「社会意識に関する世論調査」．

中内敏夫・竹内常一・中野光・藤岡貞彦．1987．『日本教育の戦後史』三省堂．

中沢啓治．1994．『はだしのゲン自伝』教育史料出版会．

中瀬剛丸．2008．「日常生活と政治との新たな接点」NHK 放送文化研究所『現代社会とメディア・家族・世代』59–80頁，新曜社．

中野正志．2005．「天皇制とメディア（2）戦後60年――朝毎読三紙にみる八月十五日社説の検証」『朝日総研レポート』183：19–48．

永原慶二．2001．『歴史教科書をどうつくるか』岩波書店．

仲正昌樹．2005．『日本とドイツ――二つの戦後思想』光文社．

中村文雄．1987．『高校日本史教科書――検定教科書18冊を比較・検討する』三一書房．

成田龍一．2010．『「戦争経験」の戦後史』岩波書店．

日能研／藤子・F・不二雄．1994．『ドラえもんの社会科おもしろ攻略 日本の歴史がわかる 2』小学館．

日中韓 3 国共通歴史教材委員会．2005．『未来をひらく歴史』高文研．

日中韓 3 国共同歴史編纂委員会．2012．『新しい東アジアの近現代史 上・下』日本評論社．

日本青少年研究所．2005．「高校生の学習意識と日常生活――日本・アメリカ・中国の3カ国の比較」日本青少年研究所．

根津朝彦．2008．「戦後8月15日付社説における加害責任の論説分析（上）」『戦争責任研究』59（春）：69–77．

――．2008．「戦後8月15日付社説における加害責任の論説分析（下）」『戦争責任研究』60（夏）：67–75．

野田正彰．2002．『させられる教育』岩波書店．

――．1998．『戦争と罪責』岩波書店．

野平晋作・金子美晴・菅野園子．2007．「戦後責任運動のこれから」『世界』8月号：264–73．

浜学園／藤子・F・不二雄．2014．『ドラえもんの社会科おもしろ攻略 日本の歴史 3』小学館．

林英一．2014．『戦犯の孫』新潮社．

半藤一利・保阪正康・中西輝政・戸高一成・福田和也・加藤陽子．2006．『あの戦争になぜ負けたのか』文藝春秋．

樋口陽一．2013．『いま，「憲法改正」をどう考えるか』岩波書店．

百田尚樹．2009．『永遠の0』講談社．

兵頭晶子．2007．「加害者であり，被害者であるということ――「英霊」たちの生と死」」『季刊日本思想史』71：87–103．

福間良明．2009．『「戦争体験」の戦後史』中央公論新社．

――．2007．『殉国と反逆』青弓社．

――．2006．『「反戦」のメディア史』世界思想社．

藤井忠俊．2000．『兵たちの戦争』朝日新聞社．

藤岡信勝・自由主義史観研究会．1996．『教科書が教えない歴史』扶桑社．

藤田久一．1995．『戦争犯罪とは何か』岩波書店．

藤原彰．2001．『餓死した英霊たち』青木書店．

藤原帰一．2010．『新編 平和のリアリズム』岩波書店．

――．2006．「アジア経済外交の再建を」『世界』747：136–145．

古市憲寿．2011．『絶望の国の幸福な若者たち』講談社．

『文藝春秋』．2014．「第二の敗戦 団塊こそ戦犯だ」92（5）：275–327．

――．2007．「証言 父と母の戦争」85（11）：260–302．

――．2005．「日本敗れたり」83（15）：260–302．

――．1995．「我が家の戦後50年」73（8）：316–354．

――．1989．「輝ける昭和人 血族の証言55」67（10）：126–223．

保阪正康．2004．「兵士たちの精神的傷跡から靖国問題を考える」『世界』730：104–107．

牧田徹雄．2000．「先の戦争と世代ギャップ」『文研世論調査ファイル』．

――．2000．「日本人の戦争と平和観――その持続と風化」『放送研究と調査』50（9）：2–19．

孫崎享. 2012.「尖閣問題──日本の誤解」『世界』836：86–92.
松本健一. 2006.『日本の失敗』岩波書店.
水木しげる. 1995.『総員玉砕せよ！』講談社.
──. 1994.『コミック昭和史 1–8』講談社.
道場親信. 2008.『抵抗の同時代史』人文書院.
村上登司文. 2009.『戦後日本の平和教育の社会学的研究』学術出版会.
靖国神社. 2009.『遊就館図録』近代出版社.
安田浩一. 2012.『ネットと愛国』講談社.
山中千恵. 2006.「読まれえない「体験」・越境できない「記憶」──韓国における『はだしのゲン』の受容をめぐって」吉村和真・福間良明『「はだしのゲン」がいた風景』梓出版社.
山辺昌彦. 2005.「日本の平和博物館はアジア・太平洋戦争をいかに展示しているか」『立命館平和研究』6：3–11.
山室信一. 2007.『憲法 9 条の思想水脈』朝日新聞社.
油井大三郎. 2005.「世界戦争の中のアジア・太平洋戦争」成田龍一ほか『岩波講座 アジア・太平洋戦争 1 なぜ，いまアジア・太平洋戦争か』岩波書店.
吉田裕. 2011.『兵士たちの戦後史』岩波書店.
──. 1997.『現代歴史学と戦争責任』青木書店.
──. 1995.『日本人の戦争観』岩波書店.
吉見義明. 1995.『従軍慰安婦』岩波書店.
吉村孝一. 1968.「投書・人さまざま」『新聞研究』10：60–65.
吉本隆明. 2012.『第二の敗戦期』春秋社.
読売新聞社世論調査部. 2002.『日本の世論』弘文堂.
読売新聞戦争責任検証委員会. 2006.『検証 戦争責任 1・2』中央公論新社.
歴史教育者協議会. 2006.『歴史教育・社会科教育年報 2005年版 戦後60年と社会科教育』三省堂.
──. 1997.『歴史教育50年のあゆみと課題』未來社.
若槻泰雄. 2000.『日本の戦争責任 上・下』小学館.
若宮啓文. 2006.『和解とナショナリズム』朝日新聞社.
渡辺敦司. 2010.「2010年度高校教科書採択状況──文科省まとめ（上）」『内外教育』5963：2–9.
──.「2010年度高校教科書採択状況──文科省まとめ（中）」『内外教育』5965：6–13.
渡辺恒雄・保阪正康. 2006.「「戦争責任」とは何か」『論座』11：128–42.

原　注

＊　文献の詳細は「参考文献」を参照.

第1章　敗戦の傷跡と文化的記憶

（1）　Burke, "History as Social Memory"; Olick, *In the House of the Hangman.*

（2）　Dower, *Embracing Defeat*〔ダワー『敗北を抱きしめて』〕; Gluck, "The Past in the Present"〔グラック「現在のなかの過去」〕; Seraphim, *War Memory and Social Politics in Japan*; Igarashi, *Bodies of Memory.*〔五十嵐『敗戦の記憶』〕

（3）　各国とのあいだに，尖閣諸島／釣魚群島，竹島／独島，北方領土／クリル列島の問題を抱えている.

（4）　靖国神社は戦没者を祀っているが，第二次世界大戦において平和に対する罪を犯したかどで訴追・処刑されたA級戦犯も合祀する.

（5）　論争は，国歌と国旗の強制に反対する教員の解雇や裁判のかたちをとり，現在も続いている.

（6）「新しい歴史教科書をつくる会」のメンバーが執筆した『教科書が教えない歴史』（藤岡（信勝）・自由主義史観研究会著）は，歴史「修正主義」をめぐる論争に火をつけた.

（7）「原子爆弾被爆者に対する援護に関する法律」（1994年）.

（8）　Wagner-Pacifici and Schwartz, "The Vietnam Veterans Memorial"; McCormack, *Collective Memory*; Macleod, *Defeat and Memory*; Neal, *National Trauma and Collective Memory.*

（9）　Blight, *Race and Reunion*; Schivelbusch, *Culture of Defeat.*

（10）　Mosse, *Fallen Soldiers*〔モッセ『英霊』〕; Bessel, *Germany after the First World War.*

（11）　Zarakol, *After Defeat.*

（12）　Schivelbusch, *Culture of Defeat.*

（13）　Halbwachs, *On Collective Memory.* この現象に関する研究で先駆的役割を果たしたアメリカの社会学者としては，バリー・シュウォルツ，ジェフリー・オリック，ハワード・シューマン，マイケル・シャドソンなどがあげられる．以下を参照. Olick, Levy, and Vinitzky-Seroussi eds., *The Collective Memory Reader.*

（14）　Alexander, "Toward a Theory of Cultural Trauma," 1.

（15）　Eyerman, "Cultural Trauma."

（16）　Smelser, "Psychological Trauma and Cultural Trauma."

(17) Margalit, *The Ethics of Memory.*

(18) Huyssen, *Present Pasts,* 15.

(19) Nora, *Realms of Memory.*〔ノラ『記憶の場 1』〕

(20) 高橋(哲哉)『国家と犠牲』.

(21) Moeller, "War Stories."

(22) Bhabha, *Nation and Narration.*

(23) 唐澤『教科書の歴史』.

(24) Yoneyama,"Transformative Knowledge and Postnationalist Public Spheres," 338.

(25) Giesen, *Triumph and Trauma.*

(26) Barkan, *The Guilt of Nations*; Prinz, *The Emotional Construction of Morals.*

(27) Orend, *The Morality of War.*

(28) Friday, *Samurai, Warfare and the State in Early Medieval Japan* and "Might Makes Right."

(29) Friday, "Might Makes Right."

(30) Mosse, *Fallen Soldiers.*〔モッセ『英霊』〕

(31) M. Yoshida, *Requiem for Battleship Yamato.*〔吉田(満)『戦艦大和ノ最期』〕本書で日本語文献の英訳を使う場合は,可能なかぎり公刊されているものを使用した.

(32) 臼淵大尉が語ったとされるこの言葉はしばしば引用され,政治家の演説で使われることもある.戦後61年目の2006年8月15日にも,全国戦没者追悼式で衆議院議長がこの言葉を引いている.

(33) 福間『殉国と反逆』56頁.

(34) Winter, *Sites of Memory, Sites of Mourning,* 119.

(35) Orr, *Victim as Hero.*

(36) 中沢『はだしのゲン自伝』; Morris-Suzuki, *The Past within Us,* 160〔モーリス‐スズキ『過去は死なない』〕; Spiegelman, "Forward: Comics after the Bomb."

(37) Dower, *Embracing Defeat,* 243–244, 248–249.

(38) 伊藤「『はだしのゲン』の民俗誌」162頁.『はだしのゲン』はドラマ版も制作され,テレビで何度か放送されている.最近では2007年制作のドラマが2014年の終戦記念企画として8月14日と15日にフジテレビで放送された.

(39) 山中「読まれえない「体験」・越境できない「記憶」」.

(40) Browning, *Ordinary Men.*〔ブラウニング『普通の人びと』〕 以下も参照. Goldhagen, *Hitler's Willing Executioners.*〔ゴールドハーゲン『普通のドイツ人とホロコースト』〕

(41) Ienaga, *The Pacific War*; 家永『太平洋戦争』『戦争責任』.

(42) Nozaki, *War Memory, Nationalism and Education,* 154.

(43) Nozaki and Inokuchi, "Japanese Education, Nationalism, and Ienaga Saburo's Textbook Lawsuits," 116.

(44) Ienaga and Minear, *Japan's Past, Japan's Future,* 148. 日本語原論文の初出は『歴史読本』臨時増刊 1979年3月号.〔引用部分は以下を使用. 家永三郎. 1998「十五年戦争による死をどう考えるか」『家永三郎集 第12巻』260頁〕

(45) 荒牧「自由・平和・民主主義を求めて」233頁.

(46) 大江は2008年に勝訴している〔2011年には最高裁が上告を棄却したため，原判決が確定した〕.

(47) Assmann, "Transformations between History and Memory"; Smelser, "Psychological Trauma and Cultural Trauma," 54; Olick, *The Politics of Regret*; Vinitzky-Seroussi, "Commemorating a Difficult Past"; Smith, *Why War?*

(48) Jarausch and Geyer, *Shattered Past*, 340.

(49) Herf, *Divided Memory*; Olick, "Genre Memories and Memory Genres"; Bartov, *Germany's War and the Holocaust*; Moses, *German Intellectuals and the Nazi Past*; Bude, *Bilanz Der Nachfolge*.

(50) Rousso, *The Vichy Syndrome*; Lagrou, *The Legacy of Nazi Occupation*.

(51) Art, *The Politics of the Nazi Past in Germany and Austria*.

(52) Zarakol, *After Defeat*; Mark, *The Unfinished Revolution*.

(53) Zarakol, *After Defeat*.

(54) Berger, *Cultures of Antimilitarism*; Katzenstein, *Cultural Norms and National Security*〔カッツェンスタイン『文化と国防』〕; 古関『「平和国家」日本の再検討』; Oros, *Normalizing Japan*.

(55) 日本政府は2014年７月，集団的自衛権の行使は限定的条件下ならば容認されるとする憲法の「再解釈」をおこなった（閣議決定「国の存立を全うし，国民を守るための切れ目のない安全保障法制の整備について」）．その後の2016年３月に，安全保障関連法案が可決された．この点については第５章で詳述する．

(56) Weinberg, *A World at Arms*.

(57) Weinberg, *A World at Arms*; 藤原（彰）『餓死した英霊たち』.

(58) 油井「世界戦争の中のアジア・太平洋戦争」261頁；加藤（陽子）『それでも，日本人は「戦争」を選んだ』83-84頁.

(59) 藤原『餓死した英霊たち』.

(60) 藤田『戦争犯罪とは何か』.

(61) 戦後の東および東南アジアではおよそ5700人が起訴されたが，そのうちＢ級戦犯やＣ級戦犯とされた人は4400人だった．処刑されたＡ級戦犯は７人，BC級戦犯は920人である．以下を参照．Dower, *Embracing Defeat*〔ダワー『敗北を抱きしめて』〕; 藤田『戦争犯罪とは何か』.

(62) Dower, *Embracing Defeat*.〔同上〕

(63) Berger, *Cultures of Antimilitarism*; Katzenstein, *Cultural Norms and National Security*〔同前〕; Igarashi, *Bodies of Memory*〔五十嵐『敗戦の記憶』〕; Orr, *Victim as Hero*.

(64) Soh, *The Comfort Women*.

(65) Lind, *Sorry States*.

(66) Dudden, *Troubled Apologies*; Gluck, "Operations of Memory"; Seraphim, *War Memory and Social Politics in Japan*; Hein and Selden, *Censoring History*.

(67) 堺屋『第三の敗戦』；吉本『第二の敗戦期』；『文藝春秋』「第二の敗戦」.

(68) 牧田「日本人の戦争と平和観」；Saaler, *Politics, Memory and Public Opinion*; Seaton,

Japan's Contested War Memories.

(69) 読売新聞戦争責任検証委員会『検証 戦争責任 1』209頁.

(70) 朝日新聞取材班『歴史と向き合う 1』230頁.

(71) Saaler, *Politics, Memory and Public Opinion*; Seaton, *Japan's Contested War Memories.*

(72) United Nations Development Programme (UNDP). *Human Development Report 2013.* Table 9: Social Integration, pp.174–177. 日本ではこうした傾向が長く続いている．このことについては以下を参照．Pharr, "Public Trust and Democracy in Japan"〔ファー「日本における国民の信頼と民主主義」〕; Inoguchi, "Social Capital in Ten Asian Countries"; Putnam, *Democracies in Flux.*〔パットナム『流動化する民主主義』〕

(73) Schmitt and Allik, "Simultaneous Administration of the Rosenberg Self-Esteem Scale in 53 Nations." この調査は回答者に「はい」「いいえ」で答えさせる形式をとり，「私にはほかの人と同等の能力がある」「私は自分自身を肯定している」「しょせん自分はだめな人間なのだ」といった設問を提示している．

(74) エヴィアタル・ズルバヴェルはこのような手法を社会パターン分析と名づけている．アーヴィング・ゴッフマンとゲオルク・ジンメルの共著を引用しつつ，ズルバヴェルは「証拠資料が多様であるほど調査結果の一般化可能性を高められる」ことを指摘する．本書もこの手法を採用し，証拠資料を積み上げることで調査結果と一般化に説得性をもたせた．そのため，さまざまな文化的文脈から数多くの事例を取り出そうと思う．以下を参照．Zerubavel, "Generally Speaking: The Logic and Mechanics of Social Pattern Analysis," 134.

(75) この手法の命名はアルバータ・スブラジアによるものである．

(76) Smelser, *Comparative Methods in the Social Sciences.*〔スメルサー『社会科学における比較の方法』〕

(77) Hirsch, *Family Frames*; Welzer, "The Collateral Damage of Enlightenment"; Welzer, Moller, and Tschuggnall, *"Opa War Kein Nazi": Nationalsozialismus Und Holocaust Im Familiengedächtnis.*

(78) Lind, *Sorry States.*

(79) Olick, *The Politics of Regret.*

(80) Alexander, *Trauma: A Social Theory*, 95.

第2章 個人史と家族史を修復する記憶

(1) Orr, *Victim as Hero.*

(2) Hirsch, *Family Frames*; Hirsch, *The Generation of Postmemory.*

(3) 牧田「日本人の戦争と平和観」10頁.

(4) 大塚『戦後民主主義のリハビリテーション』380–381頁.

(5) かわぐち・惠谷『叫べ！「沈黙の国家」日本』.

(6) Rosenthal, "National Socialism and Antisemitism in Intergenerational Dialog"; Caruth, *Unclaimed Experience.*

（7） Rosenthal, "Veiling and Denying."
（8） Rosenthal, "National Socialism and Antisemitism in Intergenerational Dialog," 244.
（9） Hess and Torney, *The Development of Political Attitudes in Children.*
（10） Eliasoph, " 'Close to Home': The Work of Avoiding Politics," 621; Eliasoph, *Avoiding Politics*; Eliasoph, " 'Everyday Racism.' "
（11） 朝日新聞テーマ談話室『戦争　上・下』（1987）；朝日新聞テーマ談話室『日本人の戦争』（1988）；朝日新聞社『戦場体験』（2003）；朝日新聞社『戦争体験』（2010）．1987年から88年までに刊行された前記３点には合計1238件が収録され，2003年刊の『戦場体験』には132件，2010年刊の『戦争体験』には171件が収められている．この５点のなかから135件を取り出し，さらに『朝日新聞』の記事データベース「聞蔵」より2006年から2013年までの記事295本を選んだ．いずれの証言も1986年７月から2013年８月までに同紙に掲載されたものである．
（12） 『文藝春秋』「証言　父と母の戦争」；『文藝春秋』「輝ける昭和人　血族の証言55」．
（13） Buchholz, "Tales of War: Autobiographies and Private Memories in Japan and Germany." 以下も参照．Figal, "How to Jibunshi."
（14） 上野（千鶴子）・川村・成田「戦争はどのように語られてきたか」24頁．
（15） 高橋（三郎）『「戦記もの」を読む』60頁；吉田（裕）『日本人の戦争観』．
（16） Lifton, *Death in Life.*〔リフトン『広島を生き抜く』，引用部分は邦訳書下巻406頁〕
（17） 創価学会青年部反戦出版委員会が1974年から85年にかけて編纂した証言集だけでも80巻におよぶ．『戦争を知らない世代へ』と題したこの叢書のうち一部は英訳され，２巻本にまとめられている．英語で読めるオーラル・ヒストリーとしては以下の文献もある．Haruko Cook and Theodore Cook, *Japan at War.*
（18） 吉田（裕）『兵士たちの戦後史』．
（19） Bruner, *Acts of Meaning*, 138.〔ブルーナー『意味の復権』，引用部分は邦訳書195頁〕
（20） 藤井『兵たちの戦争』297頁．
（21） 日本では「語らない世代」，アメリカでは「reticent generation」といわれている．
（22） Bar-On, *The Indescribable and the Undiscussable*; Ambrose, *Band of Brothers.*
（23） 吉田（裕）『日本人の戦争観』120頁；高橋（三郎）『「戦記もの」を読む』60頁．
（24） 保阪「兵士たちの精神的傷跡から靖国問題を考える」105頁．
（25） 吉田（裕）『現代歴史学と戦争責任』38–39頁．
（26） 吉村「投書・人さまざま」．
（27） 連載は過去数十年のあいだに何度かタイトルを変えている．2000年代には「読者がつくる記憶の歴史シリーズ」と題されていた．
（28） Gibney. *Sensō.*
（29） 読者の参照の便を考え，第２章ではできるかぎり上記の書籍に収録されている証言を引用した．
（30） Kokubo Yumio（小久保［旧姓桜井］弓雄），Gibney, *Sensō*, 153.〔引用部分は以下を使用．朝日新聞テーマ談話室．1987．『戦争　下』326–327頁〕
（31） 山口英夫，朝日新聞テーマ談話室『戦争　下』77–78頁．

(32)　松尾茂光，同上，249頁.
(33)　吉田(裕)『現代歴史学と戦争責任』.
(34)　射越宗次，朝日新聞社『戦争体験』69-70頁.
(35)　磯崎勇次郎，同上，72-73頁.
(36)　匿名，「声　語りつぐ戦争　逃げる中国兵，私は刺殺した」『朝日新聞』東京版，2008. 6. 16.
(37)　茶本ほか「座談会　戦争世代の語る戦争」144頁．この分類は藤岡明義による.
(38)　Buchholz, "Tales of War."
(39)　吉田(裕)『日本人の戦争観』193頁.
(40)　熊谷伸一郎，佐高・櫛渕・熊谷・高橋(哲哉)・渡辺(美奈)「敗戦特集座談会　若者たちに語り継ぐ戦争責任」24頁.
(41)　親里千津子，朝日新聞社『戦争体験』78-79頁.
(42)　元木キサ子，「声　語りつぐ戦争　戦災孤児の私，９条は「遺産」」『朝日新聞』東京版，2007. 8. 23.
(43)　菊地艷子，朝日新聞社『戦争体験』89-90頁.
(44)　『文藝春秋』「証言　父と母の戦争」；「輝ける昭和人　血族の証言 55」.
(45)　「次のテーマ「戦場体験」」『朝日新聞』2002. 8. 4.
(46)　「原稿募集　わが家の戦後50年」『文藝春秋』73（１），505頁.
(47)　「じっちゃんを守れ！」といった発想についての議論に関しては以下を参照．高橋(哲哉)『戦後責任論』106，172頁.
(48)　Hashimoto and Traphagan, "The Changing Japanese Family."
(49)　Hashimoto, *Gift of Generations.*
(50)　Hashimoto, "Culture, Power and the Discourse of Filial Piety in Japan"; Hashimoto and Ikels, "Filial Piety in Changing Asian Societies."
(51)　小熊『1968』94-95頁．パトリシア・スタインホフ（Patricia Steinhoff）は以下の文献のなかで，学生たちと親たちとの距離の近さについて論じている．"Mass Arrests, Sensational Crimes, and Stranded Children."
(52)　Assmann, "On the (In) Compatibility of Guilt and Suffering in German Memory."
(53)　河野「現代日本の世代」；中瀬「日常生活と政治との新たな接点」.
(54)　内閣府「第８回世界青年意識調査──結果概要速報」http://www8.cao.go.jp/youth/kenkyu/worldyouth8/html/2-1-1.html.
(55)　Welzer, Moller and Tschuggnall, "*Opa war kein Nazi.*" ヴェルツァーらは，非公式な語りをあらわす「家族アルバム（Albun)」に，公式な語りを意味する「辞書(Lexikon)」を対置している.
(56)　ナチ高官の子供世代に伝わる家族の記憶について意義深い議論を繰り広げている文献として，以下を参照．Lebert and Lebert, *My Father's Keeper: Children of Nazi Leaders: An Intimate History of Damage and Denial*; Posner, *Hitler's Children: Sons and Daughters of Leaders of the Third Reich Talk About Their Fathers and Themselves.*〔ポスナー『ヒトラーの子供たち』〕

(57) 黒木弘子，朝日新聞テーマ談話室『戦争 下』205–206頁.
(58) 岩崎真理子，朝日新聞テーマ談話室『戦争 上』305頁.
(59) 佐久間洋一，朝日新聞社『戦場体験』187–188頁.
(60) 桜澤隆雄，『朝日新聞』東京版，2007. 8. 20.
(61) 及川清志，『朝日新聞』東京版，2008. 10. 20.
(62) 次の文献の，とくに第１章．Bar-On, *Fear and Hope: Three Generations of the Holocaust.* 以下も参照．Sichrovsky, *Born Guilty: Children of Nazi Families.*〔ジィフロフスキー『お父さん，戦争のとき何していたの』〕
(63) Rosenthal, "National Socialism and Antisemitism in Intergenerational Dialog."
(64) Ambrose, *Band of Brothers.*〔アンブローズ『バンド・オブ・ブラザーズ』〕
(65) Bar-On, "Holocaust Perpetrators and Their Children."
(66) Rosenthal, "Veiling and Denying."
(67) Hecker, "Family Reconstruction in Germany," 75–88.
(68) Burchardt, "Transgenerational Transmission in the Families of Holocaust Survivors in England."
(69) 大竹恭子，朝日新聞社『戦場体験』164–166頁.
(70) 岸田真由美，朝日新聞テーマ談話室『戦争 上』301頁.
(71) 熊川賢，朝日新聞テーマ談話室『日本人の戦争』46頁.
(72) Eyerman, Ron, "The Past in the Present."
(73) Buckley-Zistel, Susanne, "Between Pragmatism, Coercion and Fear," 73.
(74) 網野幸恵，『朝日新聞』東京版，2007. 8. 20.
(75) 松原寛子,『朝日新聞』大阪版, 2013. 8. 15. http://digital.asahi.com/articles/OSK201308140191.html?ref=comkiji_redirect. 満州からの引き揚げ者について論じたものに以下の文献がある．Tamanoi, *Memory Maps: The State and Manchuria in Postwar Japan.*
(76) 高橋(三郎)『共同研究・戦友会』.
(77) 吉田(裕)『日本人の戦争観』192–193頁；吉田(裕)『兵士たちの戦後史』124, 160頁.
(78) 渡辺浩子，朝日新聞テーマ談話室『戦争 上』28–29頁.
(79) 須田敦子，朝日新聞テーマ談話室『戦争 上』127–128頁.
(80) 匿名，朝日新聞テーマ談話室『戦争 上』369頁.
(81) 福間『「戦争体験」の戦後史』249頁.
(82) 成田『「戦争経験」の戦後史』175頁.
(83) 『文藝春秋』「証言 父と母の戦争」262–263頁．山本義正は山本五十六の長男．同上，269–271頁．今村和男は今村均の長男．今村大将は戦犯として裁かれ，延べ８年獄中にいた．同上，274–275頁．西泰徳は，ロサンゼルス・オリンピックの金メダリストで男爵の西竹一・陸軍大佐の長男．西大佐は硫黄島の戦闘で没した.
(84) Buckley-Zistel, "Between Pragmatism, Coercion and Fear," 73.
(85) Polletta, *It Was Like a Fever*; White, *The Content of the Form.*
(86) 福間『「戦争体験」の戦後史』147，259頁；吉田(裕)『現代歴史学と戦争責任』

34頁.

(87) Eliasoph, "'Close to Home.'"

(88) Cohen, *States of Denial*, 79.

(89) BBC は2003年6月から06年1月にかけて第二次世界大戦に関する手記や写真を募集し，以下のサイトに4万7000の手記と1万5000の写真をまとめた．"WW2 People's War". http://www.bbc.co.uk/history/ww2peopleswar/; Noakes. "The BBC's 'People's War' Website."

(90) 日本青少年研究所「高校生の生活意識と留学に関する調査」，2012. http://www1.odn.ne.jp/youth-study/reserch/ pp. 5–6.

(91) 内閣府「社会意識に関する調査」，2013. http://www8.cao.go.jp/survey/h24/h24-shakai/zh/z01.html

(92) Hashimoto, "Culture, Power and the Discourse of Filial Piety in Japan"; "Power to the Imagination."

(93) 野田『させられる教育』.

(94) Hess and Torney, *The Development of Political Attitudes in Children*, 101.

(95) 子どもの体験活動研究会「子どもの体験活動等に関する国際比較調査」. 日本の子供は嘘をつかないよう父親に教わったかという問いに対し，71% が「ない」と答え，母親については60% が「ない」と回答している．

(96) 読売新聞戦争責任検証委員会『検証 戦争責任 1』. この調査では，議論がまだ十分になされていないとする回答者が57.9%，また，被害について責任を感じ続けなければならないとする回答者は合計47.0%にのぼった．

(97) 野平・金子・菅野「戦後責任運動のこれから」269頁.

(98) 倉橋『憲兵だった父の遺したもの』. フィリップ・シートン（Philip Seaton）訳の英語版も刊行されている．牛島貞満は沖縄戦を指揮した牛島満の孫．牛島満が「最後まで敢闘し，悠久の大義に生くべし」という命令を下したことで，大勢の兵士が命を失った（牛島はその数日後に自決している）．貞満は沖縄県平和祈念資料館に行ったときに初めて，この命令のことを知ったという（『読売新聞』大阪版，2005. 6. 23）．駒井修は戦後に BC 級戦犯として処刑された駒井光男の息子で，父が具体的に何をしたのかまったく知らされてこなかったという．1994年にようやく，裁判の資料を目にすることができた．終戦から55年後，イギリスに住む元捕虜に会って謝罪しようと，行動を起こした（『読売新聞』大阪版，2005. 4. 12–13）．

第3章　敗北感の共有とその位置づけ

(1) 2002年8月15日の各紙社説は以下のとおり．「平和な世紀を創る工夫を 終戦記念日に考える」（朝日新聞）;「終戦の日 歴史をすなおに見直したい」（読売新聞）;「終戦記念日 原点は清く貧しく夢があった」（毎日新聞）;「「敗戦」から何も学び取らない国の悲劇」（日経新聞）;「「知」を活かした再出発 次なる国民的

合意を考える」（産経新聞）；「終戦記念日　平和が何か考える日に」（沖縄タイムス）.

（2）「日本敗れたり」『文藝春秋』；松本『日本の失敗』；小室『日本の敗因』；半藤ほか『あの戦争になぜ負けたのか』.

（3）戦後史における1945年の意味についての議論を深めた論考として以下を参照. Gluck, "The Past in the Present."〔グラック「現在のなかの過去」〕国際社会に議論の射程を広げたものには以下の著作がある. Buruma, *Year Zero*.〔ブルマ『廃墟の零年1945』〕

（4）佐藤『八月十五日の神話』125–126, 133頁.

（5）佐藤『八月十五日の神話』；佐藤「降伏記念日から終戦記念日へ」.

（6）Hammond, "Commemoration Controversies," 102.

（7）Gillis, *Commemorations*, 18; Olick, "Genre Memories and Memory Genres"; Spillman, *Nation and Commemoration*; Schwartz, "The Social Context of Commemoration."

（8）Neal, *National Trauma and Collective Memory*, 24; Giesen, *Triumph and Trauma*, 112.

（9）Cohen, *States of Denial*, 79.

（10）Anderson, *Imagined Communities*.〔アンダーソン『想像の共同体』〕

（11）Rahimi, "Sacrifice, Transcendence and the Soldier."

（12）Schivelbusch, *The Culture of Defeat*.〔シヴェルブシュ『敗北の文化』, 引用部分は邦訳書64頁〕

（13）若槻『日本の戦争責任』.

（14）小熊『〈民主〉と〈愛国〉』.

（15）小泉純一郎は総理大臣としてそれ以前に何度か参拝しているが, 8月15日ではなかった.

（16）「不戦決議」（1995年）. 正式な名称は「歴史を教訓に平和への決意を新たにする決議」で, 以下で読むことができる. http://www.ioc.u-tokyo.ac.jp/~worldjpn/documents/texts/docs/19950609.O1J.html

（17）村山内閣総理大臣談話「戦後50周年の終戦記念日にあたって」. 以下で読むことができる. http://www.mofa.go.jp/mofaj/press/danwa/07/dmu_0815.html

（18）福間『「反戦」のメディア史』. 1993年, 非自民連立与党を率いる細川護煕が, 非公式なかたちではあれ日本の「侵略」についてはっきり述べている. 以後の流れを予見させる発言だった.

（19）Mukae, "Japan's Diet Resolution on World War Two"; Rose, *Sino-Japanese Relations*; Dudden, *Troubled Apologies*.

（20）小泉は2005年10月17日に平服で参拝した.

（21）2005年8月15日の小泉内閣総理大臣談話は以下で読むことができる. http://www.kantei.go.jp/jp/koizumispeech/2005/08/15danwa.html

（22）小泉の首相在任期間は2001年から2006年まで.

（23）Confino, *Germany as a Culture of Remembrance*.

（24）Orr, *Victim as Hero*.

(25)　河野洋平は歴代首相経験者５人を招き，靖国神社を参拝しないよう小泉首相に要請した．2006年８月15日には全国戦没者追悼式で日本の戦争責任に言及している．

(26)　2015年８月14日の安倍内閣総理大臣談話は以下で読むことができる．http://www.kantei.go.jp/jp/97_abe/statement/2015/0814kaiken.html

(27)　Alexander, *Performance of Politics*; Shils and Young, "The Meaning of Coronation"; Olick, "Genre Memories and Memory Genres."

(28)　河野・加藤(元宣)「「日本人の意識」調査にみる30年」.

(29)　高橋(哲哉)『靖国問題』44頁.

(30)　赤澤「戦没者追悼と靖国神社問題をどう考えるか」.

(31)　Field, "War and Apology," 20.〔フィールド「戦争と謝罪」〕

(32)　この節では『朝日』『毎日』『読売』『産経』『日経』の５紙を分析の対象として取り上げたが，結果は対象を狭めた先行研究とも一致する．以下を参照．Tsutsui, "The Trajectory of Perpetrators' Trauma; 中野(正志)「天皇制とメディア（２）」; 根津「戦後８月15日付社説における加害責任の論説分析（上)」; 根津「戦後８月15日付社説における加害責任の論説分析（下)」.

(33)　河野内閣官房長官は元従軍慰安婦に対してこのような言葉を伝えている．「その出身地のいかんを問わず，いわゆる従軍慰安婦として数多の苦痛を経験され，心身にわたり癒しがたい傷を負われたすべての方々に対し心からお詫びと反省の気持ちを申し上げる」.「慰安婦関係調査結果発表に関する河野内閣官房長官談話」(1993. 8. 4)．以下で全文を読むことができる．http://www.mofa.go.jp/mofaj/area/taisen/kono.html.

(34)　吉見『従軍慰安婦』; Yoshimi, *Comfort Women.*

(35)　道場『抵抗の同時代史』188頁.

(36)　Lind, *Sorry States.*

(37)　藤岡(信勝)・自由主義史観研究会『教科書が教えない歴史』.

(38)　改正教育基本法（2006年).

(39)　国旗及び国歌に関する法律（1999年).

(40)　小熊・上野(陽子)『「癒し」のナショナリズム』.

(41)　たとえば以下のような社説がある．「戦後をいとおしむ理由 地域紛争と核の現代に」(『朝日新聞』1996年)；「８月15日 BC級戦犯をも忘れまい」(『読売新聞』2004年)；「継続と断絶と 日独の戦後と未来」(『日本経済新聞』1997年)；「国家意識と戦略もつ国に 次世代への責任を考えよう」(『産経新聞』1997年)；「終戦記念日 破られた鎮魂のしじま 政治の制御装置は壊れたか」(『毎日新聞』1999年).

(42)　「８月15日 BC級戦犯をも忘れまい」『読売新聞』2004. 8. 15.

(43)　「死者たちの記憶をたどる　８月15日に」『朝日新聞』2000. 8. 15.

(44)　「終戦記念日 とんがらず靖国を語ろう 還暦機に幼稚さから脱して」『毎日新聞』2005. 8. 15.

(45)　井沢・読売新聞論説委員会『読売 vs 朝日』154頁.

(46) たとえば以下の社説など.「なぜ誤りが繰り返されるのか」『朝日新聞』1994. 8. 16;「「戦争」を読んでみよう 8月15日に」『朝日新聞』1998. 8. 15;「終戦記念日 2001年夏 歴史に対する責任とは」『朝日新聞』2001. 8. 15.

(47) 朝日新聞「新聞と戦争」取材班『新聞と戦争』.

(48) 「戦後60年を超えて 謙虚にしたたかに国際社会を生き抜く」『日本経済新聞』2005. 8. 15.

(49) 『毎日新聞』の前身である『東京日日新聞』は1872年創刊.

(50) 「終戦記念日 とんがらず靖国を語ろう」『毎日新聞』2005. 8. 15.

(51) 「8月15日 深く静かな鎮魂の一日に」『産経新聞』2006. 8. 15.

(52) 福間『「反戦」のメディア史』; Orr, *Victim as Hero*.

(53) Eliasoph, "'Everyday Racism' in a Culture of Avoidance"; Eliasoph, "'Close to Home'".

(54) Sturken, *Tangled Memories*.〔スターケン『アメリカという記憶』〕

(55) Dittmar and Michaud, *From Hanoi to Hollywood*. 焦点が戦場での英雄的行為から兵士個人の被害に移ったが, 傷つけられたヴェトナムの民間人に対する関心は限定的なままである.

(56) Bodnar, *The "Good War" in American Memory*, 3.

(57) 福間『「戦争体験」の戦後史』; 吉田(裕)『日本人の戦争観』; Seraphim, *War Memory and Social Politics in Japan*.

(58) 読売新聞戦争責任検証委員会『検証 戦争責任1・2』. 英訳も刊行されている. 書誌情報は以下のとおり. *From Marco Polo Bridge to Pearl Harbor: Who Was Responsible?* Yomiuri Shinbun, 2006. 歴史家による書評としては以下のものがある. 加藤(陽子)『戦争を読む』; Morris-Suzuki, "Who Is Responsible? The Yomiuri Project and the Enduring Legacy of the Asia-Pacific War."

(59) 渡邉・保阪「「戦争責任」とは何か」133–134頁.

(60) 朝日新聞取材班『歴史と向き合う1』.

(61) NHK「戦争証言」プロジェクト『証言記録 兵士たちの戦争 1–7』. 800人を超える元日本兵のオーラル・ヒストリーを収録しており, ウェブサイトでも読むことができる. テレビでは2007年8月から2012年3月まで50回にわたり放送された.

(62) 吉田(裕)『現代歴史学と戦争責任』.

(63) 『証言記録 2』52, 166–167頁;『証言記録 3』247頁.

(64) 『証言記録 1–7』296頁;『証言記録 3』248頁.

(65) 『証言記録 2』40, 53, 122–123頁.

(66) 同上, 61頁.

(67) 『証言記録 1』209頁;『証言記録 2』265–266頁.

(68) 『証言記録 4』53, 127頁.

(69) 『証言記録 1』58, 252頁;『証言記録 3』150頁.

(70) 『証言記録 2』43, 213頁.

(71) 同上, 164頁.

(72) 同上，42頁；『証言記録 3』149頁.

(73) 同上，253–255頁.

(74) 『証言記録 1』194–195頁.

(75) 『証言記録 5』53，65頁.

(76) 野田『戦争と罪責』.『世界』に1997年から98年まで連載された論考をまとめたもの.

(77) Lifton, *Home from the War*.

(78) 中国帰還者連絡会（中帰連）の歴史と帰還者たちの活動については以下を参照. 岡部・荻野・吉田(裕)『中国侵略の証言者たち』.

(79) 湯浅謙のインタビュー.『週刊金曜日』303号，2000年2月18日. 以下に収録されている. 星徹. 2006.『私たちが中国でしたこと』緑風出版，172–177頁. 証言は以下で読むこともできる.『証言記録 6』258–261頁. 野田による湯浅への聞き取りと分析に関しては以下を参照. 野田『戦争と罪責』第1章.

(80) 桜井『テレビは戦争をどう描いてきたか』6頁.

(81) NHKスペシャル取材班著『日本海軍400時間の証言』参照.

(82) NHK取材班著『日本人はなぜ戦争へと向かったのか 上・下』参照.

(83) NHKスペシャル「調査報告──日本軍と阿片」2008年8月17日.

(84) NHKスペシャル取材班著『日本海軍400時間の証言』参照.

(85) 以下では，番組についての歴史家による議論が展開されている. 澤地・半藤・戸高『日本海軍はなぜ過ったか』.

(86) NHK取材班著『日本人はなぜ戦争へと向かったのか』.

(87) NHKスペシャル「日本人はなぜ戦争へと向かったのか」. 2011年3月6日放送の最終回，締めくくりのナレーション（松平定知).

(88) 小沢・NHK取材班著『赤紙』創元社. 1996年8月11日放送のタイトルは「赤紙が来た村──誰がなぜ戦場へ送られたのか」.

(89) 赤澤「戦没者追悼と靖国神社問題をどう考えるか」101頁.

(90) 道場『抵抗の同時代史』; Gluck, "Operations of Memory"; 川崎・柴田『検証日本の組織ジャーナリズム』; 川崎・柴田『組織ジャーナリズムの敗北』.

(91) 福間『「反戦」のメディア史』.

(92) たとえば，日本による台湾の植民地化を描いた『NHKスペシャル』「JAPANデビュー」（4回シリーズ）に「偏向」があったとの主張がなされた. 2009年に裁判が起こされた.

(93) Goffman, *Stigma*, 12–13〔ゴッフマン『スティグマの社会学』，引用部分は邦訳書15–16頁〕; Link and Phelan, "Conceptualizing Stigma," 364.

(94) チャールズ・イノウエは『たそがれ清兵衛』（山田洋次監督，2002年）など，最近の時代劇映画にこうした傾向が見られることを指摘している.

(95) Hashimoto and Traphagan, "The Changing Japanese Family."

(96) 『母べえ』2007年；『私は貝になりたい』2008年（テレビ版1994年）；『真夏のオリオン』2009年；『キャタピラー』2010年；『少年H』2012年；『風立ちぬ』2013

年.

(97) 百田『永遠の０』; 映画『永遠の０』(2013年).

(98) NHKスペシャル「戦争を知らない君たちへ あなたにとって日本とは——世代を超えて 徹底討論」2001年８月15日.

(99) 福間『「反戦」のメディア史』330–331頁.

(100) 荒井『戦争責任論』.

(101) 高崎隆治. 以下に引用がある. 内海『ぼくらはアジアで戦争をした』47–48頁.

(102) 桜井『テレビは戦争をどう描いてきたか』97, 326頁.

(103) 加藤(典洋)『敗戦後論』; 小熊『〈民主〉と〈愛国〉』; 小田『難死の思想』; 吉田(裕)『日本人の戦争観』; 鶴見・上野(千鶴子)・小熊『戦争が遺したもの』.

(104) 兵頭「加害者であり, 被害者であるということ」.

(105) 牧田「先の戦争と世代ギャップ」; 牧田「日本人の戦争と平和観」9–10頁.

(106) 読売新聞戦争責任検証委員会『検証 戦争責任 １』214–215頁.

(107) 朝日新聞取材班『歴史と向き合う １』237頁.

(108) Levi, *The Drowned and the Saved*, 43.

(109) 小田『難死の思想』.

(110) Eliasoph, "'Close to Home.'"

(111) 家永『戦争責任』310頁.

(112) 仲正『日本とドイツ』44–51, 55, 60頁; Orr, *Victim as Hero*.

(113) 広島のトラウマ記憶を論じたものとして以下を参照されたい. Yoneyama, *Hiroshima Traces*〔米山『広島』〕; Treat, *Writing Ground Zero*〔トリート『グラウンド・ゼロを書く』〕; Hein and Selden, *Living With the Bomb*; Hogan, *Hiroshima in History and Memory*; Saito, "Reiterated Commemoration"; Shipilova, "From Local to National Experience."

第４章 戦争と平和の教育

(１) Margalit, *The Ethics of Memory*.

(２) Alexander, "Toward a Theory of Cultural Trauma"; 山辺「日本の平和博物館はアジア・太平洋戦争をいかに展示しているか」.

(３) 村上『戦後日本の平和教育の社会学的研究』351頁.

(４) 普段非公開になっている自衛隊基地内の博物館は, ここには含まない. 以下を参照. Früstück, *Uneasy Warriors: Gender, Memory and Popular Culture in the Japanese Army*.〔フリューシュトゥック『不安な兵士たち』〕以下の論考では, 戦争博物館や平和博物館の増加, およびそれをめぐる論争について議論を掘り下げている. Hein and Takenaka, "Exhibiting World War II in Japan and the United States since 1995."

(５) Yamane, "List of Museums for Peace in Japan" and "List of Museums for Peace in the World" (2010).

(６) 靖国神社『遊就館図録』.

(7) Assmann, *Der lange Schatten der Vergangenheit.*
(8) Sutton, "Between Individual and Collective Memory."
(9) Hein and Selden, "The Lessons of War," 4; Vinitzky-Seroussi, "Commemorating A Difficult Past: Yitzhak Rabin's Memorials."
(10) Antoniou and Soysal, "Nation and the Other in Greek and Turkish History Textbooks."
(11) FitzGerald, *America Revised: History Schoolbooks in the Twentieth Century.*〔フィッツジェラルド『改訂版 アメリカ』〕
(12) Hein and Selden, "The Lessons of War."
(13) Dower, *Embracing Defeat*〔ダワー『敗北を抱きしめて』〕; 唐澤『教師の歴史』; Okano and Tsuchiya, *Education in Contemporary Japan*; Yoneyama, S., *The Japanese High School.*
(14) 中内・竹内・中野(光)・藤岡(貞彦)『日本教育の戦後史』; 歴史教育者協議会『歴史教育五〇年のあゆみと課題』.
(15) 1997年2月に神奈川県でおこなったインタビュー.
(16) 坂本『歴史教育を考える』.
(17) 石山「戦後の国民の戦争認識と教科書裁判」.
(18) 永原『歴史教科書をどうつくるか』.
(19) Nozaki, "Japanese Politics and the History Textbook Controversy, 1982–2001," 607; 鄭「韓日につきまとう歴史の影とその克服のための試み」.
(20) Rohlen, *Japan's High Schools.*〔ローレン『日本の高校』〕 以下も参照. Duus, "War Stories." 中学校の歴史教科書に検討を加えたものとしては以下の論考がある. Dierkes, *Postwar History Education in Japan and the Germanys.*
(21) そのうえ教科書を使う教員が, 戦争と平和に違う解釈を施すこともありうる(2003年5月から7月にかけておこなったフォーカスグループ・インタビュー). 以下も参照. Fukuoka, "School History Textbooks and Historical Memories in Japan."
(22) 世界史Aと世界史Bは除外した.
(23) 渡辺(敦司)「2010年度高校教科書採択状況──文科省まとめ(上)」; 渡辺「2010年度高校教科書採択状況──文科省まとめ(中)」. 取り上げた教科書の出版社は実教出版, 東京書籍(東書), 第一学習社, 山川出版, 清水書院の5社. はじめにあげた3社は高校教科書市場でもっともシェアが大きく, 3社とも2010年に全教科合計でおよそ400万部から500万部を販売している. 山川は歴史教科書出版の最大手で, 同社の教科書は大学入試対策に役立つとされていて, 多くの学校で使用されている. 山川と実教, 第一は高校教科書に特化しているが, 東京書籍は小学校から高校, 清水書院は中学と高校の教科書を販売している.
(24) 二次サンプルとして使用した31点の内訳は以下のとおり. 日本史A(4点), 日本史B(8点), 現代社会(7点), 政治・経済(7点), 倫理(5点). 以下の文献では, 1987年以前の高校日本史教科書18点について詳細な比較分析がおこなわれている. 中村『高校日本史教科書』.
(25) 1989年告示の学習指導要領により, 日本史は日本史Aと日本史Bの2つの科目に分けられた. 日本史Aは主として近現代史を扱う. この間に日本史教科書

のあいだの違いも大きくなった.

(26) White, *Content of the Form*.

(27) 『詳説日本史 B』(山川出版) 2014年, 361, 353頁.

(28) 『日本史 A 現代からの歴史』(東京書籍) 2014年, 128頁.

(29) 『高校日本史 B 新訂版』(実教出版) 2010年, 197頁.「計画的に戦線を拡大し」という表現は, 2014年の版では「計画的な軍事行動」に変更されている (207頁).

(30) 「選択による戦争」と「必要な戦争」という分類法はリチャード・ハース, ジョン・ダワーがもちいたものである. 以下を参照. Haass, *War of Necessity*; Dower, *Cultures of War*.

(31) 『高校日本史 B』(実教出版) 2014年;『日本史 A』(東京書籍) 2014年;『新選日本史 B』(東京書籍) 2014年;『高等学校日本史 A』(第一学習社) 2014年.

(32) 『高校日本史 B』(実教出版) 2014年, 207頁.

(33) 『日本史 A』(東京書籍) 2014年, 136頁.

(34) 『日本史 A』(山川出版) 2014年, 162頁;『詳説日本史 B』(山川出版) 2014年, 361頁.

(35) 山川出版は歴史教科書の市場で圧倒的なシェアを占めている (日本史 A では16%, 日本史 B では59%). しかし日本が「選択による戦争」を遂行したと説明する山川以外の教科書 (実教出版, 東京書籍, 第一学習社, 清水書院, 三省堂, 桐原書店のもの) もひとまとめにすれば, それなりの重量感をもつ. 以下を参照. 渡辺(敦司)「2010年度高校教科書採択状況――文科省まとめ (上)」; 渡辺「2010年度高校教科書採択状況――文科省まとめ (中)」.

(36) ネオナショナリストが支持する明成社の『最新日本史』(2009年発行. 2013年改訂) は採択部数が日本史 B の教科書の0.9%と非常に少ないため, ここでは除外した. 同書は英雄の語りを押し出し, 大東亜戦争は自衛のため, またアジアを西洋列強の植民地支配から「解放する」という大義のために戦われたと述べている. なお, もとになっているのは1987年に原書房が出版した教科書である.

(37) Seaton, *Japan's Contested War Memories*.

(38) 『高校日本史 B』(実教出版) 2014年, 206–217頁. この教科書の採択部数は3番目に多い (シェアは6.4%).

(39) 『高等学校日本史 A』(第一学習社) 2014年, 114–122, 127, 166頁.

(40) 『日本史 A』(東京書籍) 2014年, 124–145頁.

(41) 同上, 132, 136頁.

(42) 同上, 172–173頁.

(43) 『詳説日本史 B』(山川出版) 2014年, 345–368頁.

(44) 『高等学校日本史 A』(第一学習社) 2014年, 114–119頁.

(45) 『高校日本史B』(実教出版) 2014年, 217, 255頁;『新選日本史B』(東京書籍) 2014年, 226, 247頁.

(46) 『日本史 A』(東京書籍) 2005年, 139, 153頁. 2014年の版には掲載されていない.

(47) 『新選日本史 B』(東京書籍) 2014年, 217, 221頁.
(48) 『高校日本史 B』(実教出版) 2014年, 209頁.
(49) 『日本史 A』(東京書籍) 2014年, 144, 152頁.
(50) 同上, 132頁.
(51) 『新選日本史 B』(東京書籍) 2014年, 225頁;『高校日本史 B』(実教出版) 2014年, 217頁.
(52) 『高校日本史 B』(実教出版) 2014年, 217頁;『高等学校日本史 A』(第一学習社) 2014年, 131頁.
(53) 『日本史 A』(東京書籍) 2014年, 145頁.
(54) 『日本史 A』(山川出版) 2014年, 153, 166頁.
(55) 『詳説日本史 B』(山川出版) 2014年, 356-357頁.
(56) 『現代社会』(東京書籍) 2014年, 61頁;『現代社会』(実教出版) 2014年, 94頁.
(57) 石田『日本の政治と言葉 下』.
(58) 『現代社会』(実教出版) 2014年, 94頁.
(59) 『高等学校 改訂版 現代社会』(第一学習社) 2010年, 161頁. この文言は2014年の版では削除されている.
(60) 『現代社会』(東京書籍) 2014年, 176頁.
(61) Eyerman, "The Past in the Present."
(62) 『高校 政治・経済』(実教出版) 2014年, 27頁;『高等学校 政治・経済』(第一学習社) 2014年, 29頁.
(63) 山室『憲法 9 条の思想水脈』.
(64) 藤原(帰一)『新編 平和のリアリズム』15頁;石田『日本の政治と言葉 下』94頁;Izumikawa, "Explaining Japanese Antimilitarism Normative and Realist Constraints on Japan's Security Policy."; 古関『「平和国家」日本の再検討』96頁.
(65) Samuels, *Securing Japan: Tokyo's Grand Strategy and the Future of East Asia*.〔サミュエルズ『日本防衛の大戦略』〕集団的自衛権に関して展開された議論について, くわしくは同書の第 1 章と第 5 章を参照されたい.
(66) ここで分析を加えるのは現代社会の採択部数の上位 3 点と政治・経済の採択部数の上位 3 点で, 具体的には以下のとおり.『高等学校現代社会』(第一学習社) 2014年;『現代社会』(東京書籍) 2014年;『現代社会』(実教出版) 2014年;『高等学校 政治・経済』(第一学習社) 2014年;『政治・経済』(東京書籍) 2014年;『高校 政治・経済』(実教出版) 2014年. 生徒は普通どちらかを選択するが, 両方を履修することはない.
(67) 『高校 政治・経済』(実教出版) 2014年, 31頁.
(68) 『政治・経済』(東京書籍) 2014年, 46頁.
(69) Hein and Selden, "The Lessons of War."
(70) 『高等学校 政治・経済』(第一学習社) 2014年, 105頁.
(71) 『政治・経済』(東京書籍) 2014年, 102頁.
(72) 高校の倫理は小中学校の道徳に相当する.

(73)　国家や社会の一員としての意識を育て，平和や民主主義の理念を理解させるうえで倫理教育は役に立つという考えが，高等学校学習指導要領からは読み取れる．文部科学省「高等学校学習指導要領」（平成21年）．ここで分析を加えるのは倫理の採択部数の上位 3 点で，具体的には以下のとおり．『倫理』（東京書籍）2014年，『高等学校　現代倫理』（清水書院）2014年，『高等学校　倫理』（第一学習社）2014年．

(74)　『高等学校　現代倫理』（清水書院）2014年，104，108–109，111–112，117頁．

(75)　信念から戦争に反対したり，国家の権威主義に抵抗するなどして，その報いを一身にうけた何人かに光が当てられている．戦前の人物で，どの教科書にも取り上げられているのは，内村鑑三（キリスト教平和主義者．教育勅語奉読式で最敬礼をせず，不敬事件を起こした）や幸徳秋水（社会主義者・無政府主義者．大逆事件で処刑された）などである．同上，111–112頁；『高等学校　倫理』（第一学習社）2014年，101頁．

(76)　『倫理』（東京書籍）2014年，99，197頁．

(77)　学習漫画は10歳から15歳まで，小学校中学年の生徒から中学生を対象にしているものが多い．

(78)　Morris-Suzuki, *The Past Within Us*, 170〔モーリス－スズキ『過去は死なない』〕; Penney, “Far from Oblivion.”

(79)　『学研まんが　日本の歴史　第1–18巻』（1982年）；『小学館版学習まんが　少年少女日本の歴史　第1–23巻』（1983年）；『集英社版学習まんが　日本の歴史　第1–20巻』（1998年）．

(80)　『小学館版学習まんが　少年少女日本の歴史　第20巻』110頁．

(81)　『集英社版学習まんが　日本の歴史　第18巻』58頁．

(82)　『学研まんが　日本の歴史　第15巻』121頁．

(83)　『小学館版学習まんが　少年少女日本の歴史　第20巻』102頁．

(84)　同上，157頁．

(85)　『集英社版学習まんが　日本の歴史　第18巻』72，75，98–104頁．

(86)　『小学館版学習まんが　少年少女日本の歴史　第20巻』53，58頁．

(87)　同上，81頁．

(88)　『集英社版学習まんが　日本の歴史　第18巻』103頁．『小学館版学習まんが　少年少女日本の歴史　第20巻』106頁．

(89)　『小学館版学習まんが　少年少女日本の歴史　第20巻』115頁．

(90)　『集英社版学習まんが　日本の歴史　第18巻』111頁．

(91)　同上，114頁．

(92)　『学研まんが　日本の歴史　第15巻』121頁．

(93)　日能研・藤子『ドラえもんの社会科おもしろ攻略』192，195，199，201頁．

(94)　同上，192，200–201頁．

(95)　本稿の執筆中に，浜学園の監修する新版が刊行された．内容が大幅に改訂され，中学受験に役立つよう，講義風に事実を示すかたちになった．戦争については

36頁が割かれているが，のび太は合いの手を入れていない．影の加害者としての日本という描写も大幅に削られている．浜学園・藤子『ドラえもんの社会科おもしろ攻略 日本の歴史 3』．

(96) 水木『総員玉砕せよ！』357頁．

(97) Penney, "'War Fantasy' and Reality."

(98) 水木『コミック昭和史 第1‐8巻』．英訳は全4巻が刊行されている．

(99) たとえば，1944年のインパール作戦で残存兵が全体のわずか10分の1だったことを生々しい絵とともに伝えている．水木『コミック昭和史 第5巻』26頁．

(100) 水木『コミック昭和史 第8巻』248頁．

(101) 同上，261-263頁．

(102) 石ノ森『マンガ日本の歴史 55』22-23頁．

(103) Ashplant, Dawson, and Roper, "The Politics of War Memory and Commemoration," 44.

(104) Schivelbusch, *The Culture of Defeat*.〔シヴェルブシュ『敗北の文化』〕

(105) Sōka Gakkai Seinenbu. *Cries for Peace*.〔創価学会青年部反戦出版委員会『戦争を知らない世代へ』の抄訳〕

(106) 村上『戦後日本の平和教育の社会学的研究』．

(107) Hochschild, *The Managed Heart*〔ホークシールド『管理される心』〕; Hochschild, "Emotion Work, Feeling Rules, and Social Structure."

(108) 朝日新聞取材班『歴史と向き合う 2』; 高橋(徹)『日本人の価値観・世界ランキング』．ここにあげたデータは，『朝日中学生ウイークリー』が中学生を対象として1990年代に複数回おこなった調査とも合致する．

(109) 歴史教育者協議会『歴史教育・社会科教育年報 2005年版』．

(110) 内閣府「自衛隊・防衛問題に関する世論調査」．1997年に21.1%であったのが，2006年には45.0%に変化している．

(111) 高橋(徹)『日本人の価値観・世界ランキング』．

(112) 内閣府「社会意識に関する世論調査」．

(113) 日本青少年研究所「高校生の学習意識と日常生活」8頁．

(114) Buruma, *The Wages of Guilt*.

(115) 坂本『歴史教育を考える』．

(116) Hein and Takenaka, "Exhibiting World War II in Japan and the United States since 1995"; 山辺「日本の平和博物館はアジア・太平洋戦争をいかに展示しているか」．

(117) 小林『新ゴーマニズム宣言 SPECIAL 戦争論』; 小林『新ゴーマニズム宣言 SPECIAL 戦争論 2』; 小林『新ゴーマニズム宣言 SPECIAL 戦争論 3』．

(118) 佐藤貴之，『朝日新聞』名古屋版，2006. 5. 21.

(119) 伊藤めぐみ，『朝日新聞』名古屋版，2003. 12. 8.

(120) 田村祐樹，『朝日新聞』名古屋版，2002. 5. 13.

第5章　敗戦からの回復とは何か

（1）　はじめは警察予備隊という名称だったが，保安隊に変わり，1954年に自衛隊となった．

（2）　Berger, *War, Guilt, and World Politics after World War II.*

（3）　孫崎「尖閣問題」.

（4）　小菅『戦後和解』.

（5）　同上，38-39頁.

（6）　マッカーサーによる発言（1945年9月12日）．以下に発言の一部が引用されている．Dower, *Embracing Defeat*, 44.〔ダワー『敗北を抱きしめて』〕　こうした見解，およびそれがもたらした影響について論じたものとして以下を参照されたい．Buruma, *Year Zero*〔ブルマ『廃墟の零年 1945』〕; Wagner-Pacifici, *The Art of Surrender.*

（7）　Dower, *Embracing Defeat.*〔ダワー，同前〕

（8）　大嶽『再軍備とナショナリズム』.

（9）　日本の2015年の防衛費は4兆9801億円，2016年は5兆541億円.

（10）　2014年の調査では，改憲に賛成すると答えたのは回答者の42% だった．「憲法世論調査 2014年」『読売新聞』. http://www.yomiuri.co.jp/feature/opinion/koumoku/20140317-OYT8T50000.html. 読売新聞社世論調査部『日本の世論』477頁；「憲法世論調査 2008年」『読売新聞』.

（11）　Arms Control Association, "Fact Sheet: North Korea's Nuclear and Ballistic Missile Programs," July 2013, http://armscontrolcenter.org/publications/factsheets/fact_sheet_north_korea_nuclear_and_missile_programs/; "North Korea Fires 2 More Ballistic Missiles" *New York Times*, July 8, 2014.

（12）　「国の存立を全うし，国民を守るための切れ目のない安全保障法制の整備について」（平成26年7月1日 国家安全保障会議決定 閣議決定）.

（13）　「集団的自衛権行使容認決定，反対が54%」『日本経済新聞』2014. 7. 2.

（14）　集団的自衛権行使の賛成派と反対派の見解については以下を参照．Pempel, "Why Japan's Collective Self-Defence Is So Politicised"; Green and Hornung, "Ten Myths About Japan's Collective Self-Defense Change"; Wakefield and Martin, "Reexamining 'Myths' About Japan's Collective Self-Defense Change." 日本語のものについては以下を参照されたい．豊下・古関『集団的自衛権と安全保障』.

（15）　Hashimoto, "Japanese and German Projects of Moral Recovery."

（16）　Samuels, *Securing Japan*〔サミュエルズ『日本防衛の大戦略』〕; Izumikawa, "Explaining Japanese Antimilitarism"; Katzenstein, *Cultural Norms and National Security*〔カッツェンスタイン『文化と国防』〕; Berger, *War, Guilt, and World Politics.* 天皇制をめぐる戦後政治にも同様のことがいえる.

（17）　国際協調（和解）主義者は党派をまたいでいる．後藤田正晴や加藤紘一，河野洋平，宮澤喜一のような自民党の政治家もいれば，村山富市のような社会主義の

政治家もいる.

(18) 「防衛計画の大綱」(平成16年).

(19) 自衛隊は2003年12月から2009年2月まで「非戦闘地域」に駐留した. 任務は主として給水と学校や道路の復旧・整備, 医療支援だった.

(20) Smith, *National Identity*, 11-13, 66.

(21) 「五輪の年, 日本は? 首相「改憲済みですね」」『産経新聞』2014. 1. 1. http://sankei.jp.msn.com/life/news/140101/trd14010122450004-n1.htm. 2014年1月14日アクセス.

(22) 樋口『いま,「憲法改正」をどう考えるか』.

(23) 河野「現代日本の世代」; NHK 放送文化研究所『現代日本人の意識構造』.

(24) 自分の国に誇りをもっているかという問いに「あまりもっていない」「全然もっていない」と回答した高校生の割合は, アメリカ(37.1%)や中国(20.3%)を抜いて日本(48.3%)がもっとも多い. 日本青少年研究所「高校生の学習意識と日常生活」8頁.

(25) 河野「現代日本の世代」; 河野・高橋(幸市)「日本人の意識変化の35年の軌跡(1)」; 河野・高橋・原「日本人の意識変化の35年の軌跡(2)」『放送研究と調査』.

(26) Zarakol, *After Defeat*, 198, 243, 253.

(27) 小菅『戦後和解』192頁.

(28) 他国のナショナリストも, 謝罪を同じようにとらえている. よく引き合いに出されるのがイラン機撃墜事件について謝罪を拒否したアメリカのジョージ・H・W・ブッシュ元大統領である(「アメリカ合衆国のため, 私は絶対に謝らない. 事実がどうかなど関係ない」). この年(1988年)アメリカは, 民間人290人を乗せたイラン航空の旅客機を撃墜していた. *TIME*, September 12, 1988, p. 86.

(29) 安倍の保守的な行動の大半が祖父の岸信介から受け継がれたものであることは通説である. 戦時中に閣僚を務めた岸は戦犯容疑者として投獄されたが裁判はうけていない. 1957年に総理大臣となったが, 3年後に日米安保条約改定を強行し, 辞任した. 若宮『和解とナショナリズム』. 戦時エリートの家にみられる「世代間の近接性」の具体例を示した文献として以下を参照. 林『戦犯の孫』. 自民党の政治家のうち, 政治家の2世や3世は40%を占める. “Japan's Political Dynasties Come Under Fire but Prove Resilient” *New York Times*, March 15, 2009.

(30) 「9条の会」アピール(2004年6月10日). http://www.9-jo.jp/news/news_index.html#2013poster

(31) 9条の会. http://www.9-jo.jp/news/undou/20060206zenkokukouryuu-yobikake.htm.「大江健三郎氏も登場」『産経新聞』2014. 6. 21.

(32) Ikegami, *The Taming of the Samurai*; 山室『憲法9条の思想水脈』236頁; 藤原(帰一)『新編 平和のリアリズム』.

(33) Dudden “The Nomination of Article 9 of Japan's Constitution for a Nobel Peace Prize”.

(34) 赤澤『靖国神社』7, 257-260頁.

(35) たとえば以下を参照.『高等学校 倫理 改訂版』(第一学習社)2010年, 192頁.

Pugwash Conferences on Science and World Affairs. "Principles, Structure and Activities of Pugwash For the Eleventh Quinquennium (2007–2012)." ラッセルとアインシュタインが牽引したパグウォッシュ会議は，「核兵器や化学兵器，生物兵器を含むあらゆる大量破壊兵器を廃棄すること，および国際的紛争を解決する社会制度としての戦争を放棄すること」をめざしている．パグウォッシュ会議は1995年にノーベル平和賞を受賞した．

(36) 藤原(帰一)『新編 平和のリアリズム』．

(37) "Scholars form 'Save Constitutional Democracy' to Challenge Abe's 'Omnipotence'" Asahi Shinbun Asia & Japan Watch. April 18, 2014. http://constitutionaldemocracyjapan.tumblr.com/media

(38) 奥平・山口『集団的自衛権の何が問題か』．

(39) Sakaki, *Japan and Germany as Regional Actors*; 近藤『国際歴史教科書対話』; Schissler and Soysal, *The Nation, Europe, and the World.*

(40) Sakaki, *Japan and Germany as Regional Actors*; Yang and Sin, "Striving for Common History Textbooks in Northeast Asia."

(41) この本は教材や副教材，教員用手引書など，さまざまな呼び方をされている．

(42) 日中韓3国共通歴史教材委員会『未来をひらく歴史』．

(43) 日中韓3国共通歴史教材委員会『未来をひらく歴史』199，217頁．

(44) 笠原「市民からの東アジア 歴史教科書対話の実践」; 金「東アジアの歴史認識共有への第一歩」．

(45) Shin, "Historical Reconciliation in Northeast Asia."

(46) Ibid.; Park, "A History That Opens the Future"; Sneider, "The War over Words: History Textbooks and International Relations in Northeast Asia."

(47) 日韓歴史共同研究委員会の第1期（2002–05年）および第2期（2007–10年）の報告書は以下で読むことができる．http://www.jkcf.or.jp/projects/kaigi/history/first/; http://www.jkcf.or.jp/projects/kaigi/history/second/ 日中歴史共同研究委員会（2006–09年）の報告書については以下を参照．http://www.mofa.go.jp/mofaj/area/china/rekishi_kk.html 以下の文献は歴史上の争点に関する記述の違いに検討を加えている．Yoshida, T., *The Making of the "Rape of Nanking."*

(48) 言論NPO「第2回日韓共同世論調査」(http://www.genron-npo.net/pdf/forum_1407.pdf); 言論NPO「第10回日中共同世論調査」(http://www.genron-npo.net/pdf/2014forum.pdf)．日本の政治体制や社会を平和主義的と考える人は，中国では10.5%で韓国では5.3%だった．国際協調主義的と回答した人は中国では6.7%，韓国では3.9%．軍国主義があらわれていると考える中国人は36.5%で韓国人は53.1%だった．日中関係の発展を妨げるものとして，中国人の31.9%が「歴史認識や歴史教育」をあげ，64.8%が「領土問題」（尖閣諸島／釣魚群島の問題）をあげた．また日韓関係の発展を妨げるものとして，韓国人の92.2%が「領土問題」（竹島／独島の問題）をあげ，52.2%が「歴史認識や歴史教育」をあげている．

(49) 内閣府「外交に関する世論調査」．

(50)　日中韓3国共同歴史編纂委員会『新しい東アジアの近現代史　上』；日中韓3国共同歴史編纂委員会『新しい東アジアの近現代史　下』.

(51)　内海・大沼・田中・加藤(陽子)『戦後責任』.

(52)　Alexander, “Toward a Theory of Cultural Trauma.”

(53)　Zarakol, *After Defeat*; Mark, *Unfinished Revolution*.　また，西欧中心的な啓蒙思想の言説を批判した米山リサの広島の記憶についての議論も参照されたい. Yoneyama, *Hiroshima Traces: Time, Space, and the Dialectics of Memory*.〔米山『広島』〕

(54)　Olick, *Politics of Regret*.　以下も参照.　Kim and Schwartz, *Northeast Asia's Difficult Past*.〔金，シュウォルツ『北東アジアの歴史と記憶』〕

(55)　Zarakol, “Ontological (in) Security and State Denial of Historical Crimes”, 7.

(56)　Jarausch and Geyer, *Shattered Past*, 106.

(57)　Fulbrook, *Dissonant Lives*; Herf, *Divided Memory*; Moses, *German Intellectuals and the Nazi Past*; Morina, *Legacies of Stalingrad*.

(58)　Art, *The Politics of the Nazi Past in Germany and Austria*; Rousso, *The Vichy Syndrome*; Lagrou, *The Legacy of Nazi Occupation*.

(59)　Jarausch and Geyer, *Shattered Past*, 10.

(60)　Cohen-Pfister and Wienröder-Skinner, *Victims and Perpetrators, 1933–1945*; Niven, *Germans as Victims*; Moeller, *War Stories*.

(61)　Hashimoto, “Japanese and German Projects of Moral Recovery.”

(62)　Mosse, *Fallen Soldiers*〔モッセ『英霊』〕; Bessel, *Germany after the First World War*; Diehl, *The Thanks of the Fatherland*.

(63)　ロン・アイアマンはドイツと同様の状況にあるオランダの例を取り上げ，「トラウマの蓄積」と評している.　Eyerman, *The Assassination of Theo Van Gogh*.

(64)　ドイツ連邦共和国ではネオナチ政党（1952年）と共産党（1956年）が禁止され，議席を失った.　以下を参照.　Berger, *War, Guilt, and World Politics*, 56–57.

(65)　Currie, *The Constitution of the Federal Republic of Germany*.

(66)　Giesen, *Triumph and Trauma*.

(67)　“Chasing Death Camp Guards with New Tools.” *New York Times*, May 6, 2014.

(68)　Müller, *Constitutional Patriotism*.

(69)　Berger, *War, Guilt and World Politics*, 35.

(70)　Friedrich, *Der Brand, Deutschland im Bombenkrieg 1940–1945*.〔フリードリヒ『ドイツを焼いた戦略爆撃』〕

(71)　Bartov, *Germany's War and the Holocaust*.

(72)　Levi, *The Drowned and the Saved*.〔レーヴィ『溺れるものと救われるもの』〕

(73)　Alexander, *The Meanings of Social Life*.

(74)　Giesen, *Triumph and Trauma*, 155.

(75)　Gordon, *Postwar Japan as History*.〔ゴードン『歴史としての戦後日本　上・下』〕

(76)　Yoda, “A Roadmap to Millennial Japan.”

(77)　赤木「「丸山眞男」をひっぱたきたい」.

(78) Schoppa, *Race for the Exits.*〔ショッパ『「最後の社会主義国」日本の苦闘』〕

(79) 古市『絶望の国の幸福な若者たち』. 2013年の調査では，20代の78.4% が現在の生活に満足していると答えた．これは他の年齢層に比べて高い．以下を参照．内閣府「国民生活に関する世論調査」.

(80) 小熊・上野(陽子)『「癒し」のナショナリズム』215，216頁.

(81) 安田『ネットと愛国』; 北原・朴『奥さまは愛国』. アメリカの人種憎悪グループでもこのような力学がはたらき，連帯感を醸し出している．以下を参照．Blee, *Inside Organized Racism.*

(82) "China Passes U.S. In Trade With Japan." washingtonpost.com, January 27, 2005; "What's at Stake in China-Japan Spat," *Wall Street Journal: China Real Time Report.* September 17, 2013. http://blogs.wsj.com/chinarealtime/2012/09/17/whats-at-stake-in-china-japan-spat-345-billion-to-start/

(83) ヨーロッパと同じように東アジアでも経済の相互利益やなんらかの経済統合が地域の安定に寄与するかどうかを考える際には，こうした両義性と不安定要因に留意する必要があるだろう.

(84) 小菅『戦後和解』; 藤原(帰一)「アジア経済外交の再建を」.

(85) He, *The Research for Reconciliation*; Zheng, *Discovering Chinese Nationalism in China.*

(86) "Japan to Build Two More Aegis Destroyers to Boost Missile Defense." *Japan Times.* November 5, 2013.

(87) 言論 NPO「第10回日中共同世論調査」.

(88) 内閣府「自衛隊・防衛問題に関する世論調査」.

(89) He, *The Research for Reconciliation.* 日本は2015年にも安保理改革のための活動を推進した．西欧中心の世界に巻き込まれた近現代の日本と中国の角逐については以下の文献を参照．Iriye, *China and Japan in the Global Setting.* Cambridge, MA: Harvard University Press, 1992.〔入江『日中関係この百年』〕

(90) Schivelbusch, *The Culture of Defeat.*〔シヴェルブシュ『敗北の文化』〕

(91) 小菅『戦後和解』210頁.

(92) Assmann, "Four Formats of Memory: From Individual to Collective Constructions of the Past," 30.

(93) Eyerman, Alexander and Breese, *Narrating Trauma*; Giesen, *Triumph and Trauma,* 117.

著者略歴

（はしもと・あきこ）

1952年東京生まれ．幼少期・青年期をロンドン，東京，ハンブルクで過ごす．1975年，ロンドン大学（ロンドン・スクール・オブ・エコノミクス）社会学部卒業．東京のソニー本社勤務を経て渡米．1984年，イェール大学大学院社会学部博士号取得．東京の国連大学本部勤務を経てふたたび渡米．1989年以降，ピッツバーグ大学社会学部で教鞭をとる．現在，米国ポートランド州立大学客員教授，イェール大学文化社会学研究所客員研究員を兼任．主要著書・共編著 *The Gift of Generations: Japanese and American Perspectives on Aging and the Social Contract*（ケンブリッジ大学出版局，1996），*Family Support for the Elderly: The International Experience*（共編著，オックスフォード大学出版局，1992），*Imagined Families, Lived Families: Culture and Kinship in Contemporary Japan*（共編著，ニューヨーク州立大学出版局，2008）．

訳者略歴

山岡由美〈やまおか・ゆみ〉 津田塾大学学芸学部国際関係学科卒業．出版社勤務を経て翻訳業に従事．訳書 ブルース・カミングス『朝鮮戦争の起源 第2巻 上・下』（共訳，明石書店，2012），スチュアート・D・ゴールドマン『ノモンハン 1939』（みすず書房，2013），ブルース・カミングス『朝鮮戦争論』（共訳，明石書店，2014），トビー・ドッジ『イラク戦争は民主主義をもたらしたのか』（みすず書房，2014），アンドレイ・ランコフ『北朝鮮の核心』（みすず書房，2015），張彧暋『鉄道への夢が日本人を作った』（朝日新聞出版，2015）．

橋本明子
日本の長い戦後
敗戦の記憶・トラウマはどう語り継がれているか
山岡由美訳

2017年 7月10日 印刷
2017年 7月18日 発行

発行所 株式会社 みすず書房
〒113-0033 東京都文京区本郷5丁目 32-21
電話 03-3814-0131(営業) 03-3815-9181(編集)
http://www.msz.co.jp

本文組版 キャップス
本文印刷所 萩原印刷
扉・表紙・カバー印刷所 リヒトプランニング
製本所 松岳社

ISBN 978-4-622-08621-5
[にほんのながいせんご]